Reflexzonen-massage

Für die ganze Familie

Ann Gillanders

Reflexzonen-massage

Für die ganze Familie

Urania Verlags AG

A Gaia Original

Redaktion Anne Kilborn

Design Phil Gamble

Illustrationen Johanna Amos

Photos Annie Johnston

Redaktionsleitung Pip Morgan

Produktion Lyn Kirby

Leitung Patrick Nugent

Beratung Dr Helen Dziemidko

Dieses Buch soll keine medizinische Behandlung unter der direkten Aufsicht eines Arztes ersetzen. Bevor Sie irgendwelche Änderungen bezüglich Ihrer Gesundheit vornehmen, fragen Sie Ihren Arzt.

1. Auflage 1998

ISBN 3-908645-92-1

Titel der Originalausgabe: »The Familiy Guide to Reflexology«, Gaia Books Limited

Übersetzt aus dem Englischen von Christiane Sautter
Cover: Gerd Aumann Kreativ Design, D-65207 Wiesbaden, unter Verwendung des englischen Originals von Gaia Books Limited
Satz: Fotosatz Amann, D-88317 Aichstetten

Printed in Singapore

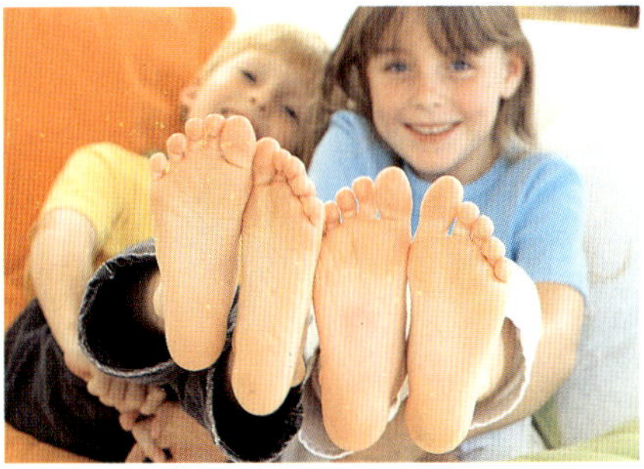

Inhalt

Einleitung

»Hände sind zum Heilen geschaffen, und die Heilkraft der Berührung ruht in unseren Fingerspitzen. Wir müssen sie nur noch nutzen!«

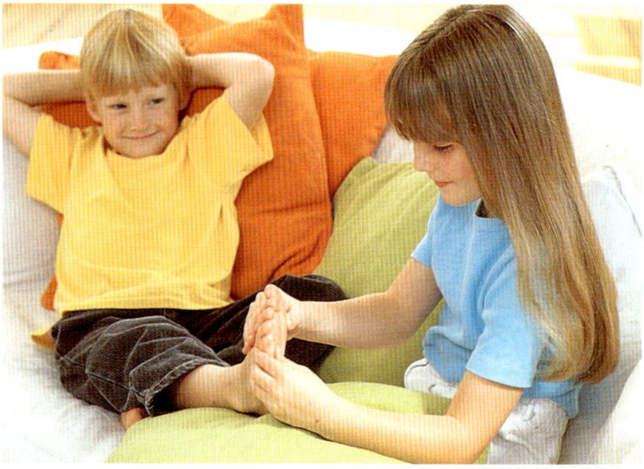

***Die liebevollen Bande** in der Familie werden durch die heilende Kraft der Berührung gestärkt. Die zärtliche, liebevolle Fürsorglichkeit, die durch die Arbeit an den Füßen anschaulich gemacht wird, hilft nicht nur dabei, Selbstbewußtsein und Vertrauen zu entwickeln, sondern fördert – sowohl beim Gebenden wie beim Empfänger – die Sensibilität gegenüber dem anderen Menschen.*

Seit ich im Jahre 1974 mit der Reflexzonenmassage begann, habe ich über 35.000 Behandlungen gegeben und mehrere hundert Therapeuten ausgebildet. Ich massierte Menschen aller Altersgruppen, aus allen sozialen Schichten mit allen Arten von Krankheiten, und immer wieder konnte ich die wunderbare Heilkraft der Reflexzonentherapie bezeugen. Heute behandle ich die Kinder, ja, selbst die Enkel der Patienten, die ich massierte, als wir alle viel jünger waren. So habe ich über viele Jahre hinweg die Entwicklung zahlreicher Familien, die die Reflexzonenmassage als Werkzeug natürlicher Heilung wählten, beobachten dürfen. Dies überzeugte mich schließlich von der Notwendigkeit eines praktischen Familienführers, der andere in die Lage versetzt, diese Behandlungsmethode für sich zu nutzen.

Meine eigene Erfahrung hat mich gelehrt, daß ein ausgebildeter Reflexzonentherapeut die Symptome der meisten alltäglichen Erkrankungen durch häufige Massagen lindert oder in vielen Fällen sogar verschwinden läßt. Darüber hinaus habe ich noch eine Beobachtung gemacht, die ich für viel wichtiger halte: Die Reflexzonenmassage ist so wirksam, daß sie das Wohlbefinden nicht nur fördern, sondern dauerhaft erhalten kann. Deshalb gehörten regelmäßige Massagen zu unserem Familienalltag, und ich bin sicher, daß meine Kinder aus diesem

Grunde vor Lebenskraft und guter Gesundheit nur so strotzten. Was ich jedoch über alles schätzte, war die zusätzliche Zeit, die ich jedem meiner vier Kinder ganz individuell widmen konnte. Wenn die Zeit knapp war, gab ich ihnen einfach die Fußentspannungsmassage. Ich erinnere mich immer noch sehr gern an diese Augenblicke, in denen die liebevollen Familienbande durch die Heilkraft der Berührung gestärkt wurden.

Die ersten Schritte der Familie in Richtung Fitneß

Dieser Band ist als praktisches Handbuch für Menschen gedacht, die mit ihrer ganzen Familie von den Vorteilen profitieren wollen, die die Reflexzonenmassage bieten kann.

Während unter gewissen Umständen häufige Behandlungen durch einen professionellen Therapeuten klar angezeigt sind, verbieten finanzielle oder praktische Überlegungen den meisten Menschen, geschulte Hilfe so häufig in Anspruch zu nehmen, wie ihr spezieller Fall dies verlangt.

In solchen Fällen bitten mich die Familienmitglieder oft, ihnen beizubringen, wie sie den Patienten bis zur nächsten Sitzung zu Hause versorgen können. Und wenn sie die Massagen regelmäßig durchführen, besteht kein Zweifel daran, daß ihre zusätzlichen Anstrengungen grundlegend zum erfolgreichen Ergebnis beigetragen haben.

Sie werden erfahren, daß die Reflexzonenmassage allen Altersgruppen von der Wiege an zugute kommt. Tatsächlich kann man Neugeborene unmittelbar nach der Geburt behandeln, wenn die Entbindung – sei es durch den Einsatz einer Zange oder durch eine übermäßig lang dauernde Geburt – für das Kind traumatisch verlaufen ist.

Ich habe nur die allgemeinen Krankheiten aufgenommen, von denen ich weiß, daß sie gut auf die Behandlungen ansprechen. Im Kapitel »Gesunde Kinder« können Sie nachschlagen, wie Sie die üblichen Erkrankungen in diesem frühen Lebensalter lindern, einschließlich derjenigen, die durch starken Streß verursacht wurden. Die meisten Erwachsenen sind so ausschließlich mit ihrem eigenen Streßniveau beschäftigt, daß sie oft dazu neigen, die zahlreichen belastenden Situationen zu übersehen, denen ihre Kinder oft täglich ausgesetzt sind. Darüber hinaus geschieht es häufig, daß Eltern bestimmte körperliche Symptome ihrer Sprößlinge – wie übermäßiges Essen, Bettnässen oder häufige Unfälle – nicht auf die dafür verantwortlichen emotionalen Ursachen beziehen.

»Die Behandlung der Krankheiten von Erwachsenen« (4. Kapitel) ist ein leicht anzuwendender praktischer Führer für die Behandlung bestimmter allgemeiner Erkrankungen von Erwachsenen. Die Krankheiten sind nach dem Ort ihres Auftretens im Körper geordnet, wobei das Kapitel oben (bei der Kopfzone) beginnt und sich bis zu den Zehen hinunterarbeitet. Schlagen Sie die Seite mit der Krankheit auf, die Sie behandeln wollen, und Sie finden dort alles, was Sie brauchen, um gleich mit der Massage zu beginnen. (Das setzt natürlich voraus, daß Sie das 1. Kapitel, in dem ich die Grundlagen und Arbeitstechniken erkläre, bereits gelesen und innerlich verarbeitet haben.) Das Kapitel schließt mit Ratschlägen für die Behandlung von Allergien und Arthritis, die jeweils mehrere Bereiche des Körpers betreffen können.

Im 5. Kapitel, »Die bessere Bewältigung von Streß«, stelle ich einige Ereignisse und Situationen dar, die man üblicherweise für hochgradig belastend hält und die die Reflexzonenmassage bis zu einem gewissen Grad erleichtern kann. Tatsächlich ist einer der größten Nutzen der Reflexzonenmassage ihre wundervoll entspannende Wirkung, und wenn sie nur auf dieser und keiner anderen Ebene wirksam wäre, ihr Beitrag zur Streßvermeidung und zur Steigerung der Abwehrkräfte gegen Krankheiten bliebe unschätzbar wertvoll.

Die Reflexzonenmassage vermag jedoch weit mehr: Es gibt zahlreiche spezielle Punkte, welche die Auswirkungen von Streß gezielt vermindern. Sie können dabei helfen, den Sexualtrieb zu wecken, indem Sie die entsprechenden Reflexpunkte der Menschen massieren, die das Interesse daran verloren haben, oder Sie können am endokrinen System arbeiten und dabei helfen, das hormonale Gleichgewicht depressiver Patienten wiederherzustellen.

Wenn Sie zu einer Familie gehören, dann wirken sich auch ganz persönliche Probleme fast immer auf die anderen aus. Kinder, Ehepartner, Eltern – sie alle sind letztlich in gewisser Weise von der Krankheit eines ihrer Mitglieder betroffen. Es ist für alle Betroffenen hilfreich, wenn das Problem in der Familie besprochen wird und jeder einzelne dazu beitragen kann, es zu lösen. Die Reflexzonenmassage ist das ideale Medium, Anteilnahme auszudrücken, und jedes Familienmitglied kann mitmachen.

Obwohl Reflexzonenmassage viele außergewöhnliche Ergebnisse erzielt, ist sie dennoch kein Allheilmittel. Sie gibt keine Heilversprechen ab, sondern setzt die Selbstheilungskräfte des Körpers in die Lage, so gut wie möglich zu funktionieren. An dieser Stelle sollte man sich überlegen, warum die Energieblockaden, die die Reflexzonenmassage klären kann, überhaupt entstehen konnten. Manchmal haben sie ganz offensichtliche Ursachen: schlechte Ernährung, Maßlosigkeit (in der einen oder anderen Weise), mangelnde Bewegung, eine unglückliche Beziehung, ein frustrierender oder unbefriedigender Arbeitsplatz – dies alles sind übliche Gründe.

Ich bin heute vollkommen davon überzeugt, daß der Patient eine Besserung seiner Gesundheit wirklich wollen muß, wenn er geheilt werden soll. In dieser Hinsicht mögen gewisse Änderungen der Lebensweise notwendig sein, um einen Beitrag zur Erholung und zur Wiederherstellung des Gleichgewichts zu leisten. Aus diesem Grunde habe ich überall im Buch »unterstützende Maßnahmen« eingestreut, die in Verbindung mit der Reflexzonentherapie durchgeführt werden können. Es dürfte nicht überraschen, daß es dabei meist um gesunde Ernährung und regelmäßige Bewegung geht, doch Entspannung, Meditation, Yoga, Massage, Aromatherapie, pflanzliche und altbekannte Volksheilmittel spielen ebenfalls eine wichtige Rolle. Im 2. Kapitel finden Sie eine allgemeine Einführung.

Ich habe eine paar Fallgeschichten in das Buch aufgenommen. Ich hätte noch viel mehr anführen können. Diejenigen, die ich ausgewählt habe, sollen Ihnen die Vorteile der Reflexzonenmassage für alle Altersgruppen lebendig vor Augen führen.

Hände sind zum Heilen geschaffen, und die Heilkraft der Berührung ruht in unseren Fingerspitzen. Benutzen wir sie doch einfach!

Ann Gillanders
Direktorin der Britischen Schule für Reflexzonentherapie

1. Kapitel

Blockierte Energien lösen

Wenn Sie mit dem Daumen oder Zeigefinger die passenden Reflexpunkte drücken, können Sie blockierte Energiewege freilegen und die Kanäle für eine natürliche Heilung öffnen.

Als wir noch barfuß über den weichen Sand liefen, der sich bei jedem Schritt nach den Konturen unserer Füße formte, auf Zehenspitzen über den Waldboden schlichen oder in Verfolgung unserer Beute über Wiesen rasten, auf der Suche nach Früchten auf Bäume kletterten, uns unter Mühen über Felsen hangelten oder durch steinige Flußbetten wateten – damals nahmen unsere Füße in jedem Augenblick Kontakt zur heilenden Erde auf. Ob weich oder hart, der Boden massierte unablässig unsere Fußsohlen und versorgte uns mit dem ungeheuer klaren Energiefluß, den wir für den Kampf ums Überleben brauchten.

Doch das ist lange her. Mit Ausnahme der Nacht legen die meisten Menschen der westlichen Welt nie ihre wie auch immer geartete Fußbekleidung ab, und der Boden, den wir die meiste Zeit betreten, besteht aus einer glatten Betonschale, die uns von der Erde unseres Planeten trennt. Doch immer noch schreien unsere Füße nach dem Kontakt zur Erde, und noch immer genießen wir es, wenn wir barfuß laufen können. Sobald wir von einer anstrengenden Tagestour im Betondschungel zurückkehren, sinken wir in den Sessel und werfen unsere Schuhe mit einem Seufzer der Erleichterung von uns. Wenn ein freundlicher Angehöriger uns dann noch eine Fußmassage anbietet, kennt unsere Dankbarkeit keine Grenzen!

Der angenehme therapeutische Nutzen einer Massage beider Füße und Hände ist schon lange bekannt. Es gibt Beweise dafür, daß die Druckmassage der Füße schon vor 5000 Jahren in China angewandt wurde. Auch im alten Indien und in Ägypten war bekannt, daß die Behandlung bestimmter Punkte an den Füßen heilsam wirkte. In Saqqara in Ägypten zeigt ein Fries am Grab des Arztes Patienten, die sowohl Hand- wie Fußbehandlungen empfangen: Er ist mehr als 4000 Jahre alt.

Offene Kanäle für die Lebenskraft

Obwohl es genügend Beweise dafür gibt, daß die Reflexzonenmassage in der westlichen Welt schon seit Jahrhunderten angewandt wurde, gelang ihr erst im Amerika des frühen neunzehnten Jahrhunderts dank der Bemühungen von Dr. William Fitzgerald der wirkliche »Durchbruch«. Dieser Pionier, der die »Zonentherapie« bekannt machte, inspirierte die Physiotherapeutin Eunice Ingham, deren geduldige und gewissenhafte Forschung zu den detaillierten

Fußkarten führte, mit denen jeder Student der Reflexzonenmassage heute vertraut ist.

Fitzgerald teilte den Körper in 10 Energiezonen auf, 5 zu jeder Seite der Wirbelsäule, die sich vom großen Zehen (Zone 1) bis zum Kopf erstrecken. Die Zonen der Hände beginnen mit Zone 1 beim Daumen. Diese Zonen verlaufen nicht nur vertikal, sondern sie führen schichtweise durch den Körper hindurch.

Das Wiederherstellen von Harmonie und Gleichgewicht

Alle Organe, Muskeln und Körperfunktionen befinden sich in einer oder mehreren Zonen, und die ihnen entsprechenden Reflexe findet man in den entsprechenden Zonen auf Füßen und Händen. Jede Zone ist ein Kanal für die Lebenskraft, von den Chinesen »chi« und den Hindus »prana« genannt, und jede Behinderung oder Blockierung dieses Energieflusses greift die dort befindlichen Organe oder Körperfunktionen an und führt schließlich zur Erkrankung.

Solche Blockaden werden nach den Erkenntnissen moderner Reflexzonentherapeuten durch »kristalline« Kalziumablagerungen an den feinen Nervenenden verursacht, die durch Verstopfung, Entzündung oder Spannung der Nervenbahnen entstehen. Wenn die Reflexpunkte, in denen sich winzige Nervenkomplexe befinden, gedrückt werden, brechen diese Ablagerungen weg, und die Bahnen sind wieder frei.

Die Reflexzonenkarten

Es ist nicht notwendig, viel mehr über die Zonen zu wissen. Wichtiger sind die Karten der Füße und Hände, die Sie zu Rate ziehen müssen, um die Reflexpunkte zu finden, die zu den Organen und Körperteilen gehören. Die ersten Fußkarten wurden von Eunice Ingham entwickelt, die realisiert hatte, daß die Energiebahnen am wirkungsvollsten über die Füße behandelt werden konnten. Während William Fitzgerald an den Fingern gearbeitet und sich hauptsächlich um die Erzeugung lokaler Schmerzunempfindlichkeit gekümmert hatte, erkannte sie, daß die Arbeit an den Energiezonen den größeren therapeutischen Nutzen erzielen würde. Sie konzentrierte sich auf die Füße, da diese mit ihren 7000 Nervenenden besonders empfindsam sind, und zeichnete schließlich detaillierte Karten, die genau zeigten, an welchen Zonen des Fußes man arbeiten mußte, um die Energiekanäle der entsprechenden Körperteile zu klären.

Die Karten auf den Seiten 14-19 stammen von der Autorin und beinhalten Veränderungen und Berichtigungen der Originalkarten Inghams, die sich auf die Arbeitserfahrung der Autorin und ihre langjährigen Beobachtungen stützen.

Die Lage der Reflexzonen auf den Fußsohlen spiegeln ihre Anordnung im Körper. Das wird ganz klar, wenn Sie die Karten im Geiste aneinander legen, wobei das Rückgrat in der Mitte verläuft und die Zehen den Kopf darstellen. Wenn Sie sich langsam zur Ferse hinunterarbeiten, durchqueren Sie die Brustzone (mit den Lungen, dem Herzen, und nach außen hin, den Schultern), die Magenzone (mit dem Magen und jenen Organen, die an der Verdauung beteiligt sind) und darunter die Zone der Eingeweide.

Der rechte Fuß stellt die rechte Seite des Körpers dar, der linke die linke Seite. Die Symmetrie der Extremitäten zu beiden Seiten der Wirbelsäule spiegelt sich in identischen Reflexpunkten auf dem rechten und dem linken Fuß. Während bestimmte innere Organe ebenfalls auf beiden Füßen gleich vertreten sind, gibt es natürlich auch die asymmetrischen Organe, zum Beispiel das Herz (hauptsächlich auf der linken Seite), die Reflexpunkte der Leber (hauptsächlich rechts) und des Magens (links).

Orientierungslinien

Diese Linien teilen Füße und Hände in breite Sektionen auf, die bestimmte »Abschnitte« im Körper darstellen. Deshalb stimmt Ihre Erwartung, wenn Sie die Gebiete des Kopfes, des Halses und der Schultern wie auch des Herzens und der Lunge oberhalb der Zwerchfellinie vermuten. An den Fußsohlen ist die Zwerchfellinie leicht zu erkennen, weil die Haut unmittelbar darüber etwas dunkler gefärbt ist als darunter. Auf den Handflächen liegt sie ungefähr 2,5 cm unter dem Punkt, wo sich der Zeigefinger mit der Hand verbindet. Die Taillenlinie befindet sich etwa in der Mitte des Fußes. Sie finden diese Linie, indem Sie mit dem Finger an der äußeren Seite des Fußes entlangfahren, bis Sie auf den Mittelfußknochen treffen. Wenn Sie von diesem Punkt aus eine gerade Linie über den Fuß ziehen, haben Sie die Taillenlinie. Auf der Handfläche ist die Taillenlinie dort, wo sich der Daumen mit der Hand verbindet. Zwischen Taillen- und Zwerchfellinie liegen die Verdauungsorgane, einschließlich Magen und Bauchspeicheldrüse auf dem linken Fuß, während sich die Leber auf dem rechten Fuß befindet. Sie finden die Beckenlinie am Fuß, wenn Sie die Zeigefinger an die Knöchel des Klienten legen und sich dazwischen eine Linie vorstellen. Auf den Handflächen liegt die Beckenlinie etwa 2,5 cm über dem Handgelenk auf dem weichen, fleischigen Daumenhügel. Zwischen Becken- und Taillenlinie liegen die Ausscheidungsorgane. Unter der Beckenlinie befinden sich die Zonen der Sexual- und Fortpflanzungsorgane. Die Schulterlinie, eine Orientierungslinie zweiter Ordnung, gibt es nur an den Füßen genau unterhalb der unteren Zehenglieder. Die Bänderlinie erkennen Sie, wenn Sie die Zehen zurückbiegen, um die Haut über dem Fußgewölbe zu straffen. Sie werden das Band direkt unter der Oberfläche in gerader Linie zwischen dem ersten und dem zweiten Zeh spüren. Die Bänderlinie der Hände beginnt zwischen dem zweiten und dem dritten Finger.

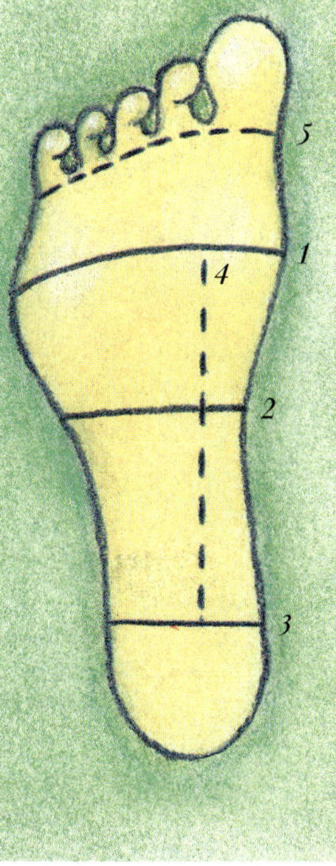

Linien, an denen man sich bei der Arbeit orientieren kann

Die breiten, horizontalen Abschnitte auf den Fußsohlen und Handflächen sind ein äußerst wichtiger Zusatz zur kartenmäßigen Erfassung Ihres Arbeitsfelds. Lernen Sie diese auswendig, und benutzen Sie sie in Verbindung mit den Karten auf den Seiten 14-19, um die Reflexpunkte zu finden und diese entweder über, unter oder zwischen den Linien zu behandeln.

1 Zwerchfellinie
2 Taillenlinie
3 Beckenlinie
4 Bänderlinie
5 Schulterlinie (nur am Fuß)

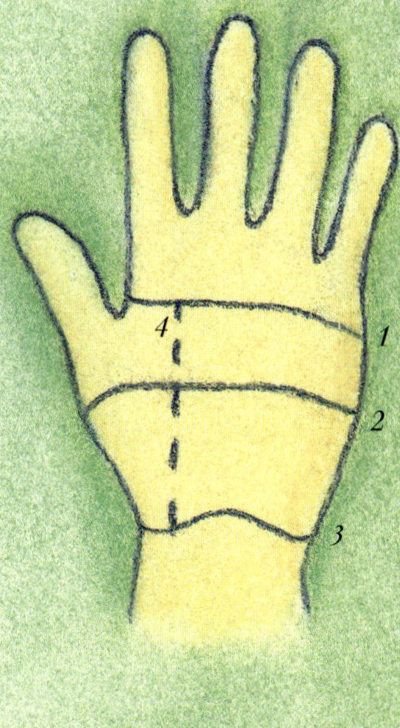

Die Karten der Fußsohlen

Rechter Fuß

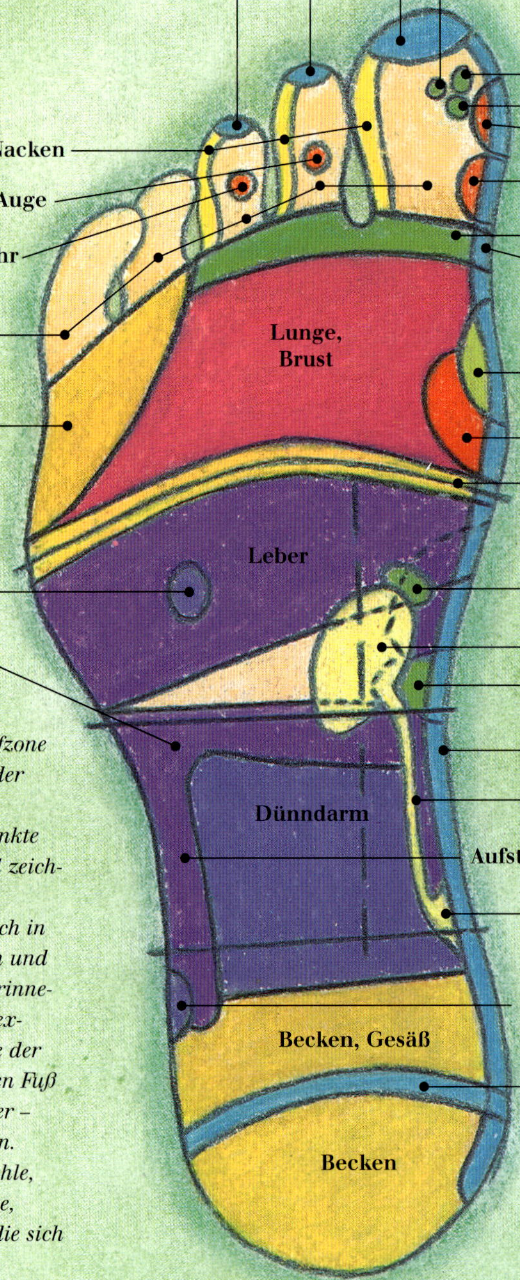

Die Füße: ein Spiegel des Körpers

Stellen Sie sich vor, daß die Zehen die Kopfzone repräsentieren und die äußeren Ränder jeder Fußsohle die Außenseite des Körpers mit Schultern, Taille und Hüften. Die Reflexpunkte der Wirbelsäule verlaufen in der Mitte und zeichnen die Biegungen des Rückgrats nach.

Die Symmetrie der Extremitäten zeigt sich in identischen Reflexpunkten auf dem rechten und dem linken Fuß. Die Asymmetrie im Körperinneren wirkt sich dergestalt aus, daß die Reflexpunkte einiger Organe – wie beispielsweise der des Herzens – hauptsächlich auf dem linken Fuß liegen, wogegen sich andere – wie die Leber – zum Großteil auf dem rechten Fuß befinden. Verwenden Sie die Karte der rechten Fußsohle, um sich zu den Reflexpunkten aller Organe, Drüsen und Körperteile führen zu lassen, die sich auf der rechten Körperseite befinden.

Linker Fuß

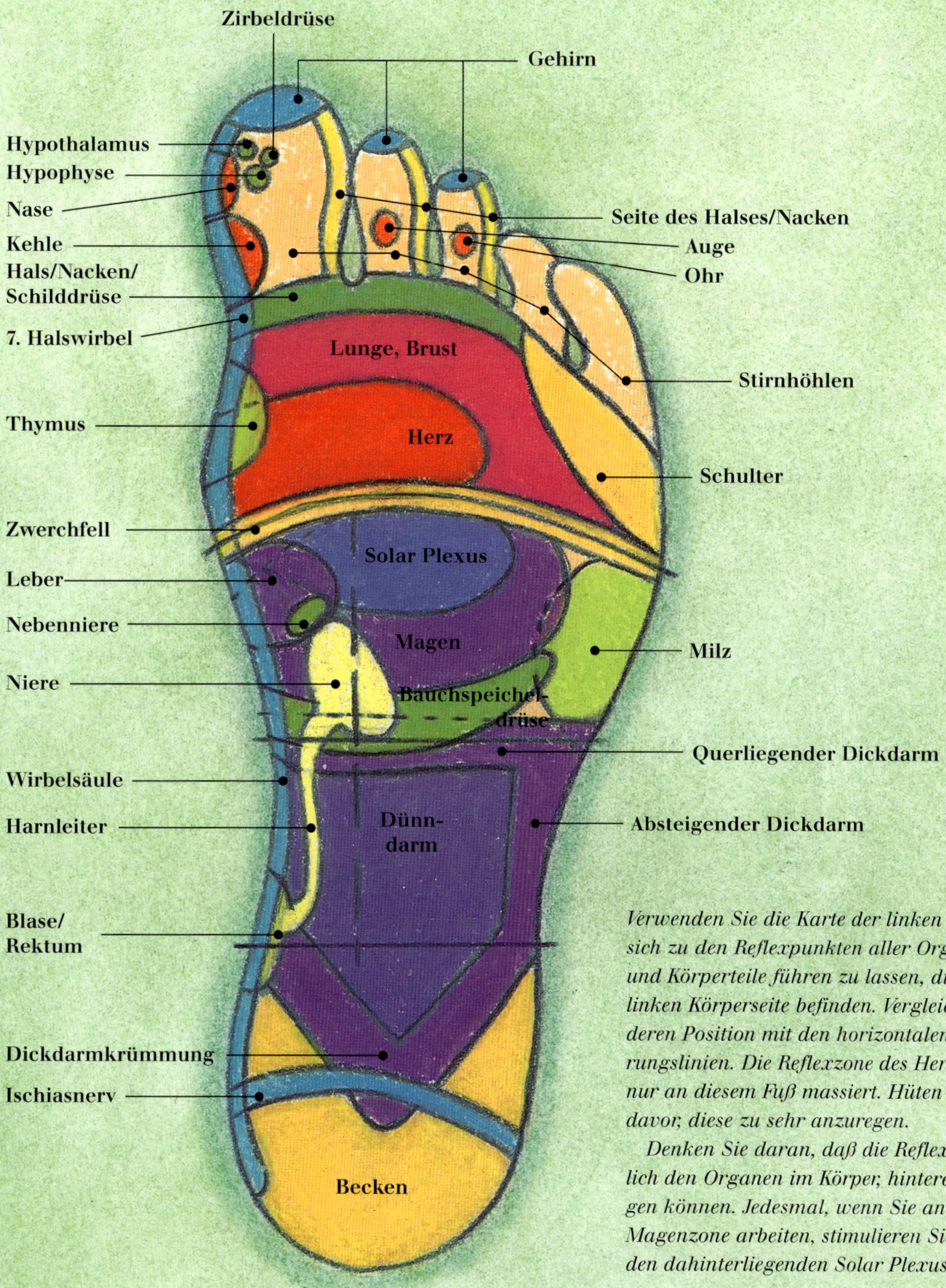

Verwenden Sie die Karte der linken Fußsohle, um sich zu den Reflexpunkten aller Organe, Drüsen und Körperteile führen zu lassen, die sich auf der linken Körperseite befinden. Vergleichen Sie deren Position mit den horizontalen Orientierungslinien. Die Reflexzone des Herzens wird nur an diesem Fuß massiert. Hüten Sie sich davor, diese zu sehr anzuregen.

Denken Sie daran, daß die Reflexpunkte, ähnlich den Organen im Körper, hintereinander liegen können. Jedesmal, wenn Sie an der Magenzone arbeiten, stimulieren Sie gleichzeitig den dahinterliegenden Solar Plexus.

Die Karten für die Fußrücken und die Seiten

Rechter Fuß

Die Reflexe direkt unterhalb des Knöchels beziehen sich auf die Sexual- und Fortpflanzungsorgane. Sie erreichen die Hoden oder die Ovarien auf der Außenseite der Ferse und die Prostata oder die Gebärmutter auf der Innenseite. Sie sind durch die Reflexe der Samenleiter oder der Eileiter verbunden, die sich oben über den Fußrücken spannen.

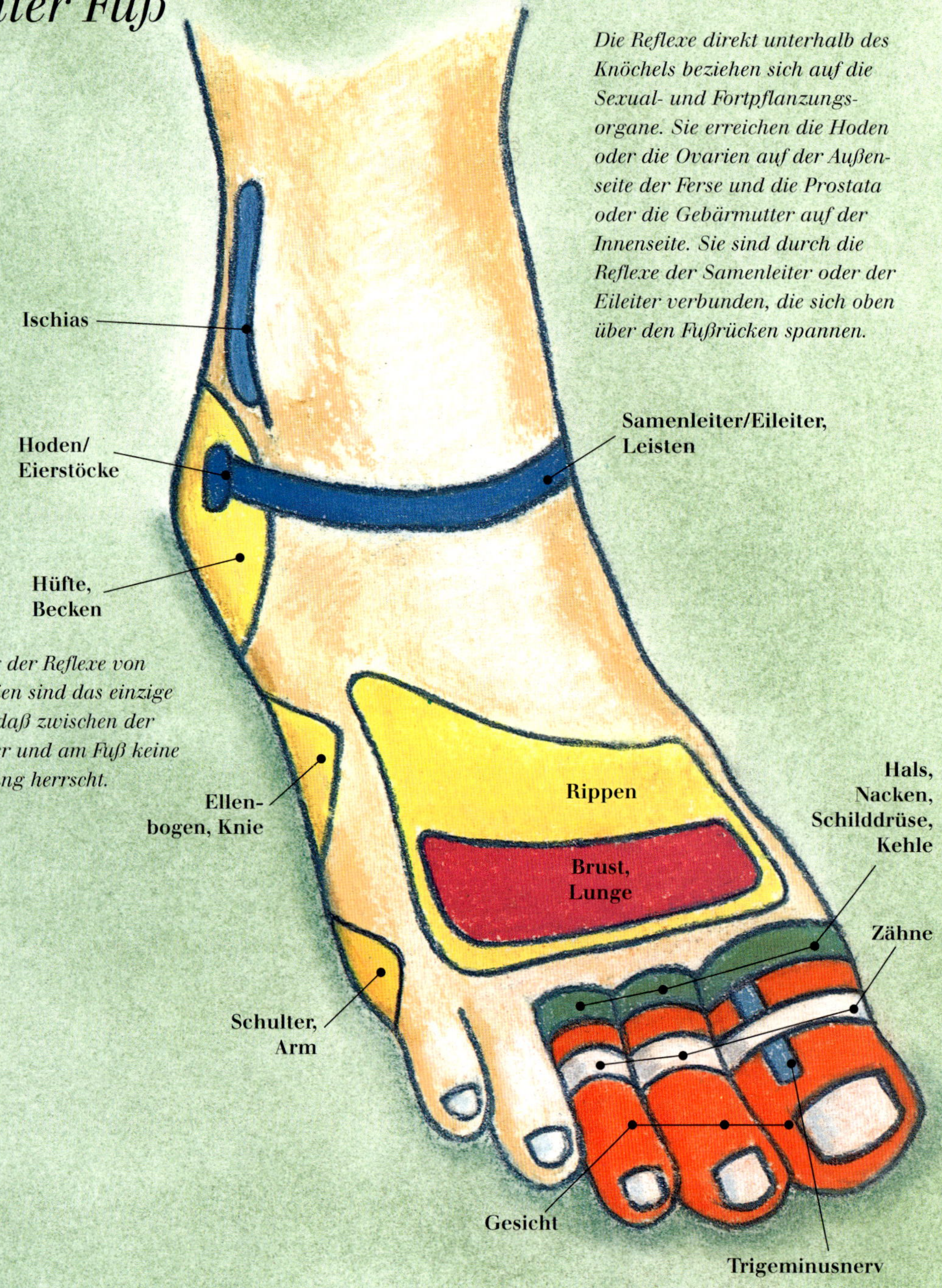

Die Anordnung der Reflexe von Hüften und Knien sind das einzige Beispiel dafür, daß zwischen der Lage am Körper und am Fuß keine Übereinstimmung herrscht.

Linker Fuß

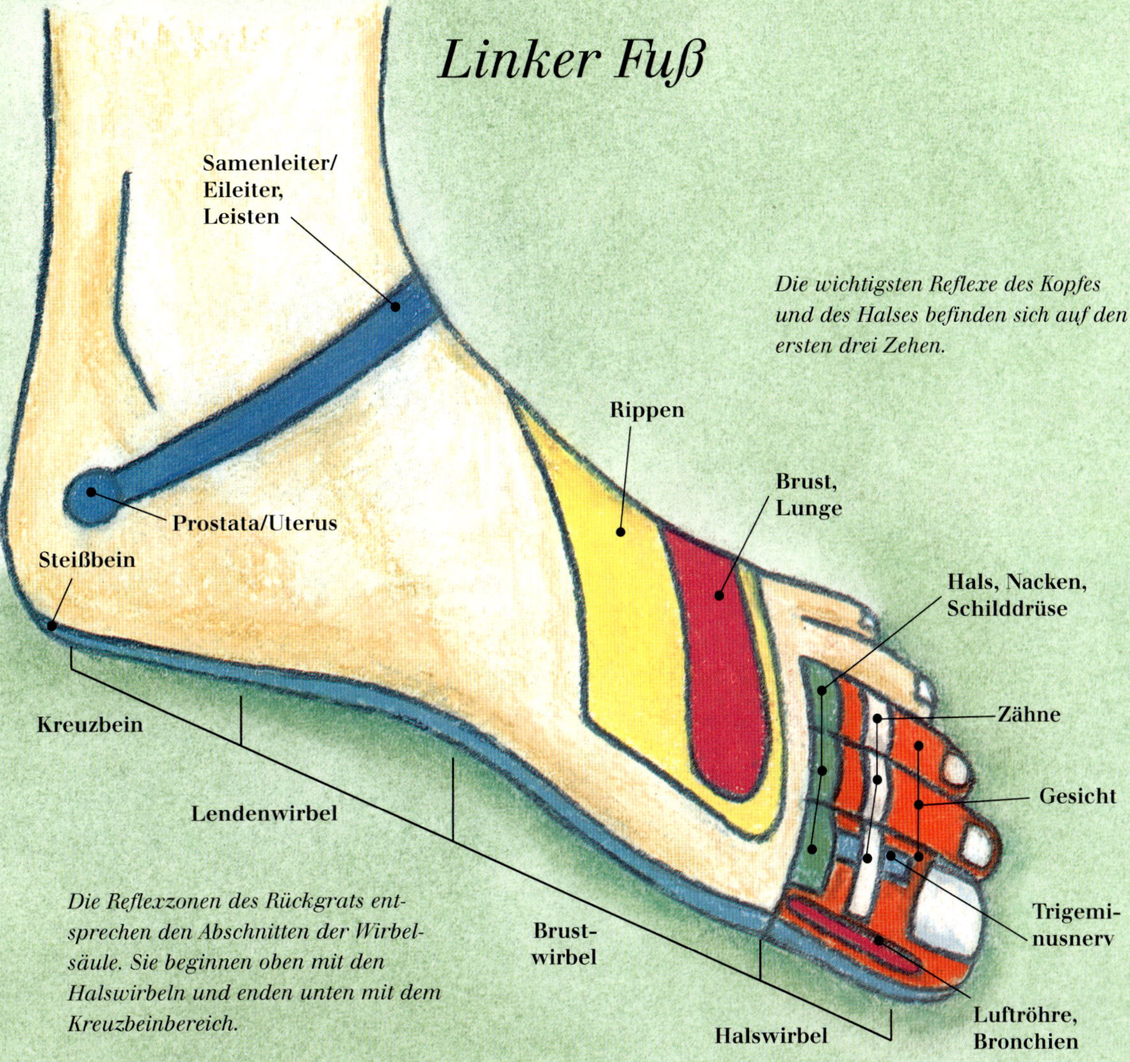

Die wichtigsten Reflexe des Kopfes und des Halses befinden sich auf den ersten drei Zehen.

Die Reflexzonen des Rückgrats entsprechen den Abschnitten der Wirbelsäule. Sie beginnen oben mit den Halswirbeln und enden unten mit dem Kreuzbeinbereich.

Die Karten für die Fußrücken und die seitlichen Füße sind viel einfacher als die der Fußsohlen.

An der äußeren (lateralen) Kante jedes Fußes stimmen die Reflexe ungefähr mit den Seiten des Körpers überein. Jedoch liegen die relativen Positionen der Reflexe für Hüften und Knie an unerwarteten Stellen, da sich das Knie zwischen den Reflexen von Schultern und Hüften befindet. Dies ist das einzige Beispiel dafür, daß die Nervenbahnen und ihre Reflexe nicht mit der Lage des eigentlichen Körperteils übereinstimmen. Auf dem Fußrücken (oder dem dorsalen Teil des Fußes) befinden sich nur wenig Reflexzonen: Er ist zu knochig, um einen wirksamen Kontakt zu ermöglichen. Beachten Sie jedoch, daß hier die Hauptzone für den Kontakt mit den Brustreflexen liegt. Diese Zone teilt sich die Reflexe mit den Lungen, die sich jedoch hauptsächlich auf der Fußsohle befinden.

Die wichtigen Reflexpunkte der Wirbelsäule liegen auf der Innenseite jedes Fußes, wobei sie die Biegungen des Rückgrats nachvollziehen.

Die Karten der Hände

Man findet die Reflexpunkte, die sich auf Körperteile, Drüsen und Organe beziehen, nicht nur auf den Füßen, sondern auch auf den Händen und Handgelenken. Wegen der geringeren Größe der Hand und der Trennung zwischen Fingern und Daumen ist der Lageplan gedrängter und weniger klar ersichtlich als bei den Füßen. Der Farbschlüssel der Fußkarten wird bei den Händen wiederholt.

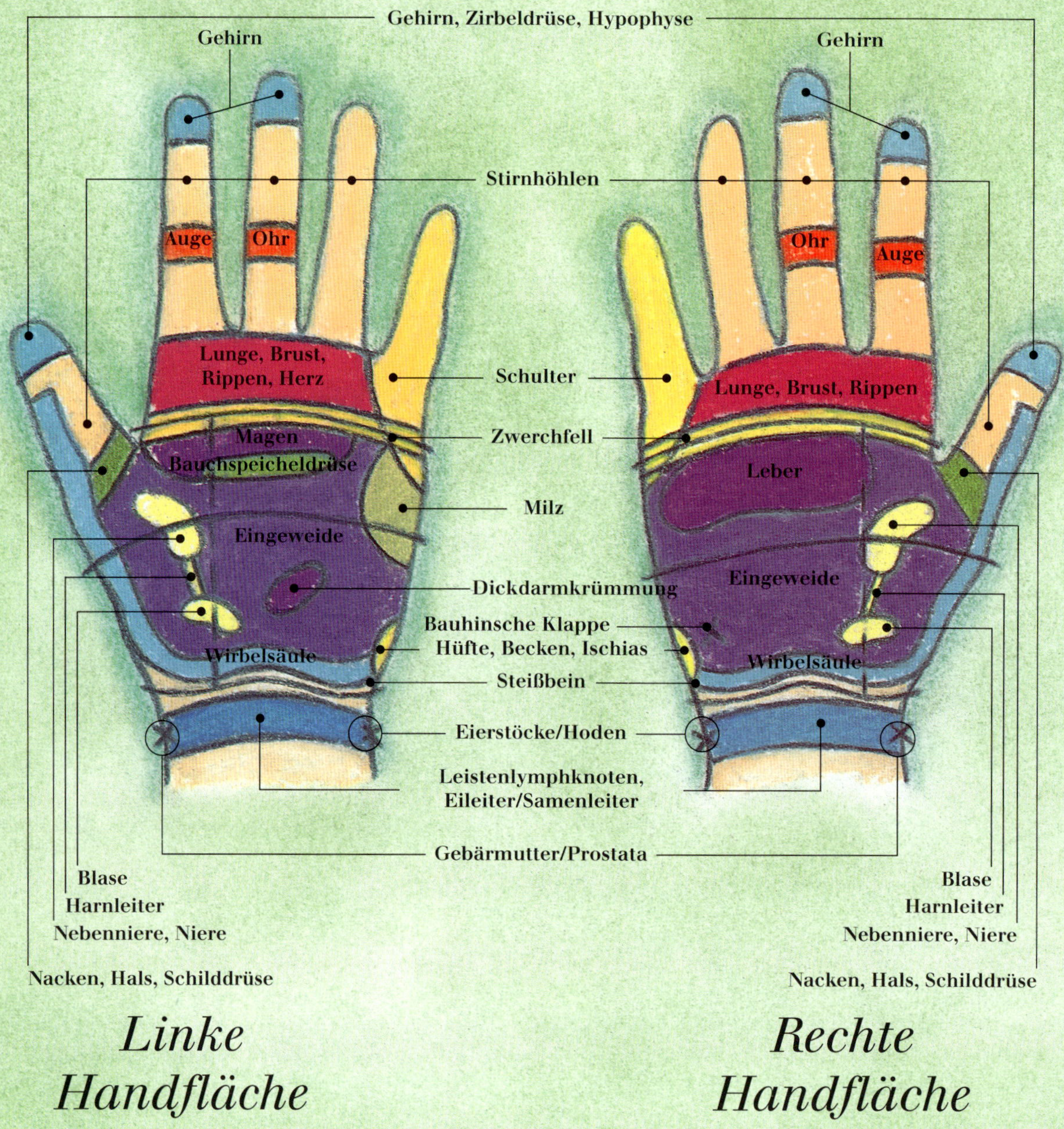

Bestimmte Reflexzonen »wickeln« sich um die ganze Hand herum, einige bilden »Ringe« oder »Armbänder« um Finger und Handgelenke. Deshalb sind Karten für die Seiten der Hände nicht nötig.

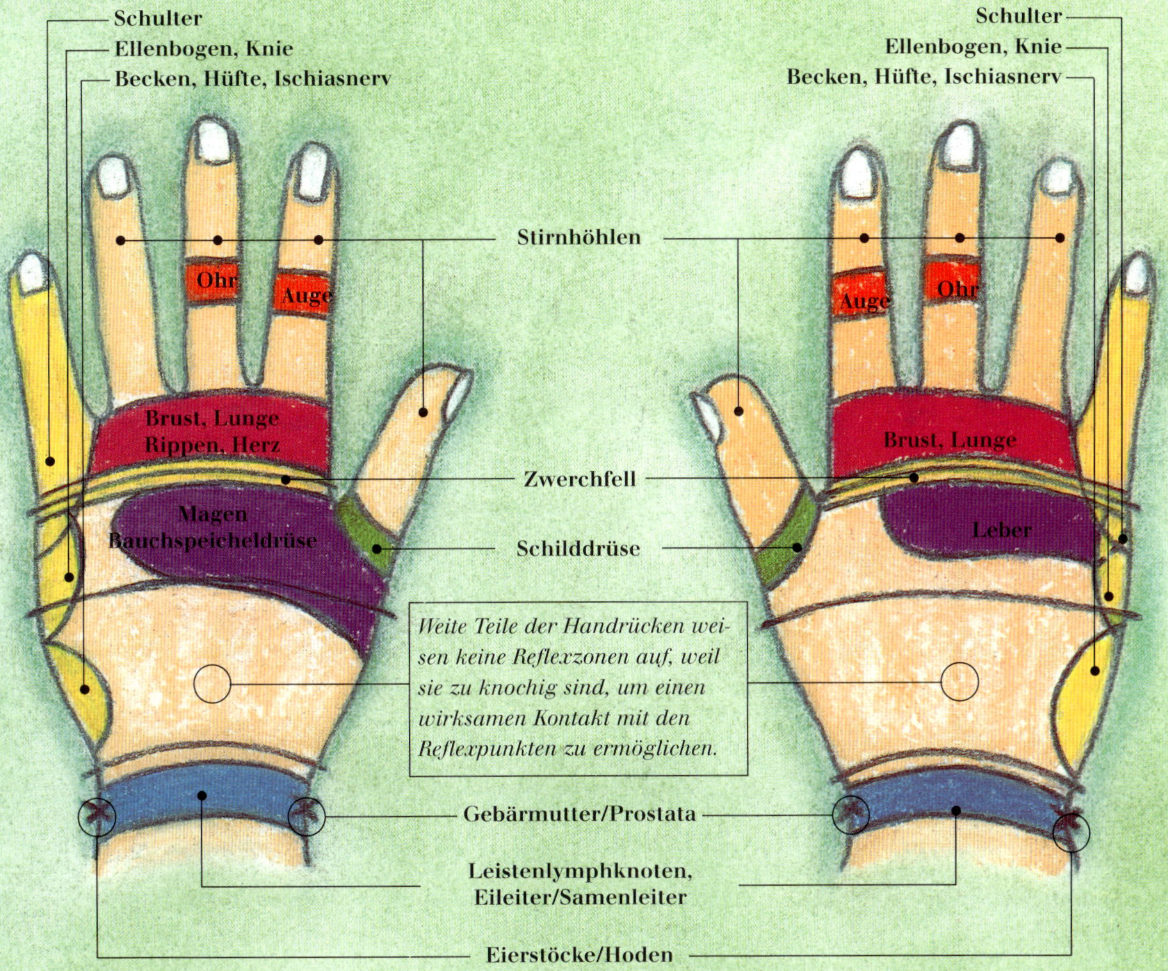

Linker Handrücken

Rechter Handrücken

Kontaktaufnahme mit Reflexen

Wenn Sie damit beginnen, Reflexzonenmassagen zu geben, werden Sie sich wahrscheinlich so fühlen, als besäßen sie »zwei linke Hände«: Sie bringen Ihre Finger einfach nicht dazu, mit sanftem, beständigen Druck zu massieren. Erst »bohren« sie sich in den Fuß, um im nächsten Augenblick kraftlos über ihn hinwegzugleiten. Nur Mut! Es ist wie überall: Je mehr Sie üben, um so besser wird es Ihnen gelingen. Bemühen Sie sich, beide Daumen und Zeigefinger mit gleicher Leichtigkeit zu benutzen, doch greifen Sie – solange Ihnen das noch nicht gelingt – weder auf Öle noch auf Cremes zurück, um Ihren Weg zu erleichtern: Es ist unmöglich, Kontakt mit den Reflexpunkten aufzunehmen, wenn die Haut fettig ist. Wenn Sie möchten, können sie den Fuß jedoch leicht mit Babypuder einstäuben.

Es gibt Tausende von Reflexpunkten auf den Fußsohlen und den Handflächen, und Sie streben danach, in der passenden Zone so viele wie möglich mit Ihrem Daumen oder Zeigefinger zu drücken. Damit Sie sich vorstellen können, wie klein die Massagebewegungen sein müssen, stellen Sie sich die Reflexpunkte (die nicht größer als Stecknadelköpfe sind) als Nadeln in einem dicht besteckten, prallen altmodischen Nadelkissen vor. Malen Sie sich aus, daß Sie die Nadeln eine nach der anderen fest in das Kissen drücken, wobei Sie sich immer vorwärts bewegen. Diese Technik wird bei den meisten der in diesem Buch empfohlenen Behandlungen angewandt.

Wenn Sie sehr kleine Zonen (etwa die auf den Zehenkuppen) massieren, dann kreisen Sie mit dem Daumen oder dem Zeigefinger einfach im Uhrzeigersinn auf der Stelle, oder drücken Sie, und lassen Sie gleich wieder los. Stützen Sie den oberen Fuß, wenn Sie die Zonen oberhalb der Taillenlinie massieren (siehe S. 13); stützen Sie die Ferse, wenn Sie unterhalb dieser Linie arbeiten. Der Empfänger der Massage spürt Verspannungen in Ihren Händen, deshalb sollten Sie den Fuß weder zu fest noch zu locker halten.

Seien Sie empfindsam gegenüber Empfindlichkeiten

Richten Sie sich bei der Druckstärke nach dem Menschen, den Sie massieren. Ein sanfter Druck ist bei Babys, kleinen Kindern und älteren Menschen angemessen; in fast allen anderen Fällen ist fester Druck angebracht. Beachten Sie den Gesichtsausdruck des Empfängers: Er wird Sie auf die empfindlichen Punkte aufmerksam machen. Sobald Sie Unbehagen bemerken, verringern Sie augenblicklich den Druck.

Wie Sie mit Daumen und Fingern massieren

Beugen Sie Ihren Daumen (oder Finger) wie auf der Zeichnung – nicht zu hoch und nicht zu flach. Vermeiden Sie, den Daumen abwechselnd zu beugen und zu strecken. Arbeiten Sie mit dem flachen Ballen der Daumenspitze, und drücken Sie leicht mit der Außenkante, damit das Fleisch zurückweicht und so einen Schutzwall gegen den Nagel bildet.

Schieben oder »kriechen« Sie in winzigen Schritten langsam vorwärts, als ob Sie Nadeln in ein Nadelkissen drückten. Halten Sie ständig Kontakt mit der Haut, und arbeiten Sie sich langsam und systematisch über die entsprechende Zone.

Damit die Behandlung Erfolg hat, *ist es äußerst wichtig, daß beide bequem sitzen. Körperliches Unbehagen übersetzt sich sofort in Spannung, die den Energiefluß unterbricht und die Heilung behindert.*

Wenn Sie Ihre eigenen Hände behandeln, *mag es bequemer sein, wenn Sie die zu behandelnde Hand auf ein kleines Kissen in Ihren Schoß legen. Sie können, wenn Sie mögen, bei den Händen ein wenig Talkumpuder benutzen, doch wie bei den Füßen sollten Sie auf Öl verzichten, da es die Haut fettig und den Kontakt mit den Reflexpunkten schwierig macht.*

Ein angemessener Ort für die Behandlung

Sie werden die Sitzung beide mehr genießen, wenn diese in einer angenehmen Umgebung stattfindet, wo Sie wahrscheinlich ungestört arbeiten können. Stellen Sie vor der Behandlung sicher, daß Ihre Hände sauber und die Nägel kurz geschnitten sind.

Lassen Sie den Empfänger in einem bequemen Sessel oder in einem Liegestuhl Platz nehmen, verwenden Sie eventuell einen Hocker, um das Bein zu stützen. Setzen Sie sich in geeigneter Höhe nieder, und schauen Sie den Empfänger an, so daß Sie seinen Gesichtsausdruck »lesen« können. Lassen Sie den Fuß, den Sie behandeln, auf einem Kissen in Ihrem Schoß ruhen.

Die Grundlagen der Behandlung

Reflexzonenmassage ist eine ganzheitliche Therapie, und deshalb ist es immer vorzuziehen, den ganzen Menschen zu behandeln, indem man, wenn möglich, den ganzen Fuß (oder die ganze Hand) massiert. Doch eine komplette Fußbehandlung nimmt beim Anfänger wahrscheinlich fast eine Stunde in Anspruch, und es ist nicht leicht, so viel Zeit zu erübrigen.

Die Fußentspannungsmassage (S. 24)

Auf die wunderbar entspannende Wirkung dieser Behandlung kommen wir im ganzen Buch immer wieder zurück. Führen Sie alle Übungen zuerst am rechten Fuß durch, dann am linken, um einen Zustand herrlicher Entspannung herbeizuführen. Wenn Sie die Massage der spezifischen Reflexzonen durch auf den Empfänger abgestimmte Entspannungsgriffe unterbrechen möchten, entspannen Sie immer beide Füße.

Die vollständige Fußmassage (S. 26)

Wenn Sie eine vollständige Fußbehandlung geben, massieren Sie erst den ganzen rechten Fuß, bevor Sie zum linken übergehen. Auf der nächsten Seite schlage ich Ihnen vor, in welcher Reihenfolge die Behandlung ablaufen könnte. Passen Sie Ihren Daumen dem behandelten Fuß an, das heißt, nehmen Sie den rechten Daumen für die Arbeit am rechten Fuß. Arbeiten Sie von der Innen- zur Außenkante, und stützen Sie den Fuß mit der linken Hand. Die Pfeile auf den Zeichnungen zeigen nur eine mögliche Arbeitsrichtung, denn es ist wichtig, dieselbe Zone immer auch in der Gegenrichtung zu massieren, damit eine maximale Anzahl von Reflexpunkten erreicht wird. Wechseln Sie dabei die stützende und die arbeitende Hand. Eine allgemeine Regel besagt, daß die einzelnen Reflexpunkte zwei- oder dreimal in beiden Richtungen bearbeitet werden sollten. Wenn bestimmte Punkte besonders empfindlich sind, könnten diese ein weiteres Mal sanft massiert werden. Sollte die Zeit knapp sein, dann bearbeiten Sie nur die Hauptreflexzonen, die für die bestimmten Erkrankungen angegeben sind. Einige davon können in Sekundenschnelle behandelt werden, deshalb empfehle ich, immer mit der allgemeinen Fußentspannung zu beginnen und zwischen die Behandlung der besonderen Reflexzonen einen oder zwei Entspannungsgriffe zu schieben. Wenn Sie an bestimmten Reflexzonen arbeiten, massieren Sie zuerst den rechten und dann den linken Fuß.

Die vollständige Handmassage (S. 32)

In diesem Buch werden Sie immer wieder auf die Seiten verwiesen, wo die vollständige Handmassage beschrieben ist (Seiten 32-37). Diese Selbsthilfe kann im Falle bestimmter Erkrankungen oder als Sofortbehandlung zur Unterstützung der Fußbehandlung angewandt werden.

Vorsicht

Holen Sie professionellen Rat von einem Arzt oder einem qualifizierten Reflexzonentherapeuten ein, bevor Sie Menschen behandeln, die an Diabetes, Thrombose oder Venenentzündung leiden.

Fragen Sie auch bei Krebspatienten, die konventionell behandelt werden.

Behandeln Sie keine Frauen in den ersten 14 Wochen einer Schwangerschaft, besonders dann, wenn in der Vorgeschichte Fehlgeburten vorkommen.

Behandeln Sie niemanden, der akut an einer Infektionskrankheit leidet.

Versuchen Sie nie, Diagnosen aufgrund empfindlicher Zonen zu stellen.

Arbeitsplan: rechter Fuß

Beginnen Sie mit der Zwerchfellentspannung.
1 Massage der Lungen- und Brustzone (Fußsohle und Fußrücken). Kneten Sie den Mittelfußknochen.
2 Massage der Stirnhöhlen
3 Massage von Auge und Ohr
4 Massage von Nacken, Schilddrüse und Kehle
5 Massage des Steißbeins
6 Massage von Hüften und Becken
7 Massage der Wirbelsäule
8 Massage des Gehirns
9 Massage des Gesichts
10 Massage der Schulter
11 Massage von Knie und Ellbogen
12 Massage des Ischiasnervs
Seitliches Schütteln
13 R Massage von Leber und Gallenblase
14 R Massage der Bauhinschen Klappe
15 R Massage des aufsteigenden und des querliegenden Dickdarms und des Dünndarms
Lockerungsmassage für den Knöchel
16 Massage von Blase und Harnleiter
17 Massage der Niere
Griffe von unten und oben
18 Massage von Gebärmutter oder Prostata
19 Massage von Eierstöcken oder Hoden
20 Massage der Eileiter oder Samenleiter
Das Kneten des Fußes und die Entspannung des Rippenbogens
Achten Sie auf empfindliche Zonen
»R« bezeichnet Reflexzonen, die nur auf dem rechten Fuß zu finden sind.

Wie häufig soll man behandeln?

In akuten Fällen sollte man, wenn möglich, täglich behandeln, wenigstens aber zwei- bis dreimal pro Woche. Wenn die Beschwerden nachlassen, reicht eine Massage pro Woche aus. In chronischen Fällen sollte man so lange ein- oder zweimal pro Woche behandeln, bis eine Besserung eintritt. Dann kann man sich auf eine Massage alle vierzehn Tage beschränken.

Arbeitsplan: linker Fuß

Beginnen Sie mit der Zwerchfellentspannung.
1 Massage der Lungen- und Brustzone (Fußsohle und Fußrücken)
1 A Massage des Herzens*
Kneten Sie den Mittelfußknochen.
2 Massage der Stirnhöhlen
3 Massage von Auge und Ohr
4 Massage von Nacken, Schilddrüse und Kehle
5 Massage des Steißbeins
6 Massage von Hüften und Becken
7 Massage der Wirbelsäule
8 Massage des Gehirns
9 Massage des Gesichts
10 Massage der Schulter
11 Massage von Knie und Ellbogen
12 Massage des Ischiasnervs
Seitliches Schütteln
13 L Massage von Magen und Bauchspeicheldrüse
14 L Massage der Milz
15 L Massage des querliegenden und des absteigenden Dickdarms, der Dickdarmkrümmung und des Dünndarms
Lockerungsmassage für den Knöchel
16 Massage von Blase und Harnleiter
17 Massage der Niere
Griffe von unten und oben
18 Massage von Gebärmutter oder Prostata
19 Massage von Eierstöcken oder Hoden
20 Massage der Eileiter oder Samenleiter
Kneten des Fußes und Rippenbogenentspannung
Achten Sie auf empfindliche Zonen. Wenden Sie sich wieder dem rechten Fuß zu, und massieren Sie die empfindlichen Stellen dort noch 2- oder 3mal. Wiederholen Sie dasselbe am linken Fuß. Die Herzreflexzone 1 A befindet sich nur am linken Fuß. Die Bezeichnung »L« weist auf Reflexzonen auf dem linken Fuß.*

Die Fußentspannungsmassage

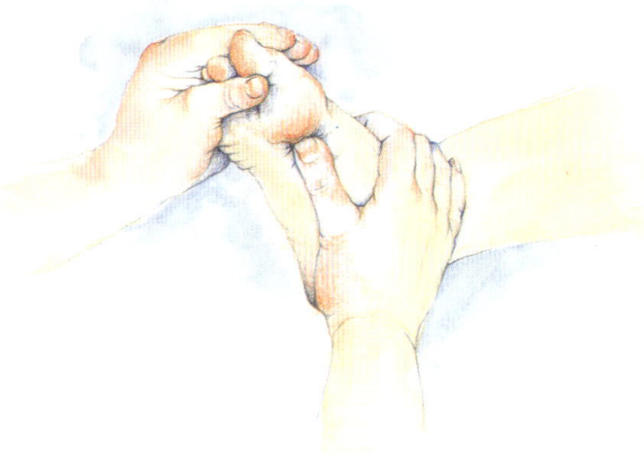

1 Entspannung des Zwerchfells
Beginnen Sie am rechten Fuß, und legen Sie Ihren linken Daumen, wie auf der Abbildung, unter die Zehen. Massieren Sie mit dem rechten Daumen von der Innenkante des Fußes zur Außenkante entlang der Zwerchfellinie. Biegen Sie währenddessen die Zehen über Ihren linken Daumen vor und zurück. Bewegen Sie den rechten Daumen nur dann weiter, wenn Sie die Zehen nach vorne biegen. (Wiederholen Sie alles beim linken Fuß.)

2 Seitliches Schütteln
Stützen Sie den Fuß zwischen beide Handflächen. Dann schütteln Sie den Fuß sanft, aber rasch zwischen den Händen hin und her. Die Bewegung sollte ein deutlich klatschendes Geräusch verursachen. (Wiederholen Sie alles beim linken Fuß.)

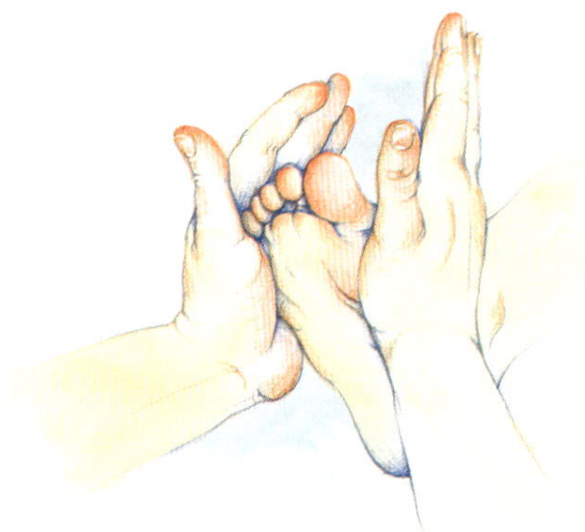

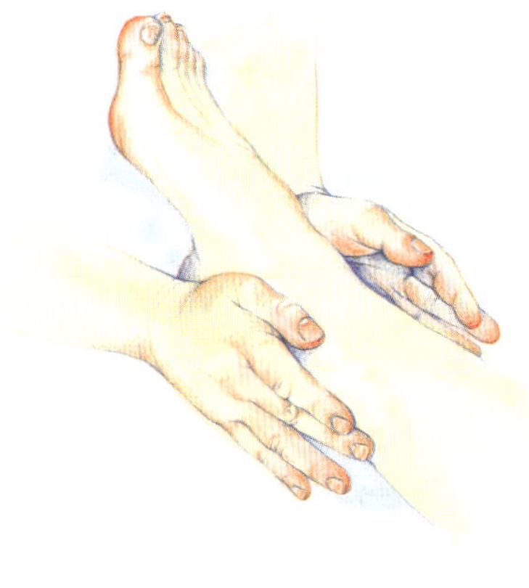

3 Entspannung des Knöchels
Beginnen Sie mit dem rechten Fuß. Stützen Sie den Knöchel mit den Ballen Ihrer Daumen, und schütteln Sie den Fuß sanft, aber rasch von einer Seite zur anderen, wobei Sie im Handgelenk locker bleiben. (Wiederholen Sie alles beim linken Fuß.)

4 Das Kneten des Mittelfußknochens
Drücken Sie die rechte Faust in die Sohle des rechten Fußes, und halten Sie diesen mit der linken Hand am Fußrücken. Dann pressen Sie die Faust in die Sohle, als wenn Sie Teig kneten würden, während Sie den Fußrücken mit der linken Hand zusammendrücken. Beginnen Sie langsam, und versuchen Sie, einen sanften Rhythmus zu finden. (Wiederholen Sie alles beim linken Fuß.)

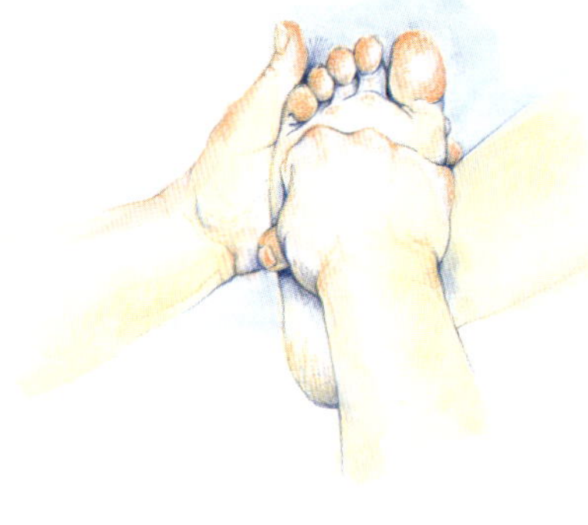

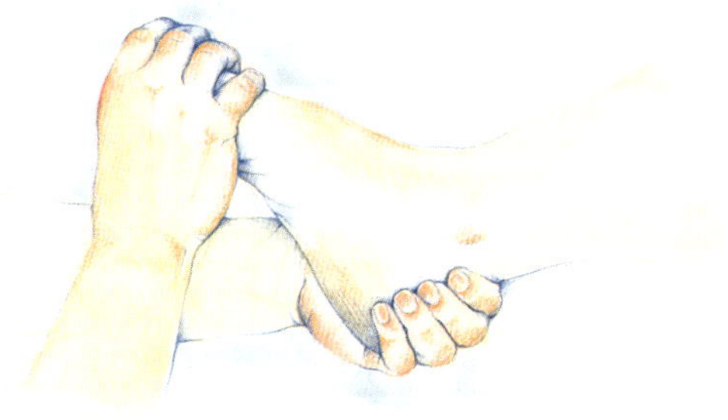

5 Kreisen mit Griff von unten

Lassen Sie die rechte Ferse in der Handfläche der linken Hand ruhen, wobei Sie den Daumen an die äußere Seite legen. Halten Sie die Zehen leicht mit der rechten Hand, drehen Sie den Fuß nach innen und kreisen Sie im Uhrzeigersinn. (Wiederholen Sie alles beim linken Fuß.)

6 Kreisen mit Griff von oben

Halten Sie den Knöchel des rechten Fußes von oben mit der linken Hand. Drehen Sie den Fuß mit der rechten Hand nach innen, und lassen Sie ihn leicht kreisen. Dies ist eine hervorragende Übung gegen geschwollene Knöchel. (Wiederholen Sie alles beim linken Fuß.)

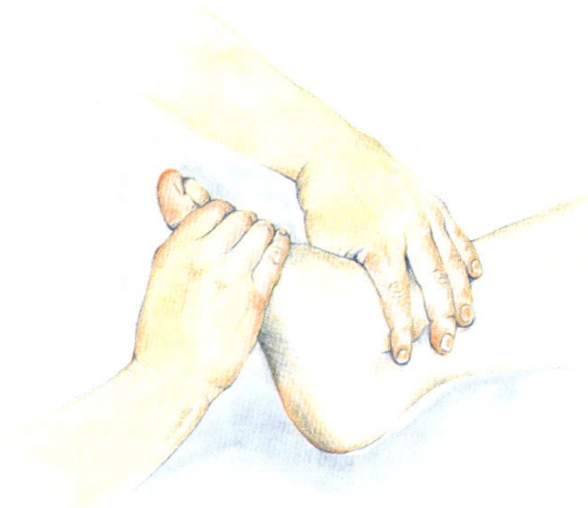

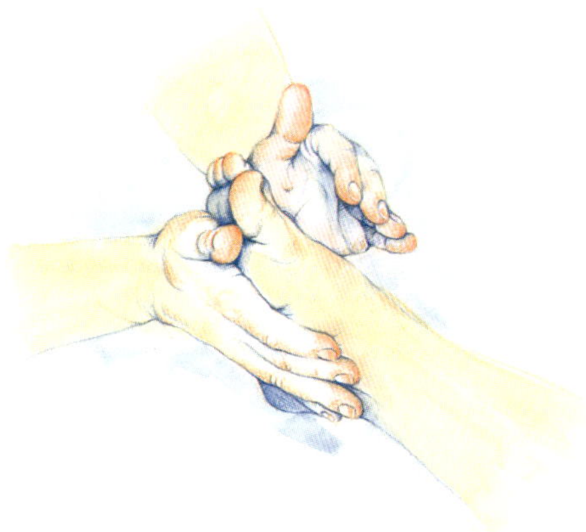

7 Das Kneten des Fußes

Wiegen Sie den rechten Fuß zwischen Ihren Händen, wobei Sie ihn an den Außenkanten stützen. Massieren Sie nun mit kreisenden Bewegungen über den Fußrücken und die Fußsohle, so daß Ihre Hände den Rädern einer Eisenbahn gleichen. (Wiederholen Sie alles beim linken Fuß.)

8 Entspannung des Rippenbogens

Beginnen Sie mit dem rechten Fuß, drücken Sie beide Daumen auf die Fußsohle und massieren Sie mit den Fingern beider Hände über den Fußrücken. (Wiederholen Sie alles beim linken Fuß.)

Die vollständige Behandlung: rechter Fuß

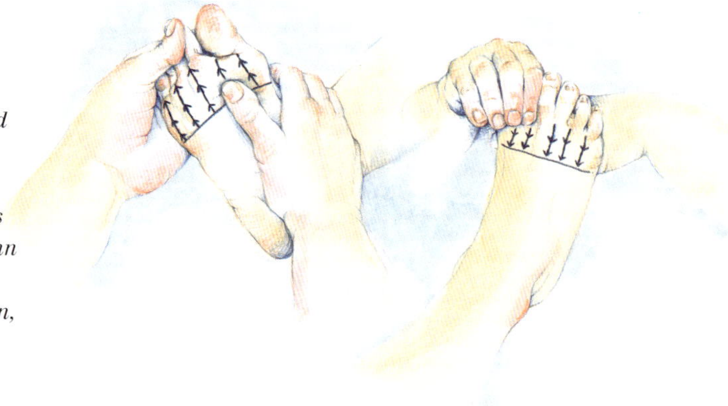

1 Massage der Lungen und der Brust

Massieren Sie zuerst die rechte Fußsohle, und stützen Sie den Fuß wie auf der Abbildung. Bearbeiten Sie die Zone mit dem rechten Daumen von der Zwerchfellinie aufwärts bis zum Grundgelenk jedes Zehs. Folgen Sie dann auf dem Fußrücken den natürlichen Furchen mit dem Zeigefinger. Öffnen Sie diese Furchen, indem Sie die linke Hand zur Faust ballen und gegen die Sohle drücken.

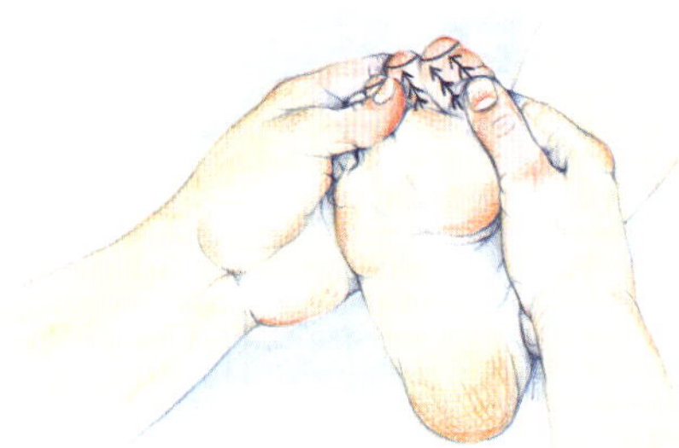

2 Massage der Stirnhöhlen

Stützen Sie den rechten Fußrücken mit der linken Hand. Massieren Sie mit dem rechten Daumen die unteren Seiten der einzelnen Zehen, wobei Sie beim Grundgelenk des großen Zehs beginnen. Wenn Sie beim kleinen Zeh angelangt sind, wechseln Sie die Hände und arbeiten in entgegengesetzter Richtung.

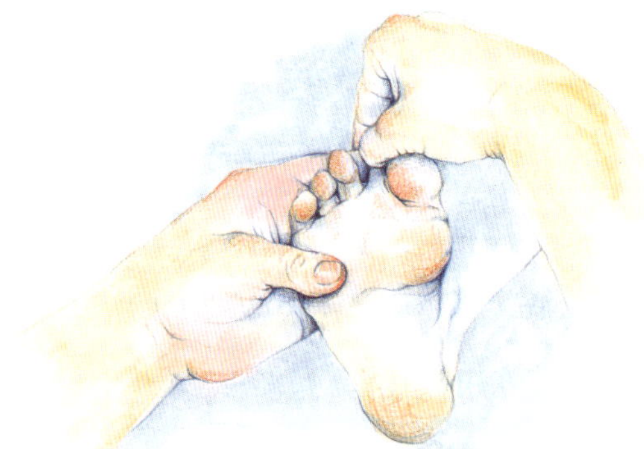

3 Massage der Augen und Ohren

Stützen Sie den rechten Fuß mit der linken Hand. Um die Augenreflexe zu erreichen, legen Sie den rechten Daumen unter das erste Glied des zweiten Zehs, und führen Sie mit dem Daumen im Uhrzeigersinn winzige Kreisbewegungen aus. Bearbeiten Sie den Ohrenreflexpunkt unter dem ersten Glied des dritten Zehs in derselben Weise.

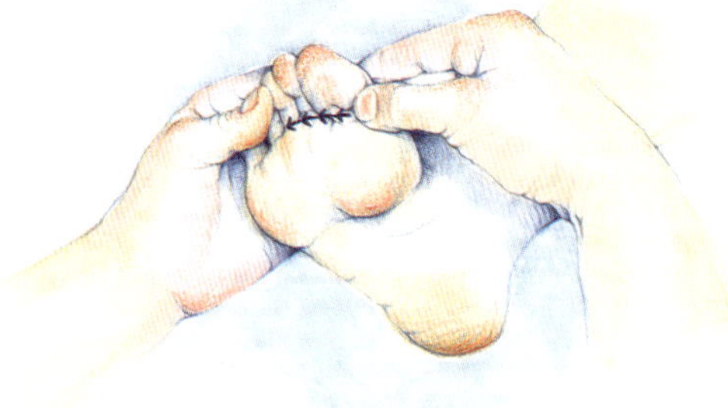

4 Massage des Nackens, des Halses, der Schilddrüse und der Kehle

Stützen Sie den rechten Fuß mit der linken Hand. Verwenden Sie den rechten Daumen, um der Linie zu folgen, die entsteht, wo sich die ersten drei Zehen mit dem Fuß verbinden. (Bei Problemen mit der Kehle konzentrieren Sie sich hauptsächlich auf das Grundgelenk des großen Zehs.) Massieren Sie dann dieselbe Linie auf dem Fußrücken mit dem rechten Zeigefinger (siehe S. 106).

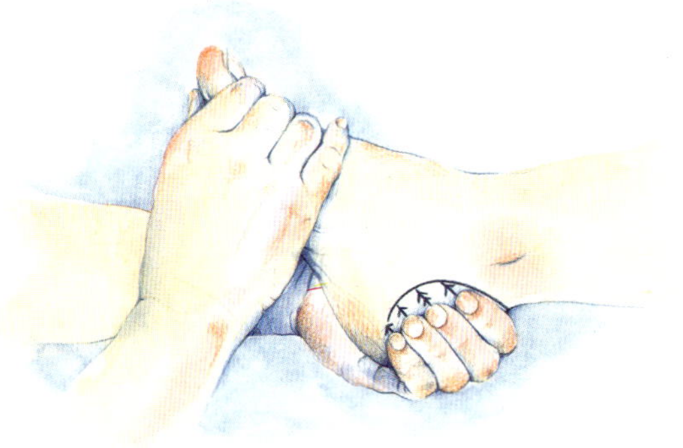

5 Massage des Steißbeins
Die Massage der wichtigen Wirbelsäulenreflexe beginnt gewöhnlich mit dem Steißbein. Halten Sie den oberen rechten Fuß mit der rechten Hand vom Körper ab. Führen Sie mit allen 4 Fingern der linken Hand kleine, nach vorn kriechende Bewegungen aus, wobei Sie am hinteren Ende der inneren Ferse beginnen und an dem in der Abbildung angegebenen Punkt aufhören.

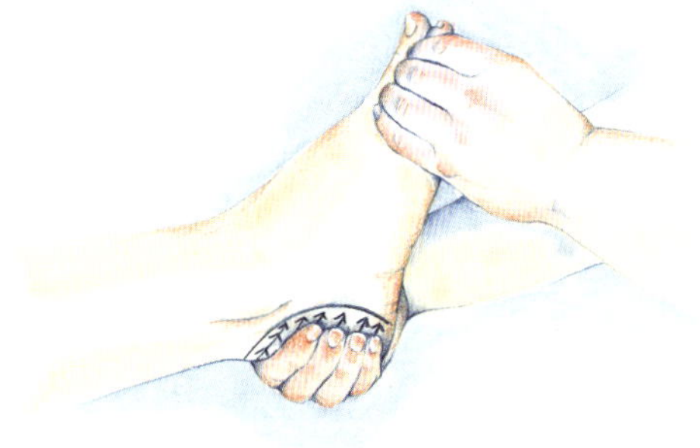

6 Massage der Hüften und des Beckens
Stützen Sie den oberen rechten Fuß mit der linken Hand, und neigen Sie ihn vom Körper weg. Führen Sie mit allen 4 Fingern der rechten Hand kriechende Bewegungen an der Außenkante der Ferse aus, wobei Sie den auf der Abbildung angegebenen Bereich bearbeiten.

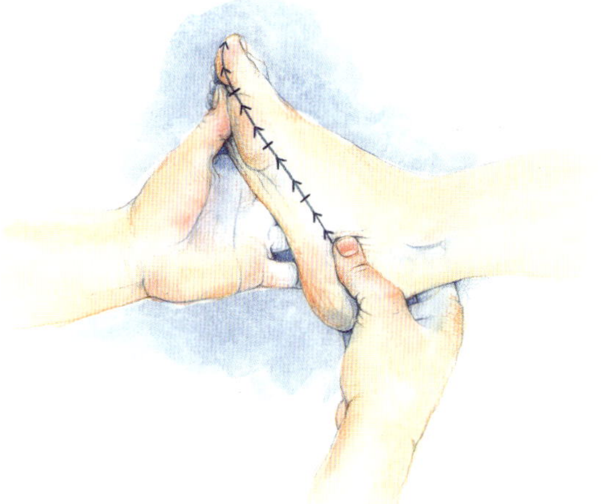

7 Massage der Wirbelsäule
Die Reflexpunkte der Wirbelsäule folgen der Linie der Innenseite des Fußes. Sie befinden sich nicht auf der Fußsohle. Halten Sie den rechten Fuß mit der linken Hand vom Körper ab, und verwenden Sie den rechten Daumen, um »nadelkissenartig« entlang der angezeigten Linie bis zur Spitze des großen Zehs zu massieren.

8 Massage des Gehirns
Stützen Sie den oberen rechten Fuß mit der linken Hand. Üben Sie mit dem rechten Daumen Druck auf die Kuppe des großen Zehs aus. Zählen Sie bis drei, und lassen Sie dann los. Wiederholen Sie dies 4- oder 5mal. Behandeln Sie die Kuppen des zweiten und des dritten Zehs in gleicher Weise.

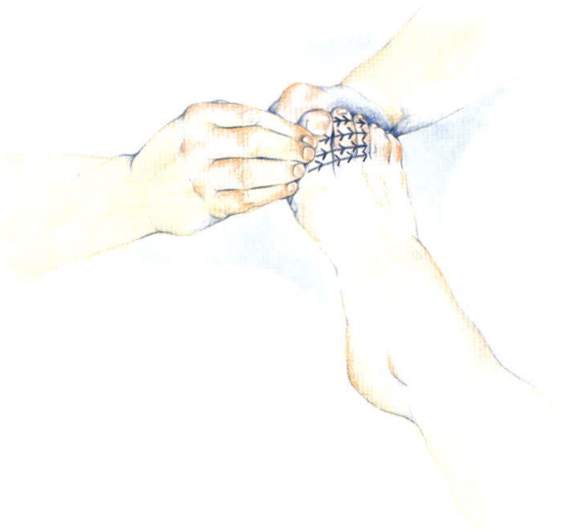

9 Massage des Gesichts

Drücken Sie mit der linken Faust hinter die Zehen des rechten Fußes. Dies dient der Unterstützung, während Sie die Zonen unterhalb der Nägel der ersten drei Zehen massieren. Beginnen Sie mit dem rechten Zeigefinger genau unter dem Nagel, und massieren Sie bis zum Grundgelenk jedes einzelnen Zehs.

10 Massage der Schulter

Stützen Sie den rechten Fuß mit der linken Hand. Massieren Sie mit dem rechten Daumen die abgebildete Zone unter dem vierten und fünften Zeh. Beginnen Sie oben.

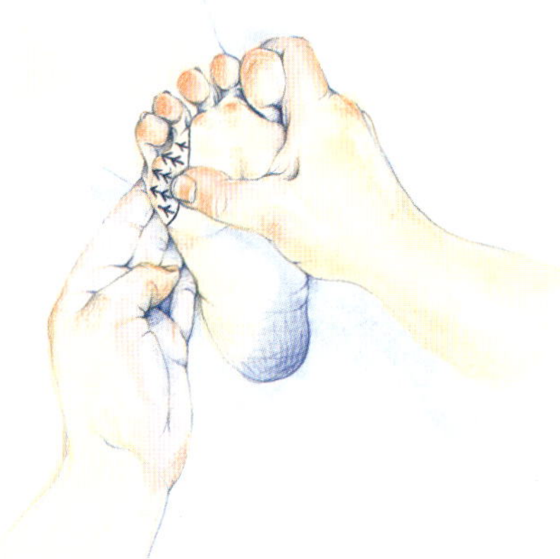

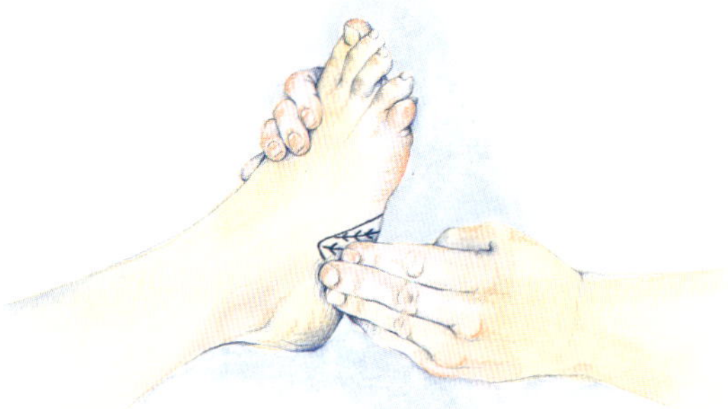

11 Massage von Knie und Ellenbogen

Stützen Sie den rechten Fuß mit der rechten Hand. Massieren Sie mit dem linken Zeigefinger in allen Richtungen über die dreieckige Zone am seitlichen Fuß. (Die Spitze des Dreiecks trifft auf den knochigen Höcker am seitlichen Fuß.)

12 Massage des Ischiasnervs

Stützen Sie den rechten Fuß mit der rechten Hand. Legen Sie den linken Finger genau hinter den Knöchel, und massieren Sie in einer etwa 10 cm langen Linie aufwärts.

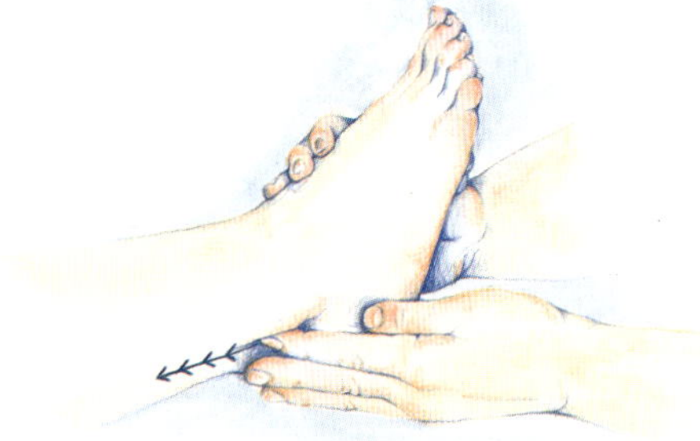

13 R Massage von Leber und Gallenblase

Stützen Sie den oberen rechten Fuß mit der linken Hand, und massieren Sie die Zone – wie auf der Abbildung – von innen nach außen mit dem rechten Daumen. Wenn Sie die Außenkante erreicht haben, wechseln Sie die Hände und arbeiten in der umgekehrten Richtung.

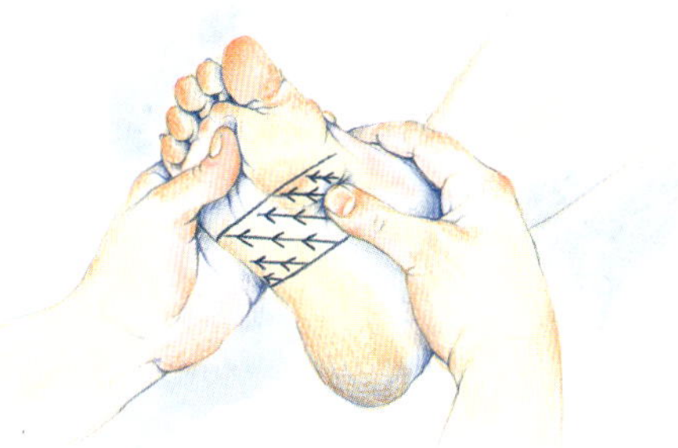

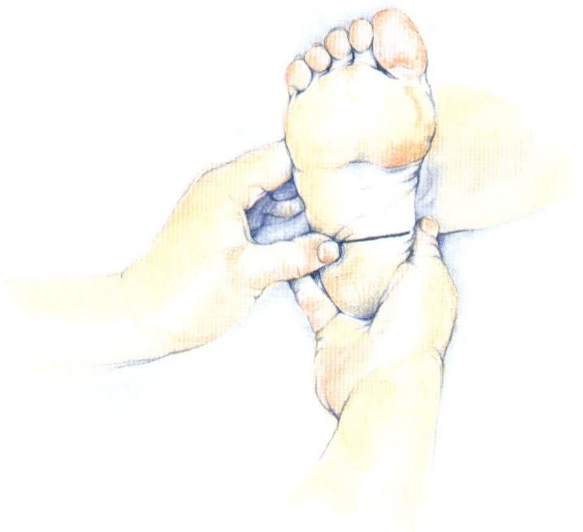

14 R Massage der Bauhinschen Klappe

Dieser Reflexpunkt befindet sich nur am rechten Fuß. Verwenden Sie dabei die »Angeltechnik«. Stützen Sie die Ferse mit der rechten Hand, und üben Sie Druck an der Außenkante der Beckenlinie aus. Halten Sie den Druck, und ziehen Sie dann den Daumen plötzlich zu sich, wobei Sie den Druck am Ende der Bewegung lösen, ohne allerdings den Kontakt zu verlieren. Wiederholen Sie dies 3mal.

15 R Massage des aufsteigenden und querliegenden Dickdarms und des Dünndarms

Stützen Sie die Ferse mit der linken Hand. Massieren Sie die Zone zwischen Taillen- und Beckenlinie mit dem rechten Daumen in der angegebenen Richtung. Wechseln Sie dann die Hände, und arbeiten Sie auf dem Rückweg in umgekehrter Richtung.

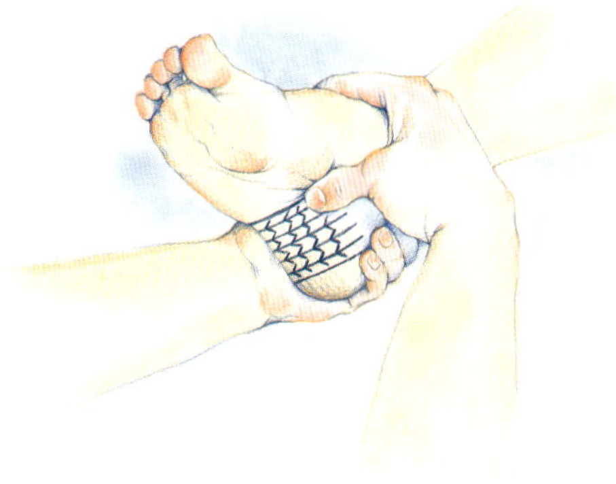

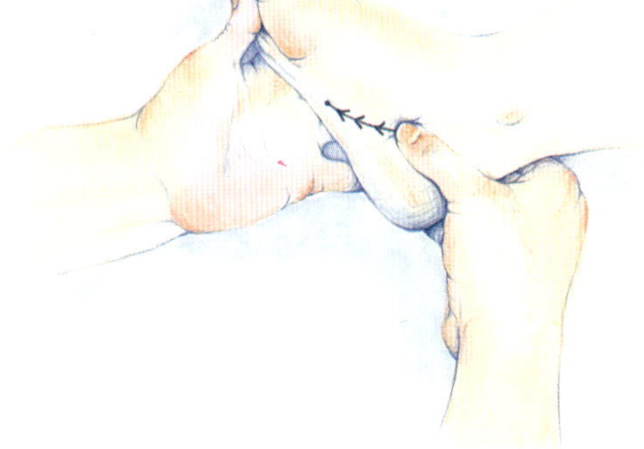

16 Massage der Blase und des Harnleiters

Stützen Sie den rechten Fuß mit der linken Hand. Massieren Sie mit dem rechten Daumen die sanfte, fleischige Zone auf der Innenseite des Fußes. Bearbeiten Sie dann – wie auf der Abbildung – mit kleinen, kriechenden Bewegungen die Reflexpunkte des Harnleiters hinauf bis zur Niere. Stellen Sie sicher, daß Sie auf der Innenseite der Bänderlinie arbeiten. Unmittelbarer Druck auf dieser Linie verursacht äußerstes Unbehagen.

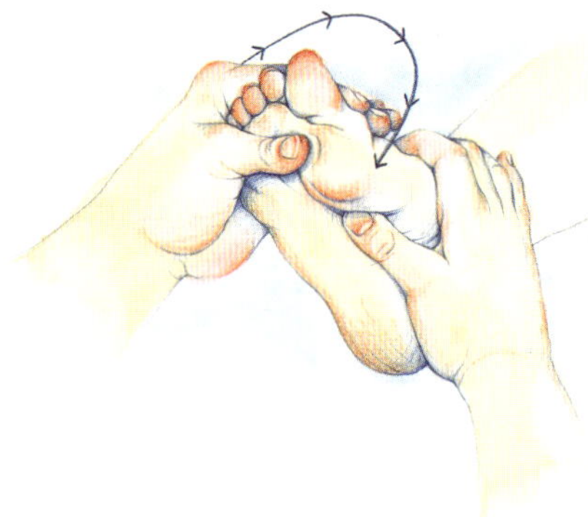

17 Massage der Nieren

Der Reflexpunkt der Nieren liegt genau unter der Zwerchfellinie links von der Bänderlinie. Bei den meisten Menschen ist dieser Punkt empfindlich, und die folgende Arbeitsweise verursacht wahrscheinlich am wenigsten Unbehagen.

Stützen Sie den rechten Fuß mit der linken Hand. Drücken Sie den rechten Daumen in den Nierenpunkt, und halten Sie den Druck, während Sie den Fuß mit der linken Hand sanft um Ihren Daumen kreisen lassen.

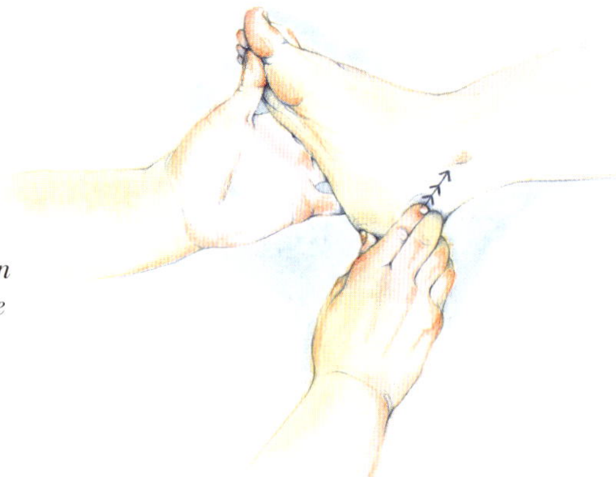

18 Massage von Gebärmutter oder Prostata

Stützen Sie den rechten Fuß mit der linken Hand. Massieren Sie die abgebildete Zone mit dem rechten Zeigefinger von der Außenkante der Ferse bis zum Knöchel. Wiederholen Sie alles am linken Fuß.

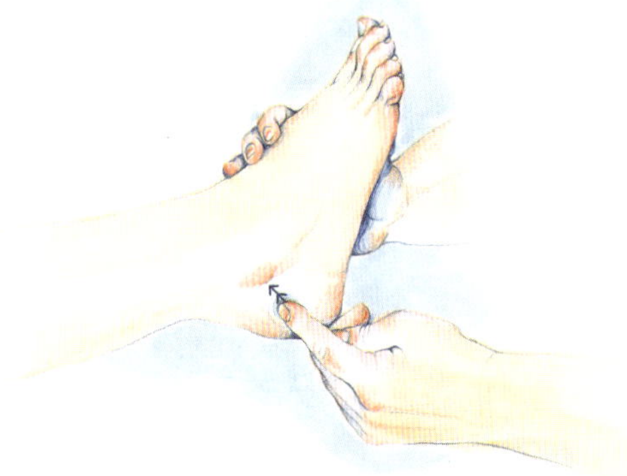

19 Massage der Eierstöcke oder Hoden

Halten Sie den rechten Fuß mit der rechten Hand, und neigen Sie den Fuß nach außen, um die Muskeln und Bänder des Knöchels zu entspannen. Massieren Sie mit dem linken Zeigefinger in einer geraden Linie von der unteren Ferse bis hoch zum Knöchel.

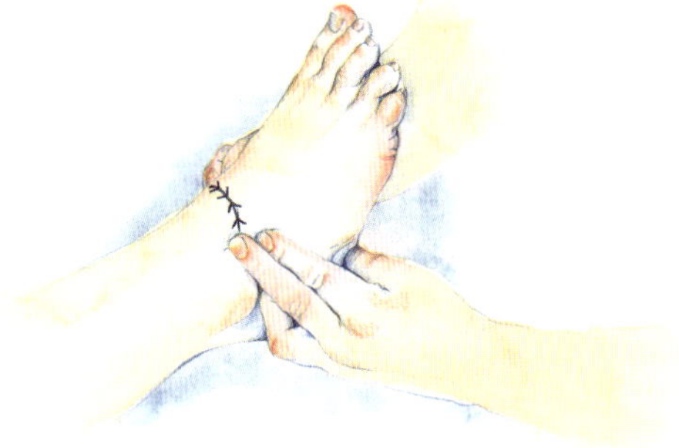

20 Massage der Eileiter oder Samenleiter

Für diesen Teil der Massage brauchen Sie beide Hände. Drücken Sie zuerst die Daumen in die Fußsohle, um den Fußrücken zu entspannen. Beginnen Sie so tief wie möglich an den Seiten, und massieren Sie mit den ersten beiden Fingern der Hände vor den Knöcheln über den Fußrücken.

Reflexpunkte auf dem linken Fuß

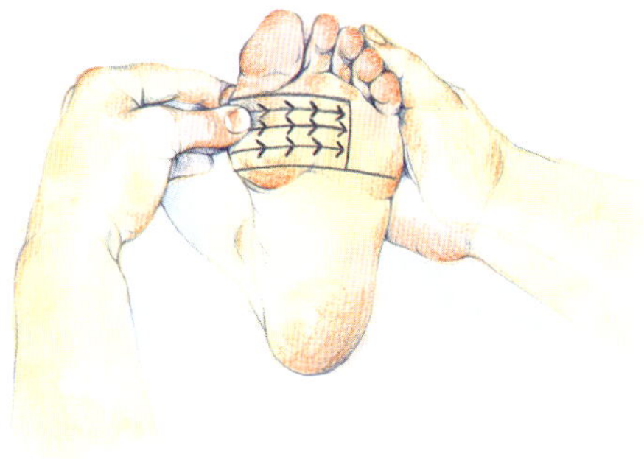

1A* Massage des Herzens (nach den Lungen)

Stützen Sie den oberen linken Fuß mit der rechten Hand, und massieren Sie mit dem linken Daumen die abgebildete Zone, wobei Sie am Grundgelenk des großen Zehs beginnen und quer bis zum dritten Zeh arbeiten. Diese Zone dürfen Sie nicht zu oft massieren, höchsten dreimal. Führen Sie danach die Zwerchfellentspannung durch (S. 24).

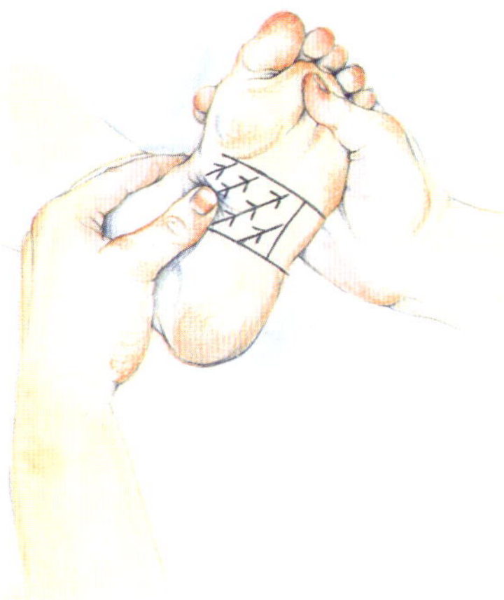

13L Massage von Magen und Bauchspeicheldrüse

Stützen Sie den linken Fuß mit der rechten Hand, und bearbeiten Sie mit dem linken Daumen die abgebildete Zone. Wenn Sie die Außenkante der Zone erreicht haben, wechseln Sie die Hände und arbeiten auf dem Rückweg in umgekehrter Richtung.

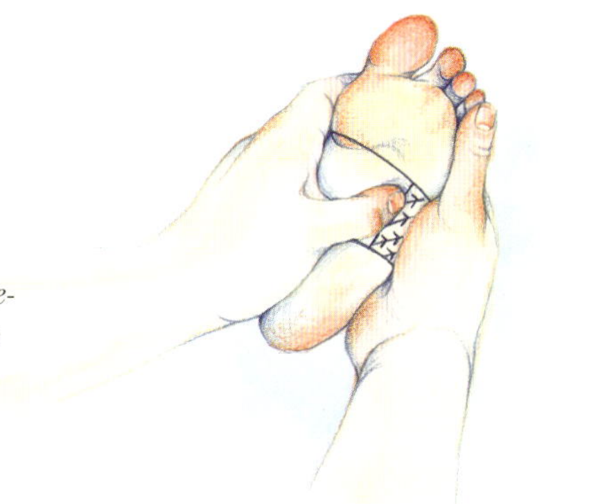

14L Massage der Milz

Stützen Sie den linken Fuß mit der rechten Hand, und massieren Sie die abgebildete längliche Zone an der Außenkante des Fußes zwischen Zwerchfell- und Taillenlinie mit dem linken Daumen.

15L Massage des querliegenden und absteigenden Dickdarms, der Dickdarmkrümmung und des Dünndarms

Stützen Sie die Ferse des linken Fußes mit der rechten Hand. Massieren Sie die abgebildete Zone mit dem linken Daumen von innen nach außen von der Taillenlinie bis hinab zur Beckenlinie. Wechseln Sie die Hände, und arbeiten Sie auf dem Rückweg in umgekehrter Richtung.

Die vollständige Handmassage

Handreflexzonenmassage ist eine wichtige Technik zur Selbsthilfe. Sie können sie im Falle allgemeiner Erkrankungen (4. Kapitel) oder streßbedingter Zustände (5. Kapitel) zur Unterstützung der Fußmassage einsetzen. In beiden Kapiteln werden Sie auf die Seiten verwiesen, wo die vollständige Handmassage erklärt ist. Wie bei der Fußmassage helfen auch hier regelmäßige Behandlungen, die allgemeine Lebenskraft zu steigern. Deshalb empfehle ich, die Massage gewohnheitsmäßig in den Tagesablauf einzubinden (siehe S. 21). Massieren Sie zuerst die rechte Hand, dann die linke. Das Wissen über die Handreflexzonen ist für den Reflexzonentherapeuten immer nützlich, da er fast unvermeidlich in Situationen geraten wird, wo die Behandlung der Füße aufgrund lokaler Entzündungen oder Verletzungen nicht möglich ist.

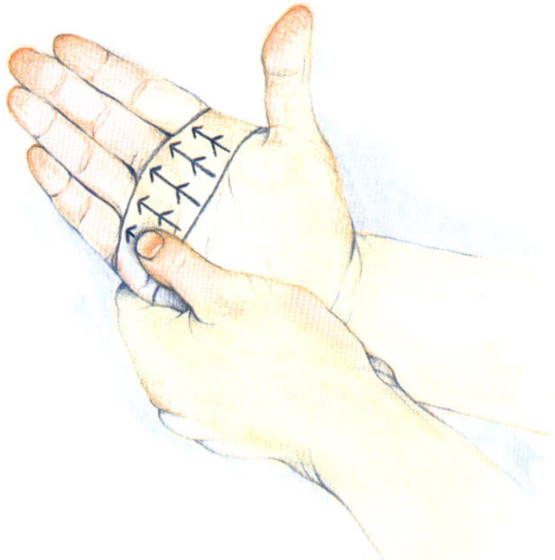

1 Massage von Lunge und Brust
Bearbeiten Sie zuerst die rechte Handfläche. Massieren Sie mit dem linken Daumen über die Zone zwischen der Zwerchfellinie und der Stelle, wo die Finger beginnen.

Die Massage der Handfläche wirkt hauptsächlich auf die Lungenzone. (Wiederholen Sie alles an der linken Hand.)

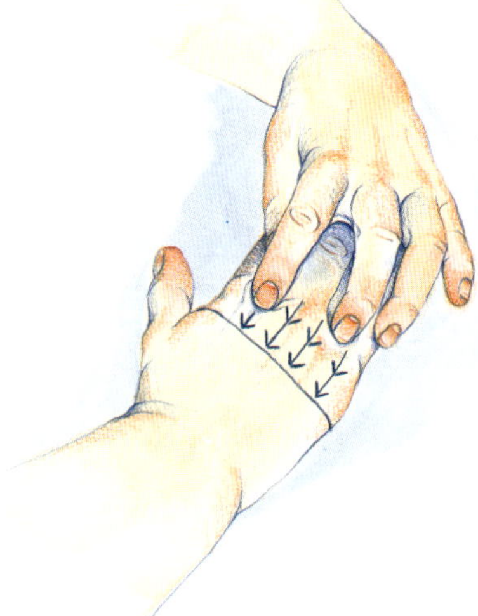

2 Massage von Brust und Lunge
Wenden Sie sich jetzt dem Handrücken zu. Legen Sie den linken Zeigefinger auf die Stelle, wo sich der Finger mit der Hand verbindet, und massieren Sie etwa 2,5 cm entlang der Furche abwärts.

Die Massage des Handrückens wirkt hauptsächlich auf die Brustzone.

(Wiederholen Sie alles an der linken Hand. Bearbeiten Sie dann den Herzreflex, siehe S. 37).

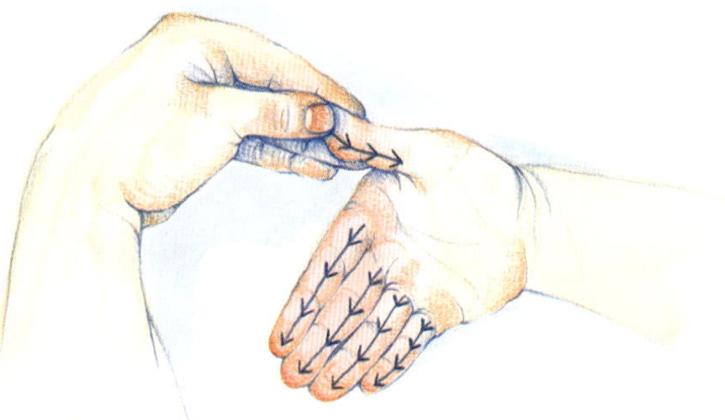

3 Massage der Stirnhöhlen
Massieren Sie zunächst die rechte Hand, indem Sie mit dem linken Daumen die Reflexpunkte bearbeiten, die auf der ganzen Länge des Daumens und der Finger liegen. Wenn Sie Ihre Hand massieren, ist es einfacher, bei der Spitze des Daumens zu beginnen und dann abwärts zu arbeiten. Sollten Sie mit jemand anderem arbeiten, massieren Sie die Finger von unten nach oben. (Wiederholen Sie alles an der linken Hand.)

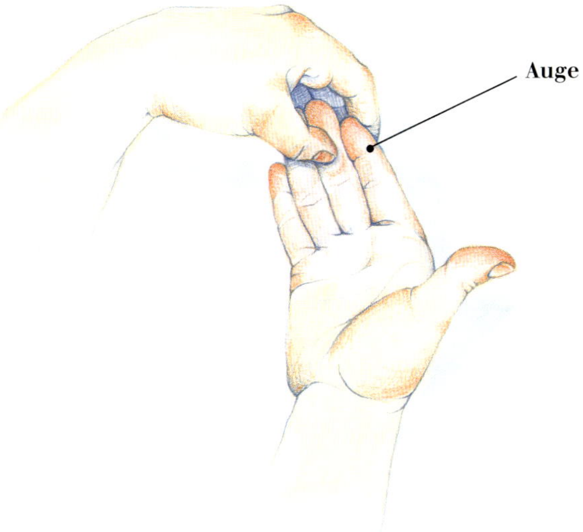

4 Massage von Auge und Ohr

Um die Augen zu erreichen, nehmen Sie den linken Daumen und führen über dem Reflexpunkt auf dem Fingerendgelenk des rechten Zeigefingers kleine kreisende Bewegungen im Uhrzeigersinn aus.

Um am Ohr zu arbeiten, verwenden Sie dieselbe Technik über dem Reflexpunkt auf dem Fingerendgelenk des Mittelfingers. (Wiederholen Sie alles an der linken Hand.)

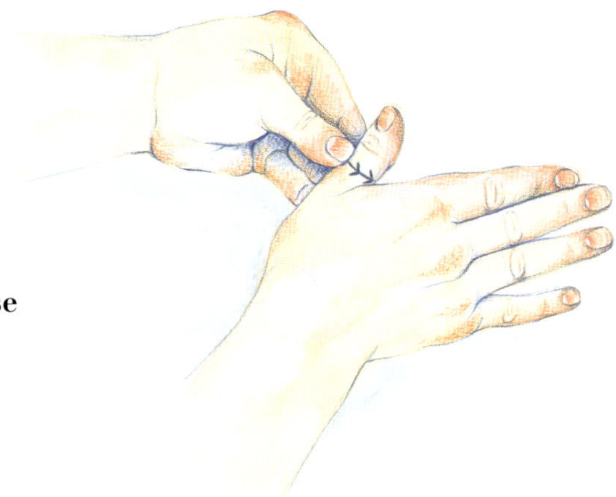

5 Massage von Nacken, Hals, Schilddrüse und Kehle

Massieren Sie mit dem linken Daumen die Schilddrüsenreflexpunkte, die oberhalb des Grundgelenks des Daumens einen Ring bilden. Damit bearbeiten Sie gleichzeitig die Reflexpunkte der Kehle. Indem Sie einen Ring oberhalb der Grundgelenke von Zeige- und Mittelfinger massieren, lösen Sie die Spannung im Nacken und in den Schultern. (Wiederholen Sie alles an der linken Hand.)

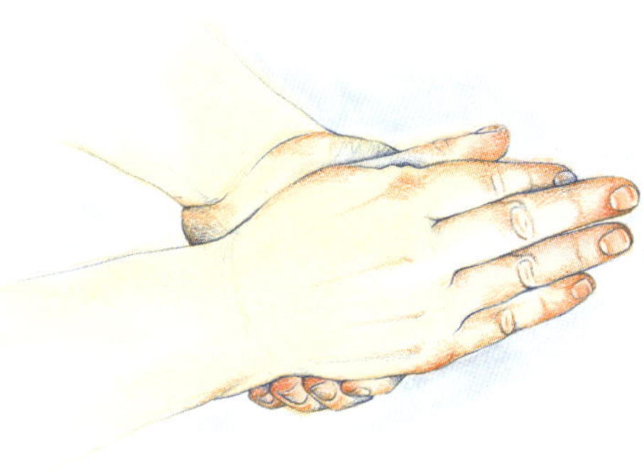

6 Massage des Steißbeins, der Hüften und des Beckens

Üben Sie mit 4 Fingern der linken Hand Druck auf die Außenkante der rechten Hand aus. Beginnen Sie ganz unten, um das Steißbein zu erreichen. Schieben Sie sich dann aufwärts, um die Reflexpunkte der Hüften und des Beckens an der oberen Seitenkante zu bearbeiten. (Wiederholen Sie alles an der linken Hand.)

7 Massage der Wirbelsäule
Massieren Sie mit dem linken Daumen entlang der abgebildeten Linie auf der rechten Handfläche, um die Reflexpunkte der Wirbelsäule zu erreichen.
(Wiederholen Sie alles auf der entsprechenden Linie der linken Hand.)

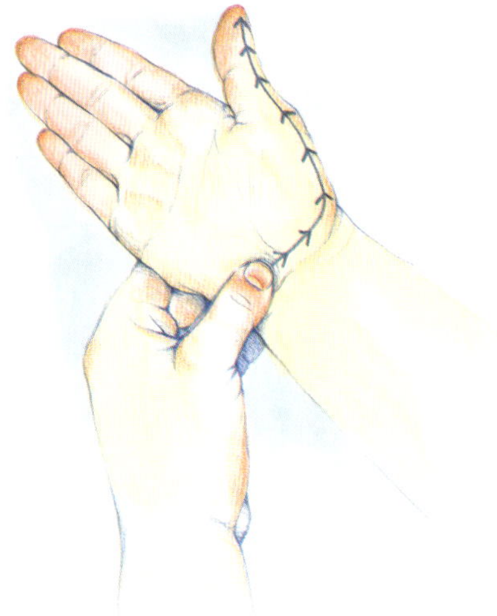

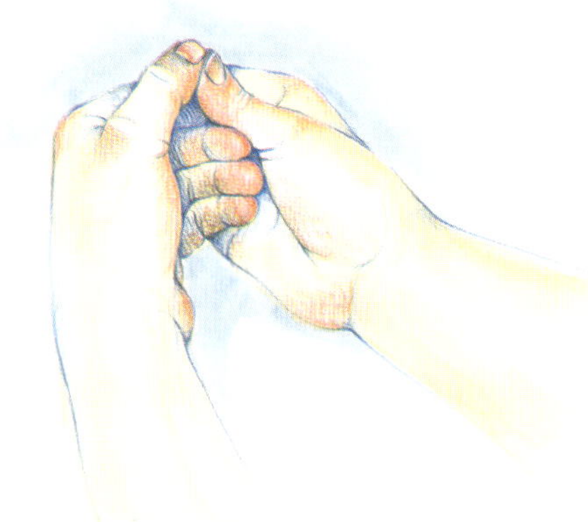

8 Massage des Gehirns
Massieren Sie die Kuppe Ihres rechten Daumens mit dem linken Daumen. Üben Sie Druck aus, halten Sie den Druck 5 Sekunden lang und lassen Sie dann los. Wiederholen Sie den Vorgang 3mal. (Wiederholen Sie alles an der linken Hand.)

9 Massage des Gesichts und der Zähne
Massieren Sie mit dem linken Daumen quer über den rechten Daumen. Beginnen Sie unter dem Nagel, und folgen Sie den Pfeilen auf der Abbildung. Bearbeiten Sie danach die gleichen Zonen auf dem Ring- und dem Mittelfinger. (Wiederholen Sie alles an der linken Hand.)

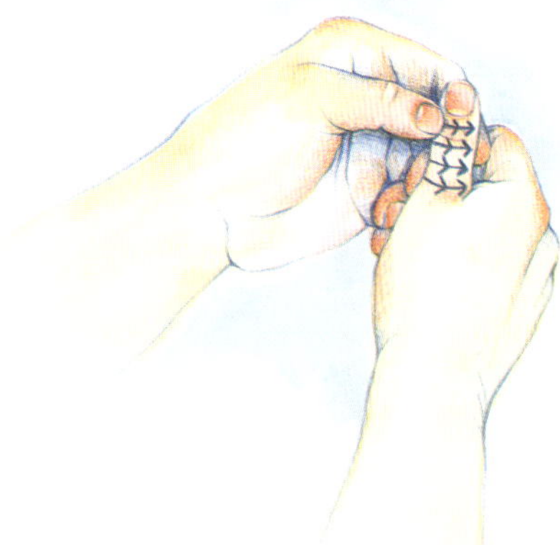

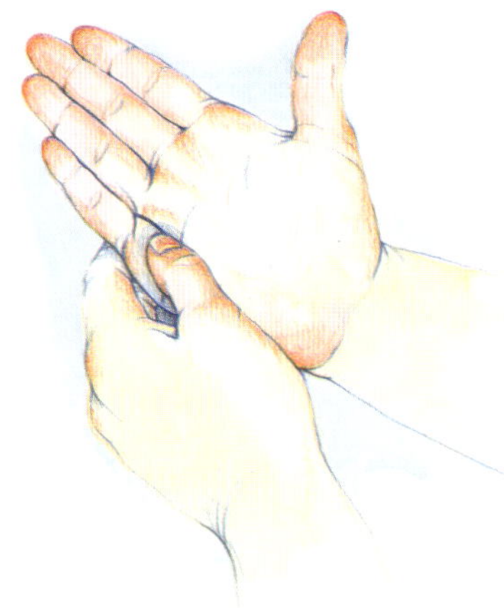

10 Massage der Schulter
Üben Sie mit dem linken Daumen Druck auf die abgebildete Zone aus, und schieben Sie sich mit kleinen kriechen Bewegungen nach vorn.
Um die Reflexpunkte für die linke Schulter zu erreichen, massieren Sie die linke Hand. Aus Gründen des Gleichgewichts ist es immer besser, die Reflexzonen beider Hände zu bearbeiten.

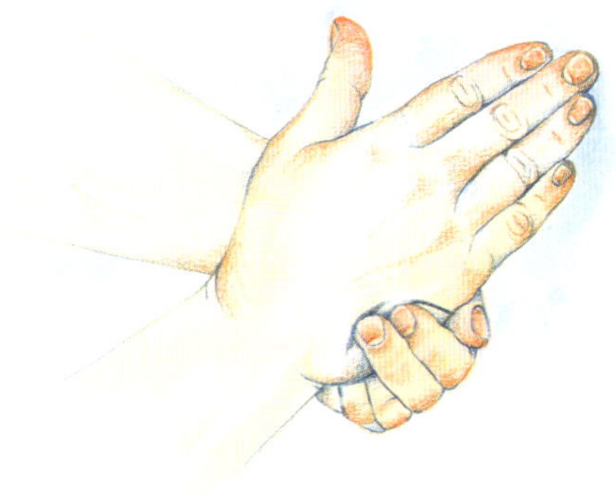

11 Massage von Knie und Ellenbogen
Massieren Sie mit dem linken Zeige- und Mittelfinger die dreieckige Zone an der Außenkante der rechten Hand. (Wiederholen Sie alles an der linken Hand.)

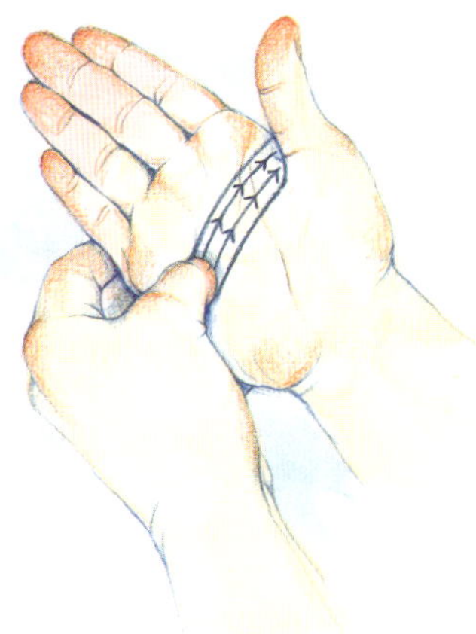

12 R Massage von Leber und Gallenblase
Die Reflexzonen dieser Organe befinden sich nur auf der rechten Hand. Massieren Sie mit dem linken Daumen die abgebildete Zone auf der rechten Handfläche.

(Auf der linken Handfläche massieren Sie die Reflexzonen für den Magen, die Bauchspeicheldrüse und die Milz, siehe 12 L, Seite 37)

13 Massage der Eingeweide
Massieren Sie mit dem linken Daumen die abgebildete Zone auf der Handfläche der rechten Hand. Sie erreichen hier den aufsteigenden und den querliegenden Dickdarm und die Dickdarmkrümmung.

(Sie massieren die gleiche Zone an der linken Hand, um den querliegenden und den absteigenden Dickdarm und die Dickdarmkrümmung zu erreichen.)

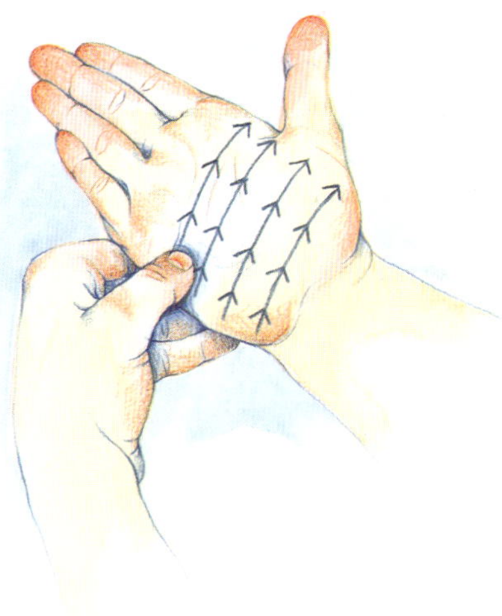

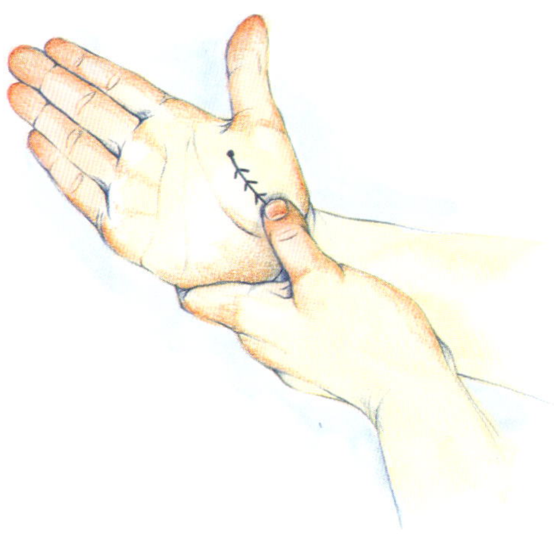

14 Massage der Blase und des Harnleiters
Üben Sie mit dem linken Daumen Druck auf das fleischige Polster unterhalb des Daumens der rechten Hand aus. Damit massieren Sie den Blasenreflex. Folgen Sie dann der abgebildeten Linie in Richtung Grundgelenk des Zeigefingers, wo Sie den Harnleiter erreichen. (Wiederholen Sie alles an der linken Hand.)

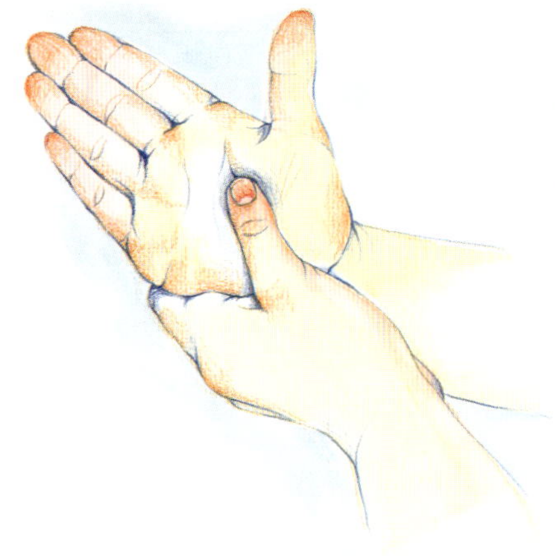

15 Massage der Nieren
Beginnen Sie mit dem linken Daumen am Ende der Harnleiterlinie (siehe Schritt 16), und massieren Sie den Nierenreflexpunkt, der sich nahe der Stelle befindet, wo sich der Daumen mit der Hand verbindet. Bearbeiten Sie die Zone in allen Richtungen. (Wiederholen Sie alles an der linken Hand.)

16 Massage von Gebärmutter oder Prostata
Massieren Sie mit dem linken Daumen den Punkt, der sich genau unterhalb des Daumens der rechten Hand befindet. Dieser Punkt ist durch das »Armband«, welches die Eileiter-/ Samenleiterzone bildet, mit den Zonen von Eierstöcken/ Hoden verbunden. (Wiederholen Sie alles an der linken Hand.)

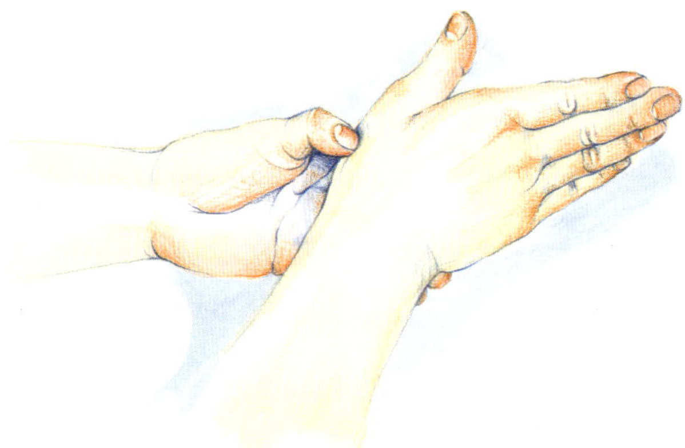

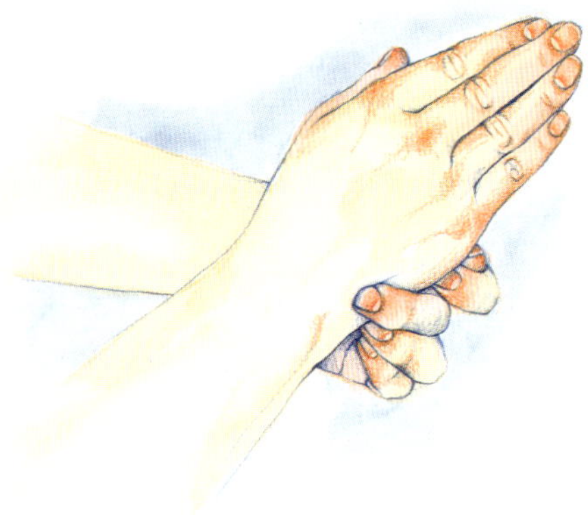

17 Massage von Eierstöcken oder Hoden (und der Leistenlymphknoten)
Verwenden Sie den Mittelfinger der linken Hand, um die Reflexpunkte an der Außenkante der Hand genau vor dem Handgelenkknochen zu massieren. Diese Zone bildet mit den Zonen von Eileiter / Samenleiter ein »Armband« um das Handgelenk. (Wiederholen Sie alles an der linken Hand.)

18 Massage von Eileiter oder Samenleiter
Massieren Sie diese Reflexpunkte, die das Handgelenk wie ein Armband umgeben, entweder mit dem linken Daumen oder dem linken Zeigefinger. (Wiederholen Sie alles an der linken Hand.)

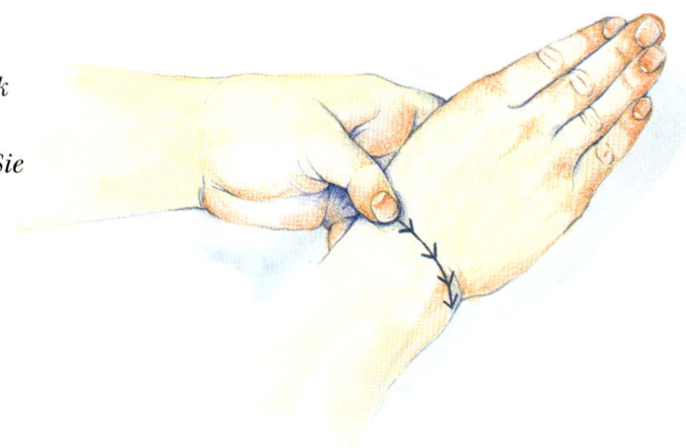

Massage der Reflexe, die sich nur auf der linken Hand befinden

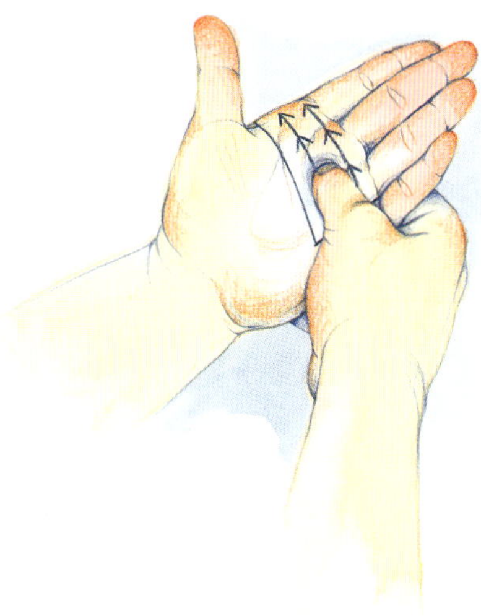

Massage des Herzens
Massieren Sie diese Zone an der linken Hand, nachdem Sie die Lungen- und Brustzone bearbeitet haben. Verwenden Sie den rechten Daumen, um die abgebildete Zone auf der linken Handfläche zu massieren. Wie bei den Füßen sollten Sie darauf achten, diese Zone nicht zu sehr zu beanspruchen. Eine zwei- oder dreimalige Massage genügt vollkommen.

12 L Massage von Magen, Bauchspeicheldrüse, Milz und Solar Plexus
Massieren Sie mit dem rechten Daumen die abgebildete Zone auf der linken Handfläche. Da die Zonen der Hand so viel kleiner sind als auf dem Fuß, ist es leicht möglich, daß Sie die Milz mitbehandeln, wenn Sie die Eingeweide massieren. Bearbeiten Sie diese Zone so oft wie irgend möglich, da die Massage der Milz bei der Steigerung der Abwehrkräfte hilft.

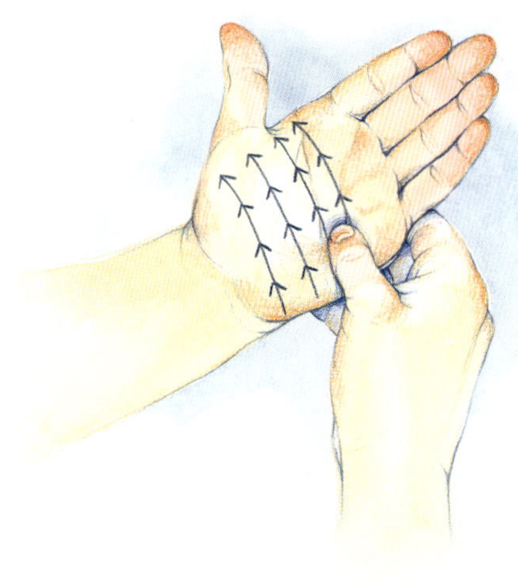

2. Kapitel

Die Fülle des Lebens

Das Leben in seiner ganzen Fülle leben bedeutet, daß Sie auf jeder Ebene für sich sorgen und darauf achten, daß Sie Ihre körperlichen und spirituellen Bedürfnisse harmonisch nähren.

***Freude und Ausdauer** sind die wichtigsten Bestandteile eines erfolgreichen sportlichen Übungsprogramms. Suchen Sie sich eine Sportart aus, die abwechslungsreich und angemessen für Ihr Alter und Ihren allgemeinen Gesundheitszustand ist.*

Regelmäßige Körperübungen halten Sie gesund, stark und beweglich, während Sie sich gleichzeitig vor Herzerkrankungen schützen, Ihren Kreislauf anregen, das Gewicht regulieren und Streß abbauen.

In diesem Buch finden Sie immer wieder »unterstützende Maßnahmen«, die Ihnen Möglichkeiten vorschlagen, den ganzheitlichen Heilungsprozeß sowohl durch die Reflexzonenmassage zu verbessern oder zu beschleunigen, als auch durch andere, sogenannte »alternative« Therapien oder Behandlungen. Dabei geht es nicht nur um die sogenannten Volksheilmittel, sondern auch um Entspannungstechniken, Meditation, Aromatherapie und Kräuterheilkunde. Dieses Kapitel führt nur kurz in die empfehlenswertesten Methoden ein. Keine ist dazu gedacht, schulmedizinische Beratungen oder ärztliche Behandlungen zu ersetzen.

Bevor Sie jetzt losstürmen, um sich bei einem Yogaseminar anzumelden, sollten Sie einige Aspekte Ihres Alltagslebens unter die Lupe nehmen. Keine Behandlung kann realistischerweise Wirkungen zeigen, wenn Sie weiterhin darauf bestehen, die falschen Nahrungsmittel zu sich zu nehmen, zu rauchen oder zuviel zu trinken und einen Großteil Ihrer Zeit im Sessel zu verbringen. Eine gesunde Ernährung und regelmäßige flotte Körperübungen sind deshalb die ersten grundlegenden Schritte, um Ihre allgemeine Vitalität zu verbessern.

Sie *sind,* was Sie essen!

Jedes gesunde Wesen verfügt ganz natürlich über ein energiegeladenes, kraftvolles, gutes Grundgefühl. Um diesen Zustand des Wohlbefindens aufrechtzuerhalten oder um diesen zu erreichen, ist eine gesunde, ausgewogene Ernährung von grundlegender Bedeutung. Sie sind erwachsen und deshalb für Ihre Nahrung selbst verantwortlich, doch als Mutter oder Vater sind Sie auch für die Ernährung Ihrer Kinder verantwortlich – und gute Ernährungsgewohnheiten bilden sich in der Kindheit.

Um gut zu funktionieren, um Ausbesserungen vorzunehmen und um sich zu regenerieren braucht der Körper gute Brennstoffe, die in einem so natürlichen Zustand wie möglich zugeführt werden sollten. Frische Früchte und Gemüse (die so oft wie möglich roh gegessen werden sollten), Getreide, Hülsenfrüchte, Reis und Vollkornbrot gehören zu den Bausteinen einer guten Gesundheit. Hamburger, Colagetränke (mit hohem Koffeingehalt), Chips und hochgradig chemisch behandelte Nahrungsmittel gehören nicht dazu. Zucker, Koffein und Haltbarkeitsmittel beinhalten keine Spurenelemente und geben dem Körper nichts, doch sie belasten ihn auf vielerlei Weise.

Die Freude an körperlicher Fitneß

Es kann gar nicht genug betont werden, wie wichtig regelmäßige körperliche Übungen sind, ganz gleich wie alt Sie sind. Diese Übungen sind wesentlich für die Funktion und Spannung der Muskeln – einschließlich des Herzmuskels –, und sie regen den Kreislauf, die Verdauung und die Atmung an. Wählen Sie eine Sportart, die Ihnen Freude macht und die Sie wahrscheinlich regelmäßig ausüben werden. Idealerweise versuchen Sie, ein 3-Punkte-Programm zu entwickeln, welches aerobische Übungen, Dehnübungen und Entspannungsübungen beinhaltet. Solch eine Übungskombination ist hochwirksam gegen die verschiedensten Störungen – von Übergewicht

Die ersten Schritte zu einer gesunden Ernährung

Eine ausgewogene Ernährung beinhaltet Kohlenhydrate, Fette, Eiweiße, Vitamine und Mineralien. Wenn Sie glauben, daß Sie die Ernährung Ihrer Familie überdenken oder neu zusammenstellen sollten, dann können Sie die folgenden Empfehlungen in Betracht ziehen:

Essen Sie täglich mind. 5 Portionen frischer Früchte und Gemüse. Dämpfen Sie die Gemüse, oder braten Sie diese unter ständigem Rühren, um die Vitamine und Mineralien zu erhalten.

◆

Essen Sie Vollkornbrot statt Weißmehlbrot.

◆

Nehmen Sie mageres Hähnchenfleisch oder Wild zu sich, und meiden Sie fette Fleischsorten wie Schwein. Steigern Sie statt dessen den Anteil an fettem Fisch.

◆

Ersetzen Sie eine oder zwei Fleischmahlzeiten in der Woche durch Linsen, Hülsenfrüchte, Vollkornnudeln, Reis, Keime oder Nüsse.

◆

Trinken Sie täglich 1 – 2 Liter Wasser.

◆

Reduzieren Sie tierische Nahrungsmittel wie Milchprodukte und Fleisch.

◆

Reduzieren Sie Salz und Koffein (Tee, Kaffee, Colagetränke). Meiden Sie Zucker.

◆

Trinken Sie nicht zuviel Alkohol.

◆

Verwenden Sie Öle mit einer (kaltgepreßtes Olivenöl) oder mehreren ungesättigten Fettsäuren (Sesam-, Soja-, Sonnenblumenöl) oder Margarine aus ungehärteten Fetten zum Kochen.

und Suchtproblemen bis zu Angst und Depression. Wenn Sie sportliche Übungen nicht gewöhnt sind, dann nehmen Sie sich zu Anfang nicht zuviel vor. Sollten Sie stark übergewichtig sein, dann lassen Sie sich, bevor Sie mit den Übungen beginnen, von einem Arzt beraten. Wenn Sie sich bei den aerobischen Übungen für Joggen oder Rennen entscheiden, sollten Sie nur auf einer weichen Oberfläche wie Gras laufen. Wenn Sie sich nicht zum Joggen hingezogen fühlen, tut Ihnen ein halbstündiger flotter Spaziergang am Tag denselben Dienst. Yoga-Asanas (Stellungen) sind ausgezeichnet, um alle Muskeln des Körpers zu beleben und zu dehnen. Nachdem Sie Ihre Muskeln stark beansprucht haben, erlauben Sie Ihnen, sich sanft zu entspannen, indem Sie die unten angeführte Technik verwenden.

Der belebende Atem

Wenn Sie Ihre Atemkapazität vollkommen ausschöpfen, erhalten Sie als positive Beigabe einen klaren Geist und wachsende Lebenskraft. Zusätzlich hilft »richtiges« Atmen, die Symptome von Atmungserkrankungen zu reduzieren, und lindert darüber hinaus Ängste, Depressionen und Müdigkeit.

Wenn man die lebenslange Gewohnheit flachen Atmens abschütteln möchte, muß man die körperlichen Mechanismen beim Atmen verstehen und umsetzen. Beginnen Sie mit einigen einfachen Übungen, die die Zwerchfellatmung fördern. Damit Sie sich daran gewöhnen, müssen Sie zuerst mit dem »Gefühl« vertraut werden, das entsteht, wenn Sie tief in den Bauch atmen.

Legen Sie sich mit einem Kissen unter dem Kopf und einem unter den Knien flach auf den Boden. Wenn Sie nicht auf dem Boden liegen können, dann setzen Sie sich mit geradem Rücken auf einen Stuhl. Entspannen Sie sich, und atmen Sie normal. Legen Sie jetzt die Hände so unter die Rippen über den Nabel, daß sich die Fingerspitzen berühren. Atmen Sie tief durch die Nase ein, und lenken Sie den Atem in dieses Gebiet. Sie werden spüren, wie sich Ihre Finger durch die Hebung des Bauches voneinander entfernen. Ziehen Sie beim Ausatmen die Bauchmuskeln zusammen, um so viel Luft wie möglich auszustoßen. Wiederholen Sie die Übung 6mal. Sobald Ihnen die Art und Weise vertraut ist, in der sich die oberen Rippen, der Brustkorb und der Bauch beim Einatmen ausdehnen und beim Ausatmen zusammenziehen, können Sie dieses tiefe Atmen zu jeder Tageszeit wiederholen.

Damit dieses korrekte Atmen zur Gewohnheit wird, müssen Sie üben. Die meisten Yogaschulen lehren diese Atmung, ebenso natürlich Tai-Chi- oder Chi-Gong-Seminare (Energiearbeit).

Erneuerung durch Entspannung

Um geistiges und körperliches Wohlbefinden zu erlangen, ist es sehr wichtig, daß Sie sich wirklich um sich kümmern. Und das beinhaltet, daß Sie sich regelmäßig Pausen gönnen – vorzugsweise jeden Tag. Wenn es Ihnen möglich ist, dann reservieren Sie ein Zimmer Ihrer Wohnung, wo Sie sich zurückziehen und einer entspannenden Musik lauschen können, während Sie ein einfaches Entspannungsprogramm für den ganzen Körper absolvieren. Immer wenn Sie sich von Ihren Sorgen erdrückt fühlen, verschieben Sie diese auf später, und führen Sie auf der Stelle die Übung durch. Dies wird die Spannungsspirale unterbrechen und Ihnen ermöglichen, Ihre Aufgaben danach ruhiger und beherrschter wieder aufzunehmen.

Legen Sie sich flach auf den Boden. Die Arme ruhen an den Seiten, die Handflächen zeigen nach oben. Die Fußspitzen fallen an den Knöcheln nach außen. (Sie können Ihren Kopf durch ein dünnes Kissen oder ein Taschenbuch stützen.)

Atmen Sie 6mal tief in den Bauch. Dann atmen Sie sanft und natürlich weiter.

Mit dem kleinen Zeh des linken Fußes beginnend, lenken Sie Ihre Aufmerksamkeit nach und nach auf jeden Körperteil, indem Sie innerlich dessen Namen aussprechen. Mehr müssen Sie

nicht tun. Spannen Sie den Körperteil nicht an, benennen Sie ihn einfach nur, und gehen Sie zum nächsten über. Eilen Sie nicht.

Beginnen Sie mit den Zehen: linker kleiner Zeh usw., linker Fußballen, linker Spann, linke Ferse, linker Knöchel, linke Wade, linke Kniekehle, linker Oberschenkel, linke Gesäßbacke, linke Hüfte, linker Rumpf, linkes Schulterblatt, linke Schulter, linker Oberarm, linker Ellenbogen, linker Unterarm, linkes Handgelenk, linke Handfläche, linker kleiner Finger usw. Wiederholen sie diesen Vorgang mit der rechten Körperhälfte. Lenken Sie Ihre Aufmerksamkeit dann auf die Körpermitte, wandern im Geiste die Wirbelsäule vom Steißbein bis zum Nacken hoch.

Yoga – Harmonie von Körper und Geist

Das vor Tausenden von Jahren in Indien entstandene Yoga ist das älteste System der Welt, mit dessen Hilfe man an seiner Entwicklung arbeiten kann. Die Asanas oder Stellungen, die Hauptmerkmale des im Westen gewöhnlich ausgeübten Hatha-Yoga, trainieren – laut der Weltautorität, dem führenden Yogalehrer B.K.S. Iyengar – »jeden Muskel, jeden Nerv und jede Drüse im Körper«.

Die verschiedenen Asanas dehnen und beleben die Muskeln, halten die Wirbelsäule und die Gelenke beweglich und massieren die inneren Organe. Besondere Atemtechniken (die zu erlernen man unbedingt einen Lehrer braucht) steigern die Sauerstoffmenge im Blut und fördern, wie die Asanas, den Fluß von Prana (Lebenskraft).

***Ein Zustand inneren Friedens**, in dem der Geist still und doch dynamisch und wach ist, kann durch regelmäßige Yogapraxis entstehen. Sie mögen lange brauchen, bis Sie diesen Zustand verwirklichen, doch die anderen Nutzen des Yogas spüren Sie gleich von Anfang an und können sich bis ins hohe Alter daran erfreuen.*

So wie ein Kind ganz im Augenblick zu verweilen, ist ein Ziel für viele Erwachsene. Die Lehrsätze der Meditation können Wege zeigen, wie Sie die störenden Gedanken über die Vergangenheit oder die Zukunft abhalten, Ihre Freude an der Gegenwart zu ruinieren.

Yoga bedeutet »Vereinigung« – genauer gesagt die Vereinigung des Geistes mit dem Absoluten oder mit Gott. Deshalb wendet sich Yoga nicht nur an den Körper des Menschen, sondern an die Ganzheit des Individuums. Ob Sie neben dem Yoga noch meditieren, oder ob Sie die Asanas selbst als Form der Meditation betrachten, Sie werden bemerken, daß die über einen bestimmten Zeitraum durchgeführten regelmäßigen Übungen zu subtilen inneren Veränderungen führen, die sich möglicherweise in einem Gefühl größerer Harmonie zwischen Ihnen und der Umwelt ausdrücken. Sie können Yoga in jedem Alter üben. Wenn Sie jedoch neu damit beginnen, sollten Sie Stunden bei einem erfahrenen Lehrer nehmen. Lernen Sie in Ihrer eigenen Geschwindigkeit.

Versuchen Sie, regelmäßig jeden Tag eine bestimmte Zeit festzulegen, wo Sie sich mindestens eine viertel Stunde dem Yoga widmen können, ganz gleich, ob es das erste ist, was sie am Morgen tun oder das letzte am späten Abend.

Meditation und innere Heiterkeit

Regelmäßiges Meditieren, das den Geist beruhigt und ihn von kreisenden, nagenden Gedanken befreit, führt schließlich zum Bewußtsein des inneren Selbst – einer Quelle von Stärke, Weisheit und Führung. Es ist jedoch nicht einfach, diese Ruhe zu erlangen und die ungewollten Gedanken loszuwerden. Deshalb ist der Anfänger gut beraten, zuerst die Beherrschung der Konzentration zu üben. Nehmen Sie sich zweimal täglich 10 Minuten – vielleicht gleich morgens nach dem Aufwachen und später am Abend (mindestens 2 Stunden nach dem Essen). Wählen Sie einen ruhigen Ort, wo es behaglich und warm ist und wo Sie nicht gestört werden. Stellen Sie das Telefon ab.

Sitzen oder knien Sie auf dem Boden, oder sitzen Sie gerade auf einem Stuhl (keinen, in dem Sie gleich einschlafen). Stellen Sie sicher, daß sie bequem sitzen, da physisches Unbehagen Sie ablenken wird. Überprüfen Sie jeden Körperteil auf Spannungen, und lassen Sie diese sanft los. Entspannen Sie den Kiefer, und lassen Sie die Augen weich zurück in die Höhlen sinken.

Versuchen Sie nicht, Ihre Gedanken zu verbannen. Beobachten Sie sie statt dessen, so wie Sie Passanten auf der Straße beobachten. Schauen Sie zu, wie diese kommen und gehen.

Lenken Sie dann Ihre Aufmerksamkeit auf den Atem, und spüren Sie, wie die kühle Luft in Ihre Nasenlöcher strömt. Folgen Sie der Luft mit dem Geist, während sie durch die Luftröhre in die Lungen fließt. Bemerken Sie, daß die Luft, die Sie beim Ausatmen durch die Nasenlöcher lenken, etwas wärmer ist.

Den Atem zu zählen ist eine altbewährte Technik. Zählen Sie ungefähr 5 Minuten lang das Ausatmen in Zyklen von 4 Atemzügen. Wenn Sie abgelenkt werden, lenken Sie die Aufmerksamkeit auf das Gefühl, das der Atem auslöst, wenn er in den Körper einströmt und diesen wieder verläßt. Beginnen Sie erneut mit dem Zählen.

Eine andere Möglichkeit besteht darin, sich auf eine brennende Kerze oder eine Blume zu konzentrieren, die Sie in ein schlichtes Gefäß vor sich aufstellen. Das stille innere Wiederholen eines Mantra (eines Wortes oder Satzes, der eine besondere Bedeutung für Sie besitzt) ist eine Technik, die viele bevorzugen.

Eine weitere Methode ist das Visualisieren: Sehen Sie vor Ihrem inneren Auge einfach einen Ort, wo Sie Frieden fühlen, oder malen Sie sich einen ruhig fließenden Fluß oder eine sonnenbeschienene Blumenwiese aus. Wenn Sie mit Visualisationen gute Erfahrungen gemacht haben, wäre es interessant, wenn Sie versuchen, eine »geführte Bilderreise« bei der Fußmassage anzubieten. Während Sie an den Füßen arbeiten, begleiten Sie den Empfangenden behutsam auf einen Spaziergang auf dem Lande oder an einem Strand entlang.

Die belebende, erhebende Wirkung regelmäßiger Meditation nutzt dem mentalen und dem physischen Körper. Der Blutdruck sinkt, die Abwehrkräfte werden gesteigert, die Verdauung arbeitet wirksamer, und das Herz schlägt langsam und ruhig. Regelmäßige Meditationen sind besonders bei streßbedingten Gesundheitsstörungen allen Schlaftabletten und Beruhigungsmitteln vorzuziehen. Trotzdem ist Meditation nicht für jeden empfehlenswert, und wenn Sie in einer tiefen Depression stecken, mag sie ungeeignet für Sie sein.

Aktive Meditation

Wenn Sie Schwierigkeiten haben, in Stille zu meditieren, oder wenn es Sie ängstigt, dann bewegen Sie sich, üben Sie Yoga-Asanas oder die langsamen, ausdrucksvollen Bewegungen des Tai Chi, die meditativen Haltungen des Chi

Meditation und Selbstbeobachtung

Wenn Sie an einer Depression leiden und sich ständig selbst beobachten, ist es nicht ratsam, mit Meditationen zu beginnen. Wählen Sie statt dessen eine mehr körperlich ausgerichtete Meditationsform wie Yoga. Im Yoga sollten Sie sich auf die stehenden Haltungen, welche die Öffnung nach oben und nach außen fördern, konzentrieren, und nicht auf die nach vorn gebeugten Stellungen, bei denen Sie sich nach innen wenden.

Gong, laufen oder rennen Sie, oder entwickeln Sie Ihre eigene Lieblingsform der aktiven Meditation.

Heilende Düfte: Aromatherapie

Ätherische Öle oder Essenzen, die durch die Destillation von Blättern, Blüten, Stengeln oder Rinden aromatischer Pflanzen und Bäume gewonnen werden, haben zahlreiche heilende Eigenschaften. Mit gewissen Einschränkungen, die unten aufgeführt sind, kann man die meisten Öle gefahrlos für die Behandlung aller Familienmitglieder benutzen. Einige haben entzündungshemmende Eigenschaften, andere (vor allem das Teebaumöl) sind wertvolle Antiseptika. Manche wirken anregend, andere beruhigend.

Wenn ätherische Öle einer Grundsubstanz oder einem Trägeröl zu Massagezwecken beigefügt sind, durchdringen sie die Haut und helfen, die Muskeln und die inneren Organe zu heilen. Durch die Nase inhaliert scheinen einige Öle tief im Gehirn liegende Zonen zu aktivieren und auf das Nervensystem zu wirken, wodurch sie Ängste lindern. Inhalieren Sie niemals das reine Öl direkt aus der Flasche (wenn Sie an Asthma leiden, kann dies einen Anfall auslösen). Geben Sie wenige Tropfen ins Badewasser oder in einen Zerstäuber, um das Zimmer mit Duft zu erfüllen.

Verwenden Sie immer nur essentielle Öle der besten Qualität, und mischen Sie 2 Tropfen mit 5 ml (einem Teelöffel) Trägeröl. Lagern Sie das Öl in einer dicht verschlossenen dunklen Glasflasche an einem kühlen Ort. Sie können die Öle ganz nach Ihren Bedürfnissen und Vorlieben mischen. Wählen Sie als Trägeröl kaltgepreßte Pflanzenöle der ersten Pressung wie Mandel-, Walnuß-, Sonnenblumen- oder Traubenkernöl.

Verwenden Sie die Öle mit Vorsicht

Nehmen Sie die Öle nie in den Mund, außer unter medizinischer Überwachung.

◆

Reiben Sie unverdünnte Öle nie auf die Haut. Wenn Sie zu allergischen Hautausschlägen neigen, suchen Sie professionelle Beratung, bevor Sie sie anwenden.

◆

Halbieren Sie die Mengenangaben bei Kindern unter 13 Jahren. Vierteln Sie diese für Kinder unter 3 Jahren.

◆

Schwangere sollten Aromatherapie nur unter Anleitung eines erfahrenen Therapeuten beginnen.

◆

Wenn Sie unter Allergien oder Asthma leiden, inhalieren Sie die unverdünnten Öle nie direkt aus der Flasche!

◆

Benutzen Sie Duftlampen nie über Nacht in einem Schlafzimmer, und in einem Kinderzimmer sollten Sie sie gar nicht verwenden. Öle sind entflammbar!

◆

Wenn ein Kind Öl verschluckt, suchen Sie sofort einen Arzt auf. Dies ist ein Notfall!

Massage

Sie können das Öl für eine Ganzkörpermassage verwenden oder einzelne Problemzonen behandeln. Massieren Sie immer zum Herzen hin und auf dem Bauch kreisend im Uhrzeigersinn.

Bäder

Schließen Sie Fenster und Türen des Badezimmers, um den Duft im Raum zu halten. Geben Sie, kurz bevor Sie hineinsteigen, 7 oder 8 Tropfen reinen Öls in die Wanne, und rühren Sie das Wasser um, damit sich das Öl verteilt. Entspannen Sie sich etwa 10 Minuten lang im Bad.

Inhalation

Gegen Katarrh, verstopfte Nase oder Hals-

schmerzen geben Sie 2 – 3 Tropfen eines passenden Öls in etwa einen halben Liter dampfenden Wassers. Legen Sie sich ein Handtuch über den Kopf, schließen Sie die Augen, und atmen Sie den Dampf für 2 – 3 Minuten ein.

Zerstäuber

Sie können eine mit einer Kerze beheizte Duftlampe so lange benutzen, wie Sie diese ständig überwachen. Während des Schlafs ist es sicherer, einen elektrischen Zerstäuber zu verwenden. Geben Sie bei einer Duftlampe 5 oder 6 Tropfen Öl auf etwa 15 ml (3 Teelöffel) Wasser. Richten Sie sich nach der Gebrauchsanleitung.

***Öle für die Aromatherapie** sind teuer, da ein See von Blüten oder Blättern nötig ist, um einen Tropfen ätherischen Öls zu gewinnen. Doch das destillierte Öl ist so kraftvoll, daß kleine Mengen lange reichen.*

Massage für ein ganzheitliches Gefühl

Wie die Reflexzonentherapie ist auch die Massage ein Weg, um liebevolle Fürsorge und Anteilnahme wortlos zu übermitteln. Die heilende Kraft der Berührung wird eingesetzt, um verkrampfte Muskeln zu entspannen oder um geistige Spannungen abzubauen. Gleichzeitig treten Geber und Empfänger dabei in einen Zustand der Gemeinschaft, der Meditation.

***Frische oder getrocknete Kräuter** können zu heilenden Tees verarbeitet werden, die am wirksamsten sind, wenn sie frisch aufgebrüht werden. Würzen Sie diese mit Honig, Zitrone oder Kräutern, die den Geschmack verbessern – wie zum Beispiel Pfefferminze –, und trinken Sie sie gleich, wenn Sie Symptome spüren.*

Wie die Ganzkörpermassage, die gelegentlich tiefsitzende, lange unterdrückte Gefühle freisetzen kann (und Sie sollten diese Möglichkeit im Auge behalten), kann die Massage zusätzlich zur Fußreflexzonentherapie angewandt werden, um Spannungen – besonders im Nacken – auf der Stelle zu lösen.

Babys lieben Massagen und gedeihen dabei, und beide Eltern können sich die regelmäßige einfache Gewohnheit teilen, die den natürlichen Bindungsprozeß verstärkt und vertieft (siehe S. 61). Alte Menschen reagieren genauso gut darauf, besonders dann, wenn sie nach dem Verlust ihres Partners auf regelmäßigen Körperkontakt mit anderen verzichten müssen.

Sie können intuitiv massieren oder unterschiedliche Gleit-, Knet-, Streich- und Dehntechniken erlernen. Am wichtigsten ist, daß Sie während der gesamten Sitzung »anwesend« oder »zentriert« sind. Wählen Sie für die Massage ein ruhiges, warmes, bequemes, angenehmes

Umfeld, wo Sie wahrscheinlich nicht gestört werden. Wenn notwendig, sollten Sie bei kaltem Wetter für zusätzliche Heizmöglichkeiten sorgen. Bereiten Sie alles schon vor der Sitzung vor: das Trägeröl (ein gutes Mandelöl genügt) und alle Aromaessenzen, die sie benutzen werden. Sie können die Massage auf dem Boden ausführen oder, wenn Ihnen das angenehmer ist, auf einem Tisch. Polstern Sie die Tischplatte mit mehreren Decken, die Sie mit einem Laken bedecken. Lassen Sie sich jedoch nicht in Versuchung führen, eine Matratze zu benutzen, weil diese zu elastisch ist. Stellen Sie Ihre Öle, die womöglich angewärmt sind, so auf, daß diese zwar bereitstehen, aber nicht umgestoßen werden können. Wenn nötig, bedecken Sie den Teil des Körpers, an dem Sie nicht arbeiten, mit einem weichen, warmen Tuch. Halten Sie zusätzlich ein großes warmes Handtuch bereit, mit dem Sie den Empfangenden zum Schluß zudecken.

Wenn die Person, mit der Sie arbeiten, nicht gut liegen kann, können Sie eine Rückenmassage geben, während diese auf einem gewöhnlichen Stuhl sitzt. Die Behandlung wirkt noch besser, wenn die Person rittlings auf dem Stuhl Platz nimmt. Polstern Sie die Stuhllehne mit einem Kissen, damit sie bequemer ist. Sie können gern eine angenehme, entspannende Musik hören, doch vermeiden Sie es, während der Arbeit zu plaudern. Es lenkt ab und vermindert die Wirkung der Massage.

Natürliches Heilen mit Kräuterheilmitteln

Die heilenden Eigenschaften von Pflanzen und Kräutern sind seit Tausenden von Jahren bekannt und werden auf der ganzen Welt angewandt. Obwohl die Kräuter in den westlichen städtischen Gesellschaften grob vernachlässigt wurden, erfreuen sie sich in den letzten Jahrzehnten eines wachsenden Interesses.

Verwenden Sie Kräuter zur Anregung oder Beruhigung, um Infektionen vorzubeugen, die Abwehrkräfte zu steigern und den Kreislauf anzuregen. Während einige Kräuter fertig abgepackt als Tees zu kaufen sind, können Sie Ihre eigenen Aufgüsse oder Sude zubereiten, wenn Sie den unten angeführten Anweisungen folgen. Eine Tasse dreimal täglich ist die übliche Menge für einen Erwachsenen. Befragen Sie einen qualifizierten Kräuterspezialisten, bevor Sie Kleinkinder mit Kräutern behandeln.

Heilende Tees

Standardaufguß

(Verwendung von Blüten, Blättern, Stengeln)

Nehmen Sie 28 g getrockneter Kräuter oder 56 g frischer Kräuter auf 600 ml Wasser.

1 Wärmen Sie den Becher, und geben Sie die Kräuter hinein.

2 Fügen Sie kochendes Wasser hinzu, und decken Sie den Becher zu.

3 Lassen Sie die Mischung 10 Minuten ziehen.

4 Geben Sie die Flüssigkeit durch ein Sieb, und trinken Sie den Tee.

Im Falle einer chronischen Erkrankung nehmen Sie 3 Tassen täglich zu sich. In akuten Fällen trinken Sie 1 oder 2 Tassen stündlich.

◆

Standardsud

(Verwendung der holzigen Teile der Pflanze)

Verwenden Sie die gleiche Menge wie beim Aufguß. Nehmen Sie jedoch etwas mehr Wasser, da Sude kochen müssen und einiges Wasser verdampfen wird.

1 Zerdrücken oder zerschneiden Sie Rinde, Samen, Nüsse oder Wurzeln in kleine Stücke.

2 Geben Sie diese in einen Topf (nicht aus Aluminium), und bedecken Sie sie mit Wasser.

3 Lassen Sie das Wasser aufkochen und 10 – 15 Minuten lang sieden.

4 Geben Sie die Flüssigkeit durch ein Sieb, und trinken Sie den Tee.

3. Kapitel

Gesunde Kinder

Nutzen Sie die Reflexzonenmassage, um die Heilenergien Ihres Kindes anzuregen. Regelmäßige Behandlungen helfen, die Abwehrkräfte zu stärken, und verhindern Erkrankungen.

Wenn die Lebenskraft unbehindert fließt, *ist unsere Lebenslust ungebrochen. Familien, die sich die Reflexzonenmassage zur alltäglichen Gewohnheit machen, ernten die Früchte dieser sanften, fürsorglichen Behandlung: inneres Gleichgewicht, Harmonie und Vitalität.*

Die meisten Babys werden nicht ängstlich, schüchtern oder verspannt geboren. Unbefleckt vom emotionalen Hin- und Hergezerre des Lebensprozesses, der die Menschen schließlich mehr oder weniger beeinträchtigt, treten sie in diese Welt. Deshalb fließt die Lebenskraft eines Neugeborenen unbehindert.

Mit Vorsprung in ein gesundes Leben

Babys sind außerordentlich feinfühlig gegenüber Stimmungen, Geräuschen, Temperaturen und natürlich Berührungen. Nutzen Sie die Reflexzonenmassage von Anfang an, um Ihrem Kind einen guten Start ins Leben zu ermöglichen. Geschwister und Eltern können die kleinen Füßchen nicht nur zur Linderung von Bauch- und Zahnungsschmerzen sanft behandeln, sondern auch, um die liebevollen Bande zu dem neuen Familienmitglied aufzubauen und zu pflegen.

Kinder, die mit regelmäßigen Reflexzonenmassagen aufwachsen und in deren Familien es zum Alltag gehört, Behandlungen täglich zu empfangen und zu geben, sind wahrscheinlich widerstandsfähiger gegen allgemeine Erkrankungen wie Husten, Erkältung und Magenverstimmung.

Gründe zur Besorgnis

Zögern Sie nicht, sofort medizinischen Rat einzuholen, wenn es schwierig ist, Ihr Baby aufzuwecken, oder wenn es die folgenden Symptome zeigt:

◆

Fieber über 39° bei einem Kind unter 3 Monaten

◆

Schnelles, mühsames Atmen, wobei es die Brust nach innen zieht

◆

Durchfall oder Erbrechen

◆

Krämpfe oder Anfälle

◆

Schreien mit angezogenen Beinen, wobei sich der Magen zwischen den Schreien nicht entspannt.

Klare Kanäle für energetisches Heilen

Nichts ist schlimmer für frischgebackene Eltern, als anschauen zu müssen, wie ihr winziges Baby leidet – doch ohne offensichtlichen Grund. Obwohl für das Kind unangenehm, ist der Grund dafür nur selten ernst. Gegen die am weitesten verbreiteten allgemeinen Ursachen von Schreien in den ersten Monaten – Verdauungsbeschwerden und Zahnen – ist die Fußmassage eine wirkungsvolle und harmlose Behandlung, die Sie selbst durchführen können, um Ihrem Kind (und Ihnen) Erleichterung zu verschaffen.

Die ganz Jungen reagieren besonders bereitwillig auf die Fußmassage. Ihre Lebenskraft ist nicht nur außerordentlich stark, ihre Organe funktionieren darüber hinaus ebenfalls gut. Schädliche Einwirkungen von allgemeinen Umweltgiften über lange Zeiträume, jahrelange Medikamenteneinnahme, unangemessene Ernährung oder verschiedene Suchtmittel sind Faktoren, die die Heilung bei vielen Erwachsenen behindern; sie sind in einem starken jungen

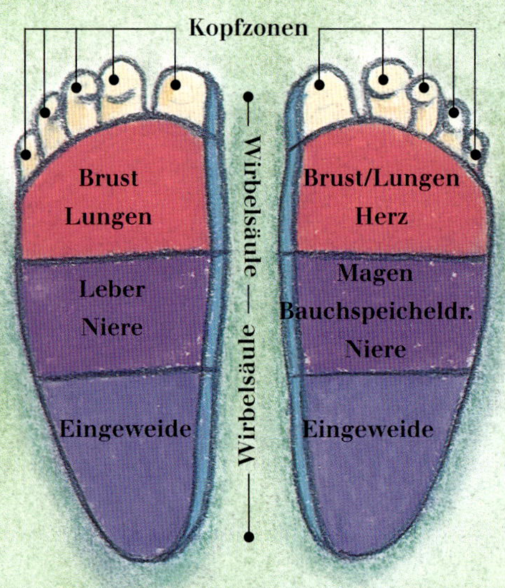

Die Fußkarte für die 0–3 Jahre alten Kinder

Bis zum Alter von 3 Jahren haben die Füße eine fast ovale Form, da sich das Fußgewölbe noch nicht gebildet hat. Obwohl die Form wenig Anhaltspunkte für die Lage der Reflexpunke gibt, sind die abgebildeten breiten Zonen dann nützlich, wenn Sie sich auf eine bestimmte Zone konzentrieren wollen. Doch die Füße sind so klein, daß Sie den ganzen Fuß bei jeder Behandlung mehrere Male vollständig massieren können.

Dazu beginnen Sie an der Innenseite des rechten Fußes und massieren mit kleinen kriechenden Bewegungen des Daumens sanft nach vorn, wobei Sie bei der hinteren Ferse beginnen und sich bis zu der Stelle vorarbeiten, wo sich die Zehen mit dem Fuß verbinden. Arbeiten Sie auf diese Weise von innen nach außen, und wiederholen Sie die Massage am linken Fuß. Auf diese Weise behandeln Sie alle Energiezonen und damit fast alle Körpersysteme *(siehe S. 54-55).*

Körper einfach nicht vorhanden. Wenn Sie mit Ihrem Baby schmusen, es liebkosen und streicheln, bringen Sie ganz natürlich Ihre Freude an seiner Existenz zum Ausdruck. Dies ist ein wesentlicher Teil des Bindungsprozesses. In einigen Teilen der Welt massieren Mütter täglich den Körper Ihrer Säuglinge (siehe S. 61). Wenn Sie es in diesem frühen Alter schaffen, die Massage der Füße in die Zeit zu integrieren, die Sie Ihrem Kind in liebevoller körperlicher Zuwendung widmen, wird das Baby rasch Freude daran gewinnen.

Der Fuß eines Babys ist so klein, daß es sehr wenig Zeit in Anspruch nimmt, mit dem Daumen oder Zeigefinger über die Fußsohle zu massieren. Drücken Sie nur ganz zart, da die Zonen sehr empfindlich und der Fuß noch nicht vollkommen ausgebildet ist. Arbeiten Sie etwa 5 Minuten an jedem Fuß. Es ist vollkommen ungefährlich, diese Massage, wenn nötig, stündlich zu wiederholen, bis das Baby sich beruhigt und einschläft.

Strahlende Gesundheit und Wohlergehen *spiegeln innere Harmonie und Gleichgewicht. Es ist der Wunsch aller Eltern, daß sich Ihr Kind äußerster Gesundheit und Lebenskraft erfreut. Eine liebevolle Familie, gesunde Ernährung und – ja! – regelmäßige Reflexzonenmassagen werden dabei helfen, dies alles sicherzustellen.*

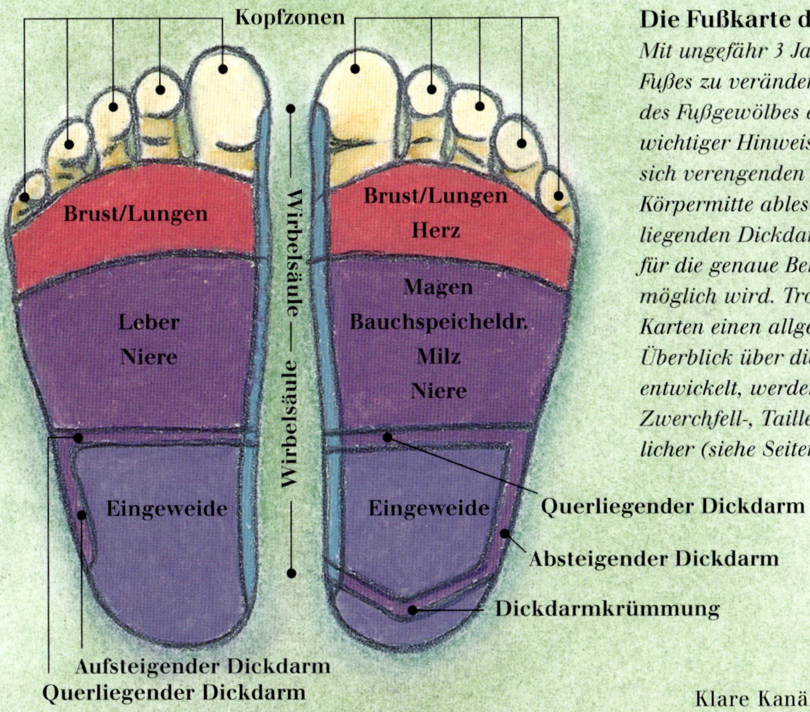

Die Fußkarte der 3-5 Jahre alten Kinder
Mit ungefähr 3 Jahren beginnt sich die Form des Fußes zu verändern. Er wird durch die Ausbildung des Fußgewölbes erkennbar schmaler. Dies ist ein wichtiger Hinweis für den Fußmasseur, der an der sich verengenden Stelle beider Füße jetzt die Körpermitte ablesen kann, die Reflexlinie des querliegenden Dickdarms. Die Füße sind noch zu klein für die genaue Behandlung, die in späteren Jahren möglich wird. Trotzdem bieten diese vereinfachten Karten einen allgemeinen und doch nützlichen Überblick über die Hauptzonen. Wenn sich der Fuß entwickelt, werden die wichtigen Linien – die Zwerchfell-, Taillen- und Beckenlinie – immer deutlicher (siehe Seiten 12-13).

Trost für Ihr Baby

Regelmäßige Behandlungen des ganzen Fußes leisten einen bedeutenden Beitrag zum generellen Wohlergehen des Säuglings. Doch gewisse allgemeine Erkrankungen des Babyalters reagieren gut auf die konzentrierte Massage jener Zonen, die auf den Abbildungen unten angegeben sind. Dort ist auch beschrieben, wie man den ganzen Fuß massiert (siehe S. 52).

Nach einer traumatischen Geburt

Wenn Ihr Baby durch eine Zange geholt wurde oder wenn die Wehen sehr lange dauerten, können Sie ihm helfen, das Trauma dieses unangenehmen Eintritts in diese Welt zu lindern, indem Sie von Anfang an seine Füße massieren.

Craniosakral-Therapie kann unter solchen Umständen ebenfalls helfen. Wenn Sie es ermöglichen können, dann bitten Sie den Osteopathen bald nach der Geburt zu Ihnen nach Hause oder ins Krankenhaus.

Reflexzonenbehandlung

Massieren Sie häufig den ganzen Fuß. Zusätzlich sollten Sie auf die Kopf- und Nackenzonen achten (siehe S. 55). Dies wird die Durchblutung dieser Bereiche verbessern, die bei der Geburt einem besonderen Druck ausgesetzt waren. Massieren Sie diese Zonen jedesmal, wenn Sie Ihr Kind aufnehmen, etwa eine Minute lang.

Koliken beruhigen

Der Hauptgrund für Schreien in den ersten Lebenswochen sind Koliken, die durch das noch unreife Verdauungssystem ausgelöst werden.

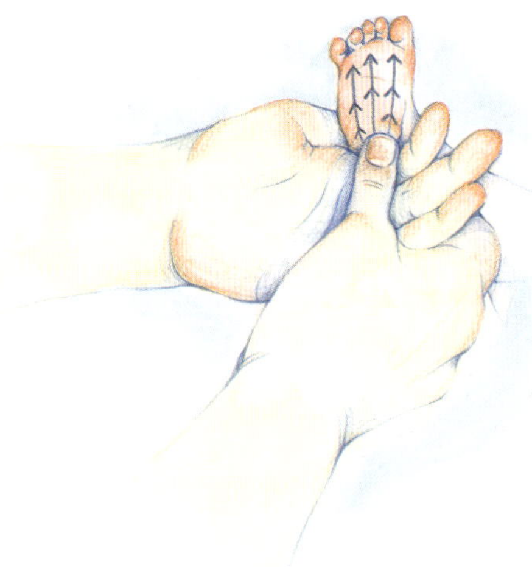

Massage des Verdauungssystems: 1
Stützen Sie den rechten Fuß mit der linken Hand, und massieren Sie mit dem rechten Daumen die gesamte Fersenzone. Wiederholen Sie dies sanft 2- oder 3mal.

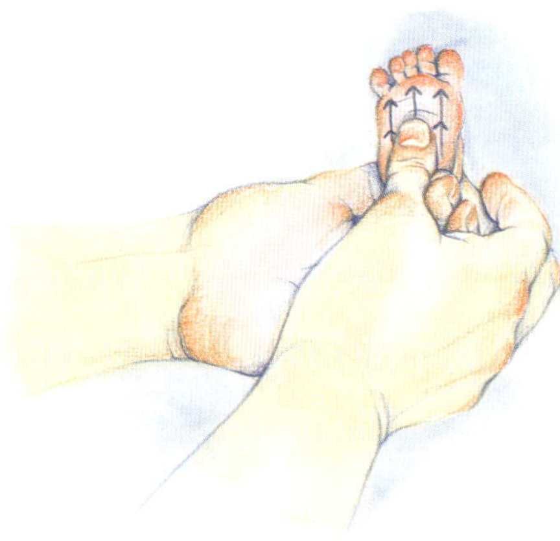

Massage des Verdauungssystems: 2
Behalten Sie den sanften Druck bei, und arbeiten Sie von der Innenkante zur Außenkante über die mittlere Zone des Fußes. Wiederholen Sie beide Schritte am linken Fuß.

Reflexzonenbehandlung
Abendliche Koliken treten in den ersten 8 Wochen häufig auf, und wenn Sie den Fuß etwa 5 Minuten lang behandeln, können Sie diese lindern. Arbeiten Sie von der unteren Ferse bis dorthin, wo sich die Zehen mit dem Fuß verbinden, um die Zonen der Verdauung zu erreichen (siehe Seite 54). Eine gesteigerte Durchblutung dieser Teile hilft sowohl der Aufnahme wie der Abgabe.

Seien Sie nicht überrascht, wenn der Bauch des Kindes knurrt und gurgelt. Dies ist ein Zeichen für eine erhöhte muskuläre Tätigkeit des Magens und der Därme. Dadurch sollten die Kolikschmerzen gelindert werden, die durch »eingeklemmte« Blähungen in den unteren Därmen verursacht werden.

Unterstützende Maßnahmen

Kolik

Stillende Mütter *können dazu beitragen, die Kolik zu beruhigen, indem sie ihre Milchproduktion durch das Trinken starker Aufgüsse von Kamille, Zimt, Kardamom oder Fenchel anregen. Spuren dieser Kräuter oder Gewürze, die außerdem noch gut auf die Verdauung wirken, werden durch die Milch weitergegeben und unterstützen die Verdauung des Säuglings auf natürliche Weise.*
Kamillentee *kann man Babys über 3 Monaten geben, die immer noch an Koliken leiden. Er wirkt beruhigend auf die Verdauung und ist in den meisten Apotheken in einer für Säuglinge besonders verträglichen Form zu kaufen.*

Massage der Kopf- und Nackenzonen
Stützen Sie den winzigen Fußrücken mit dem linken Daumen, und drücken Sie sanft die allgemeine Zone auf der Unter- und der Oberseite des Zehs. Wiederholen Sie alles am linken Fuß.

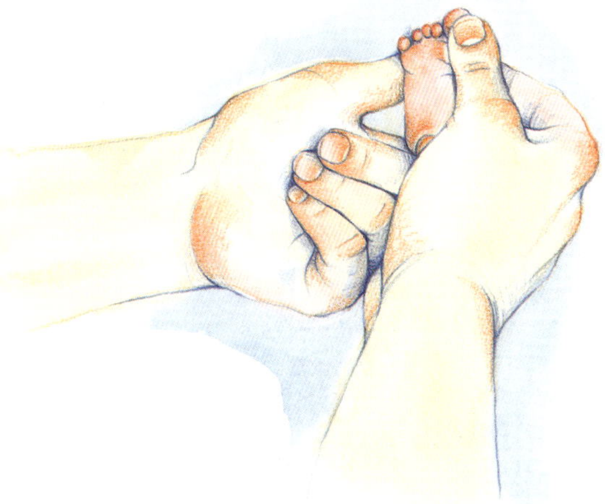

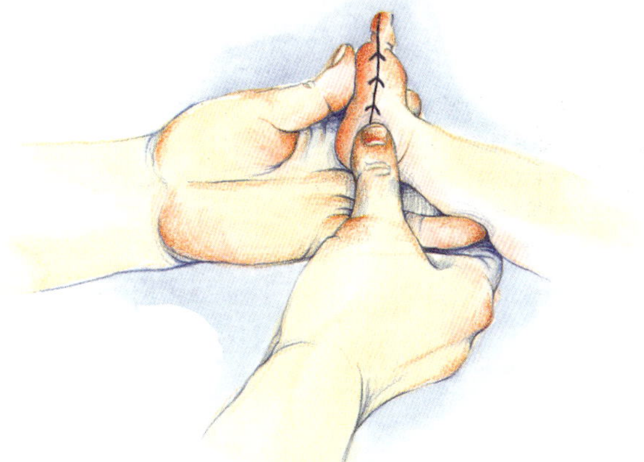

Massage der Wirbelsäule
Stützen Sie – wie auf der Abbildung – den rechten Fuß mit der linken Hand, und massieren Sie die Wirbelsäulenreflexe entlang des seitlichen Fußes bis zur Kuppe des großen Zehs. Wiederholen Sie alles am linken Fuß.

Kopfschorf und Allergien

Säuglinge mit Kopfschorf entwickeln im frühen Lebensalter häufiger allergische Reaktionen als andere Kinder. Achten Sie auf typische Zeichen wie Niesen, Hyperaktivität, Hautausschläge und die Neigung, außergewöhnlich viel Schleim zu produzieren, der zu häufigen Infektionen des oberen und unteren Atmungstraktes führen kann.

Warmes Olivenöl, das über Nacht einwirkt und am nächsten Tag abgewaschen wird, hilft, die Schuppen von der Kopfhaut zu lösen.

Reflexzonenbehandlung

Reflexzonenmassagen stärken, wenn sie regelmäßig verabreicht werden, das Verdauungssystem. Dadurch vermindern Sie die Wahrscheinlichkeit, daß Ihr Kind Allergien entwickelt (siehe auch die Seiten 116-117).

Appetitanregung für schlechte Esser

Für einige Neugeborene ist es schwierig, mehr als ein paar Minuten lang zu trinken, ohne wieder einzuschlafen. Etwa eine Stunde später wachen sie auf, um wieder ein Schlückchen zu sich zu nehmen, und eine junge frischgebackene Mutter ist nur noch mit Füttern beschäftigt. Wenn sie das Kind stillt, verursacht das häufige Saugen Schmerzen an den Brustwarzen.

Reflexzonenbehandlung

Massieren Sie den Fuß von der Ferse bis zu den Grundgelenken der Zehen, wie auf Seite 52 beschrieben, doch führen Sie diesmal kleine kreisende Bewegungen aus. Diese Stimulation macht das Baby wacher und daher fähig, genügend Milch zu trinken. So hält es leicht eine Pause von 3 oder 4 Stunden durch.

***Die Freude, ein Kind geboren zu haben**, ist eines der »Gipfelerlebnisse« im Leben. Der liebevolle, spielerische Körperkontakt in den ersten Monaten ist einzigartig und kann im späteren Leben nicht nachgeholt werden.*

Beschwerden beim Zahnen

Das Durchstoßen der Zähne verursacht vielen Babys Unbehagen und ist oft von fieberhaften Symptomen begleitet. Es ist wichtig, daß man die Zeichen von ernsthafteren Erkrankungen nicht mit dem Zahnen verwechselt. Ein Kind mit rotem Gesicht, das an überdurchschnittlich hohem Fieber leidet und das Essen verweigert, kämpft wahrscheinlich eher mit einem Infekt. Wenn die Symptome mehr als 24 Stunden lang anhalten, sollten Sie ärztlichen Rat einholen.

Reflexzonenbehandlung

Das Ziel der Behandlung ist, das Kind zu beruhigen und die Temperatur zu senken. Massieren Sie sanft die Fußsohlen des Babys, um es zu besänftigen. Kleinkindern kann man die auf den Seiten 24-25 beschriebenen Entspannungsmassagen geben, bevor man den Fuß behandelt.

Unterstützende Maßnahmen

Beschwerden beim Zahnen

***Geben Sie dem Kind** etwas zum Kauen, das nicht so leicht kaputtgeht.*

***Eine hohe Flüssigkeitsaufnahme** bei Fieber ist für Babys und Kleinkinder – ja, eigentlich für jeden – äußerst wichtig. Bieten Sie Mineralwasser oder frisch gepreßte Fruchtsäfte und Milch an.*

***Kamillentee** mit Honig wirkt bei Fieber beruhigend. Der Honig ist nicht nur ein heilendes Nahrungsmittel, er kann die Darmperistaltik günstig beeinflussen, wenn das Fieber Verstopfung ausgelöst hat.*

John: 3 Monate alt, mit Schlaf- und Trinkschwierigkeiten

John war erst 12 Wochen alt, als sich seine Eltern dazu entschieden, die Reflexzonenmassage als zusätzliche Möglichkeit zu nutzen, ihrem Baby zu mehr Zufriedenheit zu verhelfen. Es war von Geburt an unruhig gewesen, vielleicht aufgrund seines traumatischen Eintritts in die Welt, da bei der Entbindung die Zange benutzt werden mußte. John schlief wenig, trank schlecht und schien, besonders abends, an Koliken zu leiden. Darüber hinaus litt er häufig an Verstopfung und war untergewichtig. Ich muß wohl nicht darauf hinweisen, daß dies alles für seine jungen Eltern äußerst beunruhigend und anstrengend war. Das örtliche Krankenhaus hatte versucht zu helfen, doch nichts hatte gefruchtet.

Ich begann, John regelmäßig zu behandeln, indem ich einfach beide Fußsohlen vollständig massierte. Fünf Minuten an jedem Fuß reichten vollkommen aus. Und da tägliche Behandlungen äußerst nützlich sind, brachte ich seinen Eltern bei, wie sie seine Füße massieren sollten. Ich riet ihnen außerdem, ihm täglich etwa 3 ml Kamillentee zu geben, da dieser das Verdauungssystem beruhigt.

Die Eltern berichteten bei der zweiten Sitzung, daß kurz nach der Fußmassage laute rumpelnde Geräusche von Johns Magen ertönt waren, gefolgt von einer normalen Darmtätigkeit. Beim nächsten Treffen gab ich John eine weitere Reflexzonenbehandlung, und danach massierte ich seinen unteren Rücken und seinen Bauch sanft mit Babyöl.

Wir arbeiteten weiter im Team: tägliche Massagen durch die Eltern, verstärkt durch eine Sitzung in der Woche in meiner Klinik. Nach nur 6 Sitzungen hörte John auf zu weinen, er lächelte, und die Verdauung hatte sich weitgehend normalisiert. Zum erstenmal in seinem Leben schlief er nachts 6 Stunden durch. Zum großen Erstaunen seiner Eltern (und des örtlichen Krankenhauses) begann er zuzunehmen, sah viel gesünder aus und, statt ruhelos und ängstlich zu sein, offensichtlich zufrieden.

Die Behandlung kranker Kleinkinder

Die Reflexzonenmassage kann die Symptome bestimmter allgemeiner Erkrankungen in der frühen Kindheit wirksam lindern. An vielen dieser Krankheiten leiden auch Erwachsene, doch dieses Kapitel schlägt Behandlungsmethoden vor, die auf Kleinkinder zugeschnitten sind (siehe auch die Seiten 72-119).

Asthma

In der verschmutzten Luft moderner Städte leiden Kinder in zunehmendem Maße an Asthma. Die Reflexzonenmassage kann helfen, die Heftigkeit und die Häufigkeit der Anfälle zu verringern. Siehe Seite 88-89.

Infektionen des Respirationstraktes

Da der Atmungstrakt bei sehr kleinen Kindern viel enger ist, verstopft er viel leichter. Babys, die noch nicht husten oder ihre Nase putzen können, um die Atemwege zu reinigen, leiden besonders schwer an Erkältungen.

Reflexzonenbehandlung

Dadurch, daß die Massage hilft, die Stirnhöhlen zu entleeren, sollte sie lindernd wirken und die Abwehrkräfte steigern. Arbeiten Sie zuerst am rechten Fuß, dann am linken, wobei Sie sich auf den Fußrücken konzentrieren, wo sich die Lungen- und Brustreflexe befinden.

Wenn Sie ausgewachsenere Füße behandeln wollen, schlagen Sie Seite 90 auf.

Unterstützende Maßnahmen

Hören Sie auf zu rauchen! *Die Gesundheit der Kinder leidet unter dem Passivrauchen. Achtung! Wenn Sie nicht vor Ihren Kindern rauchen, setzen Sie diese* **trotzdem** *dem Rauch aus.*
Befeuchten *Sie die Luft, indem Sie Wasserbehälter an die Heizkörper hängen.*
Sprühen Sie abschwellende Öle *auf das Kopfkissen, oder geben Sie diese Öle über Nacht in einen elektrischen Zerstäuber.*

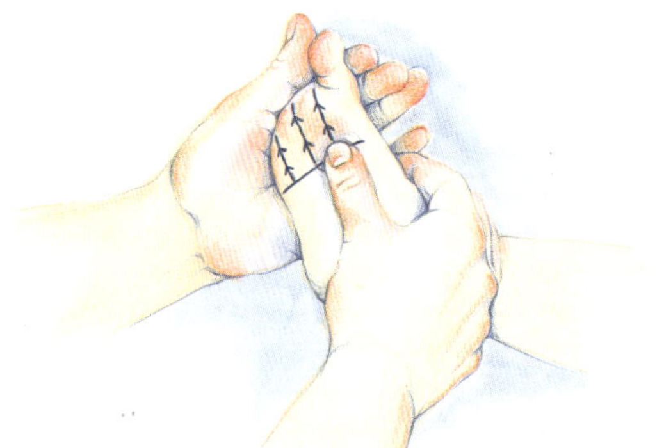

1 Massage von Lunge und Brust (Fußsohle)
Stützen Sie den rechten Fuß mit der linken Hand, und massieren Sie mit dem rechten Daumen die Zone von der Zwerchfellinie aufwärts zum Grundgelenk jedes Zehs. Wiederholen Sie alles am linken Fuß.

2 Massage von Lunge und Brust (Fußrücken)
Stützen Sie – wie auf der Abbildung – den rechten Fuß mit der linken Hand, und massieren Sie mit dem rechten Zeigefinger entlang der Furchen auf dem Fußrücken. Wiederholen Sie alles am linken Fuß.

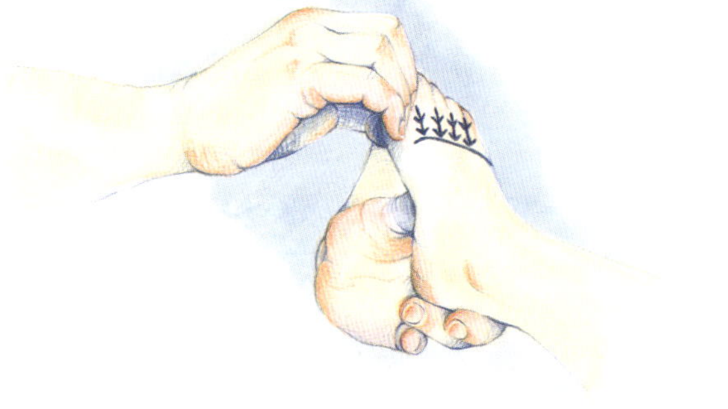

Verstopfung

Dieses Problem, an dem viele Erwachsene leiden, kann seine Wurzeln in der Kindheit haben. Verstopfung von Kindern ist gewöhnlich auf eine Kombination von ungesunder Ernährung und mangelnder sportlicher Betätigung zurückzuführen. Die Eingeweide bestehen aus einer zusammengerollten Röhre, die durch starke Muskelbewegungen aktiviert wird, welche wiederum durch die Nahrung ausgelöst und durch Bewegung gefördert wird.

Ein gutes Frühstück sollte die Darmtätigkeit anregen. Achten Sie darauf, daß Ihr Kind morgens früh genug aufsteht, um in Ruhe zu essen und Zeit für eine Darmentleerung zu haben, bevor es das Haus verläßt. Viele Kinder zögern, die öffentlichen Schultoiletten zu benutzen und unterdrücken ihr Bedürfnis solange, bis sie wieder zu Hause sind. Dieses »Anhalten« sollte nicht unterstützt werden, nicht zuletzt deswegen, weil es eine schlechte Gewohnheit einführt, die sich möglicherweise im späteren Leben fortsetzt.

Reflexzonenbehandlung

Regen Sie die Zone der Eingeweide an, und wiederholen Sie den unten beschriebenen Vorgang mehrere Male an jedem Fuß. Das Kind wird wahrscheinlich kurz nach der Behandlung eine Darmentleerung melden.

Wenn der Fuß schmaler geworden ist, können Sie die Eingeweide noch gezielter behandeln. Die Anweisungen zur Behandlung reiferer Füße finden Sie auf Seite 103. Bei den noch nicht 3jährigen, konzentrieren Sie sich ganz allgemein auf die Zone der Eingeweide. Die Behandlung sollte, wenn möglich, täglich durchgeführt werden.

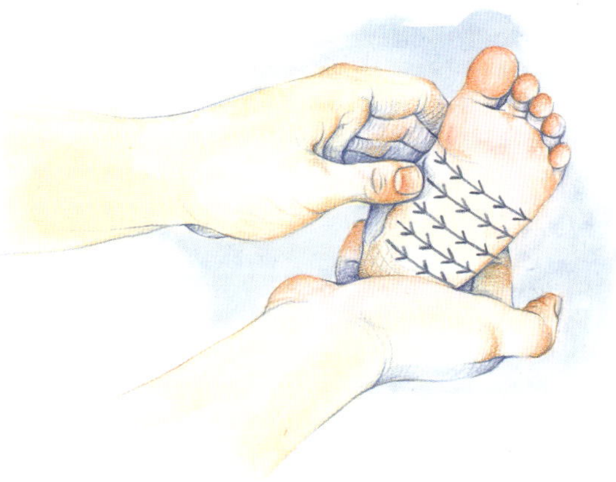

Massage der Eingeweide

Massieren Sie die abgebildete Zone an beiden Füßen. Das Bild zeigt die Arbeit am linken Fuß, wobei der linke Daumen die gesamte Zone von der Fußmitte bis zum Beginn der Ferse behandelt.

Unterstützende Maßnahmen

Erklären Sie Ihren Kindern, *daß die innere Reinigung des Körpers genauso wichtig ist wie die äußere. Halten Sie sie dazu an, täglich viel Wasser zu trinken.*

Ernährung: *Achten Sie darauf, daß die Nahrung viele Ballaststoffe in Form von Frühstücksgetreide auf Vollkornbasis (nicht auf Kleiebasis), Trockenfrüchten, Rosinen, Vollkornbrot und rohem Gemüse enthält. Wenn man rohes Gemüse in Streifen schneidet, macht es Spaß, diese zu essen.*

Eine regelmäßige *Darmtätigkeit kann gefördert werden, wenn Sie die Kinder daran gewöhnen, die Toilette zu einer ganz bestimmten Tageszeit zu benutzen. Doch achten Sie darauf, daß die Regelmäßigkeit nicht zu einem inneren Zwang wird.*

Unterstützende Maßnahmen

Ohrenschmerzen

Massieren *Sie die weiche Zone hinter dem Ohr mit ein wenig Wintergrünöl oder einer Mischung von Wintergrün-, Wacholder- und Nelkenöl. Dies hilft, die Schwellung zu lindern. Nelkenöl wurde lange als natürliches Betäubungsmittel benutzt.*

Dampfinhalationen *mit aromatischen Ölen wie Olbas lindern die Schwellung (siehe S. 46)*

Salzstrümpfe: *Wärmen Sie im Ofen 3 Tassen groben Meersalzes auf einem Backblech. Füllen Sie einen alten Strumpf mit dem warmen Salz, und binden Sie diesen dem Kind um den Kopf, wobei Sie darauf achten, daß sich genügend Salz in der Nähe des Ohres befindet. Wiederholen Sie diese zwar altmodische, doch warme und beruhigende Anwendung mehrere Male am Tag. (Oder wärmen Sie das Ohr mit einer Wärmflasche.)*

Ohrenschmerzen

Die Eustachische Röhre, die das Ohr mit dem Rachen verbindet, ist bei kleinen Kindern sehr eng. Aus diesem Grund leiden Babys und Kinder unter 5 Jahren oft an Ohrinfektionen. Die Schmerzen sind außerordentlich stark, und Eltern sollten in jedem Falle einen Arzt aufsuchen. Die meisten Ohrinfektionen werden nicht durch Bakterien verursacht, deshalb sind Antibiotika nicht dringend notwendig. Doch wenn die Schmerzen länger als 48 Stunden anhalten, ist es möglich, daß der Arzt diese verschreibt.

Reflexzonenbehandlung

Sie kann die Schmerzen lindern. Die Ohrreflexe befinden sich auf dem dritten Zeh jedes Fußes, doch da es bei einem so kleinen Fuß schwierig ist, den genauen Punkt zu treffen, massieren Sie einfach den ganzen dritten Zeh.

Pseudokrupp

Kinder haben eine viel engere Trachea (Luftröhre) als Erwachsene, und wenn sich diese entzündet, verengt sie sich noch mehr und wird möglicherweise so schmal, daß Erstickungsgefahr besteht. Rauher, bellender Husten und Atemnot, die besonders häufig nachts auftreten, sind die Symptome dieses quälenden Zustands, der unter anderem besonders in den Wintermonaten durch virale oder bakterielle Infekte ausgelöst wird.

Die traditionelle Erste-Hilfe-Maßnahme besteht darin, heißes Wasser in die Dusche oder die Badewanne laufen zu lassen oder Wasser in Töpfen zu kochen, um das Kind den Dampf einatmen zu lassen, wodurch die Schwellung zurückgeht und das Atmen erleichtert wird.

Wenn dies nicht hilft, das Kind nach Atem ringt und die Lippen sich bläulich färben, müssen Sie augenblicklich ärztliche Hilfe in der nächstgelegenen Notfallstation aufsuchen.

So schwierig es sein mag, angesichts so beängstigender Symptome ruhig zu bleiben, ist es um Ihres Kindes willen äußerst wichtig, daß Ihnen

Massage der Herzreflexzone

Diese Zone befindet sich nur auf dem linken Fuß. Stützen Sie den Fuß mit der rechten Hand, und massieren Sie die abgebildete Zone mit dem linken Daumen. Es ist wichtig, daß Sie diese Zone weder bei Kindern noch bei Erwachsenen zu stark anregen.

Eine nepalesische Mutter, die bei der morgendlichen Massage Ihres Sohnes gestört wurde, hält den Körperkontakt mit ihm instinktiv aufrecht, indem sie seinen Fuß und seine Hand anfaßt. So wird der Energiekreislauf nicht unterbrochen. In der kleinen Metallschüssel befindet sich Massageöl.

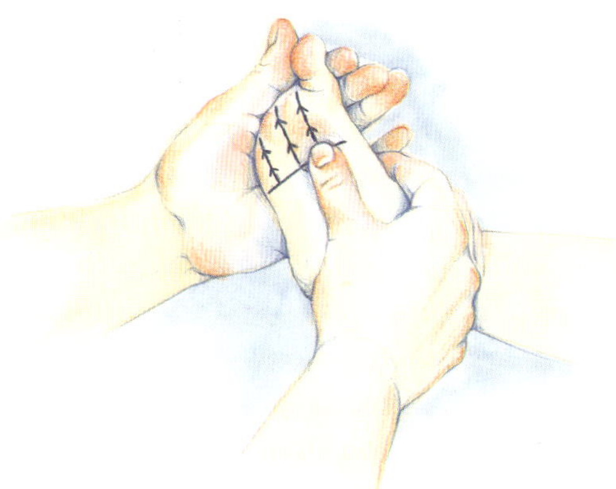

Massage der Lungenzone (Fußsohle)
Stützen Sie den rechten Fuß mit der linken Hand, und massieren Sie die abgebildete Zone mit dem rechten Daumen. Bearbeiten Sie danach den Fußrücken, wie auf Seite 58 beschrieben.

das gelingt. Ihr Kind braucht in einer solchen Situation dringend Trost und Sicherheit. Ein Zeichen von Panik Ihrerseits dient nur dazu, die Lage unnötig zu verschärfen. Was immer Sie tun, um Ihrem Kind zu helfen – einschließlich der Fahrt ins Krankenhaus –, tun Sie es mit so viel ruhiger Zuversicht wie möglich.

Reflexzonenbehandlung
Pseudokrupp betrifft vor allem Kinder unter 4 Jahren. Die Behandlung dient der Vorbeugung in dem Sinne, daß sie das Atmungssystem der Kinder stärkt. Behandeln Sie jede Woche die Herz- und Lungenzonen auf dem Fußrücken.

Ekzeme

Diese quälende Hauterkrankung zeigt sich in trockenem, schuppigen oder nässendem Ausschlag, wobei die Haut rot, schmerzend und äußerst gereizt ist. Ekzeme betreffen meist mehrere Familienmitglieder und kommen oft in Familien vor, deren Krankheitsgeschichte von Asthma, Heuschnupfen und empfindlicher Haut berichtet.

Die Symptomatik wird gewöhnlich durch Streß verstärkt, weshalb es nicht unüblich ist, daß die Haut aufblüht, wenn das Kind mit Situationen konfrontiert wird, die außerhalb seines normalen Tagesablaufs liegen. Außergewöhnliche Ereignisse, wie zum Beispiel der Eintritt in den Kindergarten oder der Schulbeginn, können den Ausbruch des Ekzems begünstigen.

Reflexzonenbehandlung

Sanfte beruhigende Behandlungen, die mit der Entspannungsmassage (siehe Seite 24-25) beginnen, können vorbeugend gegeben werden, um das Kind auf eine möglicherweise belastende Situation vorzubereiten. Die Massage des Verdauungssystems ist wichtig und nützlich, um dem Körper zu helfen, mit dem allergischen Zustand fertigzuwerden. Wie man mit Babyfüßen arbeitet, ist auf Seite 54 beschrieben. Wie man die Verdauungszonen bei kleinen Kindern behandelt, ist auf Seite 59 erklärt. Bei älteren Kindern folgen Sie den Anweisungen für Allergien auf den Seiten 116-117.

Hautpflege

Benutzen Sie keine Seife, sondern eine seifefreie Waschlotion

◆

Geben Sie ein wenig Öl, zum Beispiel Sojaöl, ins Badewasser des Kindes, und verwenden Sie Hafermehl, um die Haut sanft zu reinigen. Bäder wirken beruhigend, obwohl sie vielleicht zuerst anregen. Achtung! Wenn Sie Öl ins Badewasser geben, achten Sie darauf, daß das Kind nicht ausrutscht!

◆

Wenn Sie mögen, verwenden Sie eine gute Feuchtigkeitscreme mit Lanolin, um die Haut geschmeidig zu halten – eine wichtige Maßnahme.

Temperamentsausbrüche

Diese Ausdrucksformen äußerster Frustration beginnen gewöhnlich mit etwa 2 Jahren und dauern bis zu einem Alter von ungefähr 4 Jahren. Danach kann das Kind seine Bedürfnisse besser formulieren. So sehr die Eltern berücksichtigen mögen, daß diese unkontrollierten Brüll- und Zornesausbrüche dadurch ausgelöst werden, daß das Kind seine Bedürfnisse oder Wünsche nicht artikulieren kann, fällt es vielen, gelinde gesagt, doch sehr schwer, mit solchen Anfällen umzugehen.

Ganz praktisch gesehen zahlt es sich aus, auf solche Wutanfälle vorbereitet zu sein und zu versuchen, die Situationen, die diese gewöhnlich auslösen, zu vermeiden oder abzuschwächen. Es mag jedoch mehr hinter den Wutanfällen stekken als unerfüllte Wünsche. Kinder, die darunter leiden, sind oft anfälliger für Hyperaktivität (siehe S. 66). Und da Nahrungsmittelzusätze häufig mit Hyperaktivität in Verbindung gebracht werden, ist es sinnvoll, Kindern, die an Wutanfällen leiden, keine Lebensmittel zu geben, die viele Farbstoffe oder Chemikalien enthalten.

Reflexzonenbehandlung

Wird eine Allergie vermutet, besteht das Hauptziel darin, die Ausscheidung von Toxinen zu unterstützen, indem man Leber, Nieren, Darm und Blase massiert. Bei einem kleinen Fuß bearbeiten Sie die gesamte Verdauungszone wie auf Seite 59 beschrieben. Zusätzlich können Sie Ihrem Kind helfen, sich allgemein mehr zu entspannen, indem Sie jede Behandlung mit der Entspannungsmassage beginnen (s. Seite 24-25).

Unterstützende Maßnahmen

Ekzem

***Pelzige oder wollene Spielzeuge** sollten Sie, obwohl diese heiß geliebt werden, besser entfernen. Viele Ekzemkranke reagieren empfindlich auf Wolle.*

***Vermeiden Sie biologische** Waschmittel und Weichspüler. Spülen Sie die Wäsche zweimal.*

***Benutzen Sie hypoallergene** Kissen und Matratzenüberzüge.*

***Hausstauballergie:** Wenn Sie bemerken, daß die Allergie aufblüht, nachdem das Kind auf dem Boden umhergekrabbelt ist, könnten Staubmilben das Problem verursachen.*

***Nahrungsmittel**, die bekannt dafür sind, daß sie allergische Reaktionen auslösen können, sind unter anderem Milchprodukte, Weizen, Zucker, orangefarbene, rote und violette Früchte sowie Lebensmittelfarben und -zusätze. Versuchen Sie die Verursacher zu identifizieren, indem Sie, wie auf Seite 116 beschrieben, ein Allergietagebuch führen.*

Halsentzündung

Diese allgemeine Erkrankung tritt bei Kindern unter 9 Jahren sehr häufig auf. Ein rauher Hals, Schmerzen, Appetitlosigkeit und Fieber sind die häufigsten Symptome. Wenn sie länger als 48 Stunden anhalten, sollten Sie einen Arzt aufsuchen.

Reflexzonenbehandlung

Massieren Sie die Kopf- und Halszone auf dem Fußrücken und der oberen Seite der Zehen, um die Schmerzen zu lindern. Bearbeiten Sie auch die Eingeweide (siehe S. 59), um die Milz zu erreichen und das Immunsystem zu stärken.

Melanie: 7 Jahre alt mit Gliederschwäche

Ein durch die Geburt verursachter leichter Hirnschaden wirkte sich so aus, daß Melanies rechter Arm und ihr rechtes Bein ernsthaft geschwächt waren. Sie zog das Bein nach, wodurch sie häufig stürzte, und das hinderte sie daran, an den Spielen und sportlichen Aktivitäten ihrer Schulfreundinnen teilzunehmen. Sie hatte Physiotherapie erhalten, doch als sie 7 Jahre alt wurde, war entschieden worden, daß man bei ihr wohl nicht mehr erreichen könne.

Melanies Eltern hatten von der Reflexzonenmassage gehört und kamen zu mir, um zu erfragen, ob eine solche Behandlung die Beweglichkeit ihrer Tochter verbessern könnte. Ich begann mit wöchentlichen Massagen und zeigte ihren Eltern, wie sie die entscheidenden Zonen an der Wirbelsäule behandeln sollten, um das Zentralnervensystem und das Gehirn täglich zu stimulieren.

Melanie zeigte in den ersten 2 Monaten keine Anzeichen von Besserung, obwohl sie die Behandlungen wirklich genoß. Doch am Ende des dritten Monats bemerkten ihre Eltern, daß eine ganze Woche vergangen war, ohne daß sie hingefallen war, und sie wagten kaum zu erwähnen, daß sie den Eindruck hatten, Melanie habe mehr Kontrolle über ihr Bein.

Wir setzen die Reflexzonenmassage gemeinsam fort. Nach neunmonatiger regelmäßiger Behandlung hatte sich Melanies Gang so verbessert, daß ihr ursprüngliches Problem kaum noch zu erkennen war. Der behandelnde Arzt im örtlichen Krankenhaus staunte über die unerwartete Besserung. Als ihm die Eltern begeistert berichteten, welche Rolle die Reflexzonentherapie dabei gespielt hatte, sagte er: »Ich fürchte, ich weiß wirklich nichts über Reflexzonentherapie, doch ich rate Ihnen, diese Behandlung fortzusetzen. Die Besserung ist erstaunlich.«

Streßreaktionen bei Kindern

Die Feststellung der Erwachsenen, daß »die Schulzeit die glücklichste Zeit im Leben ist«, wird von denjenigen, die es besser wissen, wahrscheinlich mit ungläubigem Stöhnen und Protesten kommentiert. Eltern, die an rosafarbenen Bildern vergangener Zeiten kleben, erinnern sich häufig nicht an die Belastungen, Anstrengungen und Umbruchzeiten der Kindheit, und infolgedessen übersehen sie die Streßsymptome ihrer Kinder. Und selbst wenn sie diese wahrnehmen, fühlen sie sich oft hilflos oder nehmen an, daß die Schwierigkeiten irgendwie von Lehrern oder anderen Fachleuten gelöst werden.

Kinder werden häufig mit belastenden Situationen konfrontiert, und auf einige können sie mit Bettnässen oder Alpträumen reagieren. Anhaltendes Unglück kann zu Übergewicht oder zu einer Anfälligkeit für Unfälle führen.

Da Geschwister die Probleme der Brüder und Schwestern wahrscheinlich besser verstehen können, richtet sich ein Teil dieses Kapitels (Seite 70-71) an die Jugendlichen. Wenn Sie glauben, daß Ihre Kinder daran interessiert sind, dann schlagen Sie ihnen vor, sich die Zeit für das Lesen des kurzen Abschnitts zu nehmen, damit sie wissen, wie sie die Reflexzonenmassage einsetzen können, um die schwierigen Situationen, mit denen sie oder ihre Freunde umgehen müssen, besser zu bewältigen. Regelmäßige Reflexzonenmassagen bringen Eltern und Kinder näher zusammen und schaffen kostbare Gelegenheiten, um zu diskutieren und Probleme zu besprechen. Als Eltern sollten Sie dieses Thema nicht forcieren, sondern Ihr Kind sanft ermutigen, über die Dinge zu reden, die es am meisten beschäftigen, ängstigen und sorgen.

Kinder als Reflexzonenmasseure

Das Schöne an der Reflexzonenmassage – abgesehen von ihrer Wirksamkeit – ist ihre Einfachheit. Kinder, die sehr eng mit ihren Gefühlen und den Empfindungen anderer verbunden sind, lernen rasch und sind von klein auf gut in der Lage, einfache Behandlungen zu erlernen.

Sie können nicht nur ihre Geschwister massieren, sondern auch Erwachsene. Ein Kind, das den zu Besuch kommenden Großeltern eine belebende Behandlung gibt, um zum Beispiel arthritische Schmerzen in der Schulter zu lindern, gewinnt aus dieser Erfahrung Kraft. Da es sich gegenüber Erwachsenen gewöhnlich in einer Position befindet, wo es nur empfängt, hat das Kind hier die Gelegenheit, einem älteren Menschen Hilfe angedeihen zu lassen und die positiven Wirkungen dieser Gabe zu erleben.

Streß und Erkrankung

Streß schwächt das Abwehrsystem des Körpers und damit seine Widerstandsfähigkeit gegen Krankheiten. Er löst darüber hinaus viele schwächende Erkrankungen aus, besonders die des Verdauungs- und Atmungssystems. Obwohl sie nicht unbedingt als Krankheiten bezeichnet werden, können bestimmte Zustände in der Kindheit auf eine solche hinweisen. Die Behandlung der allgemeinen Erkrankungen wird in diesem Abschnitt besprochen. Bei der Reflexzonenmassage geht es wie bei anderen ganzheitlichen Behandlungen darum, die Ursache zu behandeln und nicht die Symptome.

Unfallanfällige Kinder

Über ein Kind, dem immer ein Pflaster auf dem Knie klebt, das einen Arm in der Schlinge oder eine Binde um den Kopf trägt, sagt man oft mit einem Seufzer, daß es »unfallanfällig« sei, womit das Thema erledigt ist.

Eine bestimmte psychologische Richtung gibt jedoch zu bedenken, daß solche Unfälle nicht durch bloße Unachtsamkeit passieren, sondern eine unbewußte Strategie der Kinder sind, Aufmerksamkeit zu gewinnen.

In großen Familien, wo Kinder mit 7 oder 8 Jahren bereits einen beträchtlichen Teil der Verantwortung für die Versorgung jüngerer Geschwister tragen müssen, sollten Sie darauf achten, daß auch deren eigene Bedürfnisse erfüllt werden.

Wenn beide Eltern arbeiten und abends müde nach Hause kommen, bedarf es besonderer Anstrengungen, sich neben dem Kochen und der Erledigung der haushaltlichen Pflichten Zeit zu nehmen, um einfach mit den Kindern zusammenzusitzen und ihnen zuzuhören.

Die körperliche Kommunikation und der warme Kontakt durch die Reflexzonenmassage könnte die Lösung für die Heilung vieler Verletzungen sein. Bereits das In-die-Hände-Nehmen seiner Füße scheint den Empfänger irgendwie zu öffnen, und in dem durch die Reflexzonenmassage ausgelösten entspannten Zustand mag ein Kind bereitwillig seine Ängste und Sorgen aussprechen. Wenn mehrere Kinder in der Familie leben, können sich die Eltern die Massagen so aufteilen, daß jedes Elternteil mit jedem Kind ein- oder zweimal in der Woche etwas Zeit verbringt. Denken Sie daran, daß so eine Verständigung auch ohne Worte funktioniert.

***Gemeinsamer Spaß im Kreise der Familie** ist eine unbezahlbare Freude und grundlegend wichtig für die runde, glückliche Entwicklung jedes Kindes. Versuchen Sie zu vermeiden, daß diese Zeiten des Zusammenseins der Arbeit zum Opfer fallen.*

Reflexzonenbehandlung

Um das allgemeine Wohlbefinden zu erhalten, massieren Sie beide Füße mit kleinen, nach vorn kriechenden Bewegungen von der Unterkante der Ferse bis dorthin, wo sich die Zehen mit dem Fuß verbinden. Bearbeiten Sie zusätzlich die Zone der Wirbelsäule, die sich auf der Innenseite beider Füße befindet (siehe Seite 14-15).

Bettnässen

Bevor das Kind 5 Jahre alt ist, wird Bettnässen nicht als Problem betrachtet. Später kann die mangelnde nächtliche Kontrolle der Blase auf tiefsitzende Ängste hinweisen. Suchen Sie den Rat von Fachleuten, um sicherzustellen, daß das Problem keinen medizinischen Grund hat – etwa eine Infektion des Harntraktes –, bevor Sie die Maßnahmen des gesunden Menschenverstandes durch die Reflexzonenmassage ergänzen. Dazu zählt zum Beispiel, daß Sie das Kind in bestimmten Abständen nachts auf die Toilette setzen und ihm einige Stunden vor der Schlafenszeit keine Flüssigkeit mehr geben.

Reflexzonenbehandlung

Massieren Sie das Kind jeden Abend vor dem Schlafengehen. Wenden Sie zuerst alle entspannenden Griffe an (siehe Seite 24-25), massieren Sie dann, um die Blasenfunktion im allgemeinen zu unterstützen, die Blasen- und die Harnleiterzonen beider Füße. Wenn der Fuß klein ist, massieren Sie die auf Seite 59 angegebene Zone. Bei einem älteren Kind massieren Sie die gleichen Zonen wie bei einem Erwachsenen.

Unterstützende Maßnahmen

bei Bettnässen

***Zimtrinde** ist ein traditionelles Heilmittel. Lassen Sie Ihr Kind mehrmals täglich auf einem Stückchen herumkauen, oder streuen Sie Zimtpulver in heiße, gesüßte Milch.*

***Ernährung:** Streichen Sie Cola- und Schokoladengetränke und darüber hinaus alle Getränke und Süßigkeiten (Bonbons), die gelbe oder orangene Lebensmittelfarbe enthalten. Sie alle sind schon mit Bettnässen in Verbindung gebracht worden.*

Unterstützende Maßnahmen

bei Hyperaktivität

***Kamillentee** wirkt beruhigend, und man kann ihn Kindern jeden Alters gefahrlos geben.*

***Folgende Nahrungsergänzungen** können helfen: Ein Vitamin-B-Komplex (oder ein Multivitaminpräparat für Kinder) und Nachtkerzenöl (50 mg pro 6 kg Körpergewicht). Vermeiden Sie das letztere, wenn das Kind zu Krämpfen neigt.*

***Gier auf bestimmte Nahrungsmittel** sollten Sie bei einem hyperaktiven Kind mit äußerstem Mißtrauen beobachten. Wenn sich das Kind zum Beispiel ständig Käse aus dem Kühlschrank oder Zucker aus der Dose holt, dann setzen Sie diese Nahrungsmittel ganz oben auf Ihre Liste der möglichen Allergieauslöser. Führen Sie ein Allergietagebuch, um Ihren Verdacht zu erhärten oder zu entkräften (siehe S. 116).*

Hyperaktive Kinder

Wenn Sie die Ursache der Hyperaktivität kleiner Kinder finden wollen, sollten Sie zuallererst die Ernährung überprüfen, da Hyperaktivität mit allergischen Reaktionen zusammenhängen kann. Bestimmte Getränke, besonders aber jene mit künstlichem Süßstoff, Farbstoffen und Koffein sind bekannt für ihre anregende Wirkung. Milchprodukte, orangene, rote und violette Früchte, Weizen, Hefe und Zucker sind ebenfalls allgemein bekannte Auslöser allergischer Reaktionen.

Reflexzonenbehandlung

Wenn Sie das Kind in seiner Erregung beruhigen wollen, konzentrieren Sie sich auf die hochwirksamen Griffe zur Entspannung (siehe S. 24-25).

Behandeln Sie jene Zonen regelmäßig, die zu den Eingeweiden gehören, da allergische Reaktionen oft mit einer Schwäche des Verdauungssystems verbunden sind. Bei noch nicht fünf Jahre alten Kindern massieren Sie die allgemeine Zone. Richten Sie sich bei älteren Kindern nach den Behandlungsempfehlungen für das Verdauungssystem.

Alpträume

Schlimme Erlebnisse im realen Leben sowie tiefsitzende Sorgen und Ängste können sich in Alpträumen äußern. In diesem Fall besteht die einzig angemessene Behandlung darin, das Kind zu trösten und ihm zu versichern, daß das Erlebnis nur ein Traum war. Wenn die Alpträume über längere Zeit anhalten, erbitten Sie die Hilfe von Fachleuten.

Reflexzonenbehandlung

Beruhigen Sie das Kind vor dem Zu-Bett-Gehen mit den entspannenden Griffen am Fuß (siehe S. 24-25). Die Zwerchfellentspannung ist besonders nützlich, weil sie den Körper in die für den Schlaf richtige Stimmung versetzt.

Unterstützende Maßnahmen

bei Alpträumen

Die letzte Mahlzeit des Tages *sollte spätestens 3 Stunden vor dem Schlafengehen eingenommen werden, damit die Nahrung noch vorher verdaut werden kann.*

Kontrollieren Sie den Fernsehkonsum *des Kindes ganz allgemein, und prüfen Sie besonders die Sendungen vor dem Zu-Bett-Gehen.*

Warme Milch *mit einem halben Teelöffel Nußmus oder 1 oder 2 Teelöffel Honig hilft beim Einschlafen.*

Unterstützende Maßnahmen

bei Übergewicht

Ernährung: *Erkundigen Sie sich, wenn nötig, bei einem Arzt nach einer ausgewogenen, gesunden, fettarmen Diät (siehe Seite 41).*

Ein sanftes Sportprogramm, *an dem das Kind Interesse zeigt, sollte die Ernährungsumstellung abrunden.*

Fördern Sie *vernünftige Imbisse wie Sellerie- oder Karottenschnitze. Vermeiden Sie Chips, Schokolade usw.*

Verbieten Sie *fade Diäten!*

Beratungsgespräche *können Eltern und Kindern dabei helfen, die Grundursache des Übergewichts herauszufinden und damit umzugehen.*

Übergewicht bei Kindern

Der häufigste Grund für Übergewicht bei Kindern – bis vor kurzem ein ganz grundsätzliches Problem der westlichen Welt – ist die übermäßige Aufnahme hoch kalorienhaltiger Nahrungsmittel in Zusammenhang mit Bewegungsmangel. Nur sehr selten ist eine »Drüsenstörung« dafür verantwortlich. Eltern bestimmen die Eßgewohnheiten ihrer Kinder, da sich diese in der Kindheit bilden. Es kann natürlich sein, daß das Problem die normalen Ernährungsgewohnheiten der Familie spiegelt – etwa eine zu große Betonung der Kohlenhydrate – und daß es folglich durch eine gesündere Zusammenstellung der Nahrung beseitigt werden kann (siehe S. 41). Andererseits kann eine übermäßige Aufnahme von Süßigkeiten oder hoch kalorienhaltigem Fast-Food, das im Fernsehen zudem noch intensiv beworben wird, symptomatisch für innere Spannungen und Unglück sein. Wenn zum Beispiel in einer großen Familie ein Kind an Übergewicht leidet, dann ist es wahrscheinlich dasjenige, welches vernachlässigt wird. Es trägt möglicherweise die Verantwortung für seine Geschwister, doch ihm selbst widmen die Eltern zu wenig Aufmerksamkeit. Essen kann Gefühle der Unzulänglichkeit, Unsicherheit oder Minderwertigkeit kompensieren. Das Schwelgen in hoch kalorienhaltiger Nahrung, besonders aber in Schokolade, gibt einen kurzzeitigen »Auftrieb«, weshalb die Schwelgerei bald zur Gewohnheit wird.

Reflexzonenbehandlung
Sie hilft in zweifacher Hinsicht: Zum ersten löst sie Spannungen und beruhigt, zum anderen ermöglicht sie den Eltern, sich in liebevoller Anteilnahme auf das betroffene Kind zu konzentrieren und seinen Sorgen aufmerksam zuzuhören.

Kinder lieben die Entspannungsbehandlung, deshalb sollten Sie die Sitzung damit beginnen (siehe Seiten 24-25), bevor Sie am Zentralnervensystem arbeiten. Konzentrieren Sie sich auf die unten abgebildeten Zonen von Wirbelsäule und Gehirn.

Reisekrankheit (Übelkeit)

Lange Reisen sind mit kleinen Kindern nicht gerade einfach, und wenn eines der jüngeren Familienmitglieder an Reisekrankheit leidet, können solche Unternehmungen (für alle Beteiligten!) außergewöhnlich zermürbend ausfallen. Kindern wird wahrscheinlich am leichtesten im Auto übel.

Reflexzonenbehandlung
Da die Symptome der Reisekrankheit mit einer Überempfindlichkeit im Innenohr zusammenhängen, massieren Sie den Ohrreflexpunkt vor einer langen Fahrt. Dazu stützen Sie den rechten Fuß mit der linken Hand und führen mit Ihrem rechten Daumen kleine, im Uhrzeigersinn kreisende Bewegungen auf der Kuppe des dritten Zehs knapp vor dem Endgelenk aus. Massieren Sie diesen Reflex mehrere Male, bevor Sie die Hände wechseln und am linken Fuß arbeiten.

1 Massage der Wirbelsäule
Stützen Sie den oberen rechten Fuß mit der linken Hand. Massieren Sie mit dem rechten Daumen entlang der Wirbelsäulenreflexe auf der Innenseite des Fußes. Wiederholen Sie alles am linken Fuß.

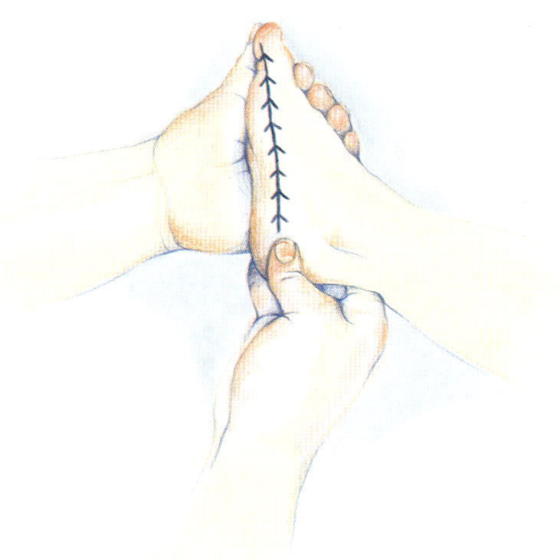

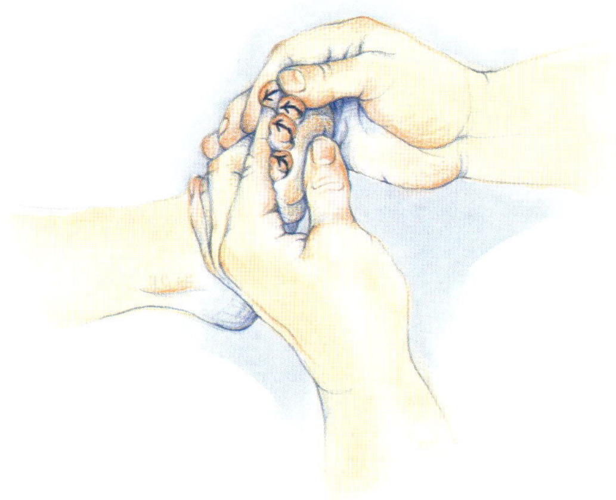

2 Massage des Gehirns
Stützen Sie den rechten Fuß mit der linken Hand, und massieren Sie mit dem rechten Daumen über die Kuppen der ersten drei Zehen. Wiederholen Sie alles am linken Fuß.

Wenn der Fuß des Kindes zu klein ist, um diesen winzigen Punkt zu finden, massieren Sie statt dessen die Hand, indem Sie die ganze Länge des Mittelfingers an beiden Händen bearbeiten. Das Kind kann diese Zone während der Reise selbst massieren – eine wirksame Form der Selbsthilfe und außerdem eine willkommene Ablenkungstaktik. Vorbeugende Behandlungen können ebenfalls helfen, die Ängste aufgrund früherer Erfahrungen, die häufig die Reisekrankheit erst auslösen, zu zerstreuen.

Unterstützende Maßnahmen

vor der Reise

***Eine leichte Mahlzeit** ist alles, was Ihr Kind braucht. Ein voller Magen oder selbst der Anblick von Essen kann die Situation verschlimmern.*

***Ingwertee** in kleinen, regelmäßig verabreichten Schlucken vor und während der Reise hilft, den Magen zu beruhigen. Brühen Sie Ihren eigenen Tee aus einem Stück Ingwerwurzel auf, oder kaufen Sie Fertigtee. Nehmen Sie eine Kanne davon mit auf die Reise.*

***Passionsblume** wirkt beruhigend. Geben Sie dem Kind eine Tablette etwa zwei Stunden vor der Abfahrt.*

◆

während der Reise

***Das Lutschen von Bonbons** hilft, und dieser medizinische Gebrauch von Zucker ist gestattet!*

***Stickige, verrauchte** Luft verschlimmert die Lage und ist zu vermeiden. Öffnen Sie im Auto das Fenster.*

***Erfinden Sie ablenkende Spiele** wie Nummernschilder lesen, Kühe zählen oder Wortspiele.*

Wenn aus Kindern Erwachsene werden

Die Zeit der Teenager kann sowohl für die Eltern wie für die Sprößlinge äußerst belastend sein. Während der junge Mensch darum kämpft, mit tiefgehenden emotionalen und körperlichen Veränderungen fertigzuwerden – einschließlich der sich stark bemerkbar machenden Sexualität –, fühlen sich die Eltern, die bislang nicht an ihren Fähigkeiten zweifeln mußten, ihren Kinder Hilfe und Trost zu spenden, häufig vollkommen hilflos. Obwohl ihnen die wechselnden Stimmungen ihrer Kinder, deren Rückzug oder schmerzliche Fixiertheit auf das eigene Aussehen nur zu bewußt sind, werden ihre Versuche, Sympathie oder Verständnis auszudrücken, oft zurückgewiesen. Die Jugendlichen machen nicht nur körperlich eine offensichtliche Wandlung durch, sondern befinden sich wahrscheinlich mitten in einer Identitätskrise.

Die Rolle der Reflexzonenmassage

In vielen Situationen, wo die Emotionen blank liegen, »spricht« eine Reflexzonenbehandlung »deutlicher als Worte«. Ein Jugendlicher, der zornig ist und sich in seiner Familie fremd fühlt, kann durch die heilende Berührung der Hände eines Elternteils oder Geschwisters erkennen, daß dieser Mensch für ihn da ist und ihn mag. In den Vereinigten Staaten berichten professionelle Reflexzonentherapeuten, die Teenager aufgrund von Alkohol- oder Drogenschwierigkeiten behandeln, von eindrucksvollen Ergebnissen.

Der Hauptbeitrag, den die Reflexzonenmassage leistet, ist die Verminderung des hohen Streßniveaus, das Teenager erleben. Wenn dank der Entspannung auch noch der Ausbruch der Akne eingedämmt wird, ist sie eine besonders willkommene Behandlung. Führen Sie die allgemeine Fußentspannung (S. 24-25) regelmäßig täglich durch, und arbeiten Sie am Drüsensystem (S. 108-109), um zu versuchen, das Gleichgewicht in dieser Zeit beträchtlicher hormonaler Umbrüche wiederherzustellen.

Nachtrag für Jugendliche

Während Du älter wirst und zu erforschen beginnst, was jenseits der Grenzen des engen Familienkreises liegt, geschehen in deinem Leben immer mehr »bedeutsame« Ereignisse. Dein erster Tag im Kindergarten gehörte dazu, und vielleicht erinnerst Du Dich noch daran, ob dieser Tag aufregend oder furchterregend oder eine Mischung von beidem war. Wahrscheinlich hast Du ähnlich gemischte Gefühle empfunden, als du in die Grundschule und dann in die weiterführende Schule kamst, als du dich für die Pfadfinder entschieden hattest oder in die Tennismannschaft gewählt wurdest.

Der Weg hinaus in die Welt

Ängstliche Gefühle gegenüber neuen, unbekannten Situationen sind normal. Wenn Du Dich eine Weile an sie gewöhnt hast, fühlst Du Dich immer entspannter und sicherer. Doch je größer Dein Freundes- und Bekanntenkreis wird, um so wahrscheinlicher wirst Du in Deinen Beziehungen auf Schwierigkeiten stoßen – genau wie die Erwachsenen. Dein bester Freund oder Deine beste Freundin läßt Dich wegen einem anderen sitzen, und Du fühlst Dich ausgeschlossen und elend. Vielleicht hast Du Angst, allein von der Schule nach Hause zu gehen, weil Dich eine Bande von Jugendlichen bedroht. Auch die Schule mag eine ganze Latte von Problemen mit sich bringen, zum Beispiel, wenn Du Dich um den Ausgang einer Klassenarbeit sorgst oder die Abschlußprüfung immer näherrückt.

Auf der Achterbahn der Gefühle

Du selbst erlebst alle möglichen Hochs und Tiefs, die einfach dadurch entstehen, daß Du körperlich und geistig erwachsen wirst. Vielleicht fällt Dir ein Aspekt Deines persönlichen Aussehens auf, den Du nicht magst, und Du kannst an nichts anderes mehr denken. Vielleicht ärgerst Du dich zutiefst über Deine Eltern, oder Du bist einfach ständig deprimiert – aus keinem offensichtlichen Grund. Diese unangenehmen Empfindungen gehören bei den meisten Menschen zum Erwachsenwerden.

Die Kraft der Stille

Es gibt allerdings Zeiten, in denen Worte unnötig sind, wo Gefühle anders ausgedrückt und verstanden werden können. Dies kann durch Berührung geschehen. Wenn Du aus einer Familie stammst, in der sich die Menschen oft umarmen, und wenn Berührungen ganz normal zu Eurem Leben gehören, dann weißt Du ja, wie tröstlich sie sind. Wenn körperliche Kontakte bei Euch eher selten sind, ist es Dir vielleicht peinlich, Gefühle auf diese Weise auszudrücken.

Gib der Reflexzonenmassage eine Chance!

Die Reflexzonenmassage ermöglicht Dir, sicher und anerkannt Kontakt mit anderen Menschen aufzunehmen. Wenn Du dich also nicht so sehr danach fühlst, mit Deinen Eltern zu reden, dann erlaube ihnen wenigstens, Deine Füße zu massieren. Oder biete an, daß Du selbst anderen eine entspannende Fußmassage gibst.

Behandle Deine Brüder und Schwestern

Stell Dir zum Beispiel vor, daß Deine jüngere Schwester weinend von der Schule nach Hause kommt, weil Sie nicht zur Party Ihrer Freundin eingeladen worden ist. Warum bietest Du ihr nicht eine Fußmassage an, um ihr dabei zu helfen, sich zu beruhigen?

Wenn Du schlecht gelaunt bist …

Die raschen Stimmungswechsel in der Pubertät werden durch die hormonalen Veränderungen verursacht, die in Deinem Körper stattfinden. Wenn Du ein Mädchen bist, sehnst Du Dich an einem Tag danach, erwachsen zu sein, einen BH zu tragen, dich zu schminken und dich modisch zu kleiden. Am nächsten Tag spielst Du gern mit Deinen Puppen. Wenn Du Dich grundlos ärgerlich oder deprimiert fühlst, dann bitte einen Bruder oder eine Schwester, Dir eine entspannende Fußmassage zu geben!

… oder Liebeskummer hast

Die Pubertät ist eine Zeit, wo Freundschaften mit dem anderen Geschlecht sehr wichtig werden. Wenn Du traurig bist, weil die Liebe Deines Herzens Schluß mit Dir gemacht hat, dann bitte ein Mitglied Deiner Familie, Dir eine Fußmassage zu geben. Wahrscheinlich ist ein Bruder oder eine Schwester, mit denen Du Deine Gefühle besprechen kannst, am besten geeignet.

Vor belastenden Situationen

Der bloße Gedanke an Prüfungen kann alle möglichen Ängste auslösen. Wenn der gefürchtete Tag näherkommt, merkst Du vielleicht, daß Du öfter auf die Toilette mußt, an Durchfall leidest oder Panik bekommst. All dies wird durch den Anstieg von Adrenalin im Blut verursacht. Dabei handelt es sich um das »Kampf-oder-Flucht-Hormon«, das in Krisenzeiten vermehrt ausgeschüttet wird. Eine Reflexzonenbehandlung am Tag vor der Prüfung, dem Gespräch oder wichtigen Ereignissen wird Dich beruhigen und dafür sorgen, daß Du in der Nacht gut schläfst.

Vergiß die mit den Stirnfalten nicht!

Du mußt Deine Reflexzonenbehandlungen nicht auf jüngere Mitglieder der Familie beschränken. Achte auf Zeiten, wo Deine Eltern Unterstützung brauchen, vielleicht dann, wenn sie überarbeitet sind oder Sorgen haben. Und wenn Deine Großeltern zu Besuch kommen, und Oma leidet an Arthritis, biete ihr doch einfach eine Behandlung an!

Denke immer daran, daß eine Reflexzonenmassage für den Geber genauso befriedigend ist wie für den Empfänger.

Amy: 15 Jahre alt mit Tinnitus

Amy wurde von ihren Eltern in meine Klinik gebracht. Sie litt an einem ständigen Klingeln in den Ohren, an Tinnitus. Die fachärztliche Untersuchung ihrer Ohren hatte keine ungewöhnlichen Befunde erbracht.

Augenblicklich spürte ich die Spannung ihrer Eltern, die Amy, ihr einziges Kind, Ende Vierzig bekommen hatten. Unser erstes Treffen war alles andere als locker. Die Eltern beantworteten alle Fragen, die ich an Amy richtete, und ich konnte sehen, wie sehr sie darunter litt.

Beim zweiten Treffen bat ich die Eltern, im Vorzimmer zu warten. Als ich Amy behandelte, eröffnete sie mir unumwunden, daß ihre Eltern die meiste Zeit über stritten und daß dies ihr ganzes Leben lang nicht anders gewesen war. Ihre Mutter litt an Migräne und ihr Vater an hohem Blutdruck.

Nach drei Reflexzonenmassagen hatten sich Amys Ohren nicht gebessert, doch in mir reifte allmählich die Vermutung, daß ihr Tinnitus ein unbewußter Versuch war, die unerträgliche Familiensituation auszuschließen. Etwas nervös brachte ich dieses Thema ihren Eltern gegenüber zur Sprache, die trotz ihrer Bestürzung versprachen, sich diese Hypothese zu überlegen.

Mit der Hilfe eines Buches und einigen Anweisungen meinerseits begann Amy, ihre Hände zwischen den Sitzungen zu massieren. Ich schlug vor, daß sie auch ihre Eltern behandelte. Die Massagen lösten die Spannungen in der Familie in erstaunlichem Ausmaß. Allmählich wurde nicht nur Amys Tinnitus schwächer, die Streitereien ihrer Eltern wurden immer seltener. Schließlich beschlossen die Eltern, ebenfalls zur Behandlung zu kommen: Nach 8 Wochen hörte die Migräne der Mutter auf, und der Blutdruck des Vaters war gesunken. Nach 3 Monaten waren Amys Ohrgeräusche verschwunden.

4. Kapitel

Krankheiten von Erwachsenen

Von Kopf bis zu den Zehen – von Migräne bis zu Frostbeulen – kann die Reflexzonenmassage helfen, Symptome zu lindern und das Wiederauftreten vieler Erkrankungen zu verhindern.

***Reflexzonenbehandlungen können** der ganzen Familie Spaß machen. Versuchen Sie darauf zu achten, daß jedes Familienmitglied zur »Instandhaltung« pro Woche eine vollständige Fußmassage erhält, damit sich alle ständig guter Gesundheit erfreuen. Vorbeugen ist immer besser als Heilen. Obwohl die Reflexzonenmassage bei bestimmten Erkrankungen rasch Linderung bringt, widerstehen Sie der Versuchung, sie genauso wie Aspirin einzusetzen.*

Die Reflexzonentherapie hat gute Erfolge bei der Behandlung aller in diesem Kapitel aufgeführten allgemeinen Erkrankungen. Die Krankheiten sind, beginnend beim Kopf, nach dem Ort ihres Auftretens geordnet. Da die wenigsten Menschen Zeit haben, konzentriert sich die dort beschriebene Behandlung nur auf jene Reflexzonen, die die Erkrankung unmittelbar betreffen. Schrittweise anleitende Abbildungen, auf denen die Arbeitszonen klar dargestellt sind, werden von Texten begleitet, die den Ablauf der Behandlung gut verständlich erklären.

Die Wiederherstellung des Gleichgewichts im Verdauungssystem (Seiten 100-101) und im Drüsensystem (Seiten 108-109) sind eine Grundvoraussetzung bei der Behandlung so vieler Erkrankungen (von denen einige durch Streß verursacht sind). Deshalb werden diese »Schlüsselsysteme« ganz ausführlich dargestellt. Außerdem werden Allergien (Seiten 116-117) und Arthritis (Seiten 118-119) gesondert behandelt, weil sich beide Krankheiten in verschiedenen Körperteilen ausdrücken. Die Leser, die ihre eigenen Hände behandeln wollen, werden auf die Seiten verwiesen (Seiten 32-37), auf denen die vollständige Handmassage beschrieben ist.

Kopf-, Hals- und Nackenzonen

Kopfschmerzen und Migräne

Für Kopfschmerzen kann es klare körperliche Gründe geben – zum Beispiel zu viele Stunden vor dem Computermonitor, schlechte Luft oder ein Kater. Andere typische Ursachen für Kopfschmerzen sind Sorgen und Ängste, die besonders im Nackenbereich zu Verspannungen führen. Obwohl Migräne häufig mit Überarbeitung oder Streß in Zusammenhang gebracht wird, kann sie auch durch eine Nahrungsmittelallergie entstehen.

Reflexzonenbehandlung
Wenn es eine bekannte körperliche Ursache für die Kopfschmerzen gibt, behandeln Sie die Wirbelsäule, wobei Sie sich auf den oberen Bereich konzentrieren, um die Spannungen zu lösen. Gegen streßbedingte Kopfschmerzen und Nackenprobleme (einschließlich dem steifen Hals oder dem Peitschenhiebsyndrom) behandeln Sie außerdem die Halswirbelsäule, wobei Sie ein- bis zweimal täglich massieren und die Griffe der Fußentspannung (siehe Seiten 24-25) in Ihre Massage einbauen.

Da Migräne oft mit der Verdauung zusammenzuhängen scheint, zielt die Behandlung hauptsächlich darauf ab, die Leberfunktion zu verbessern und den Streß zu verringern. Wenn Sie den Patienten in den schmerzfreien Intervallen während 3 Monaten häufig – bis zu zwei- oder dreimal pro Woche – behandeln, sollten Sie gute Ergebnisse erzielen. Massieren Sie die Gehirn- und Wirbelsäulenzonen, und konzentrieren Sie sich dann auf die Leberreflexe.

Selbsthilfe:
Massage der eigenen Hände
bei Kopfschmerzen massieren Sie

1 Das Gehirn (*siehe S. 34*)

2 Die Halswirbelsäule (*siehe S. 34*)

bei Migräne massieren Sie 1, 2 und zusätzlich

3 Die Leber (*siehe S. 35*)

1 Massage des Gehirns
Stützen Sie den rechten Fuß mit der linken Hand. Massieren Sie mit dem rechten Daumen die Kuppen der ersten 3 Zehen, wobei Sie mit dem großen Zeh beginnen. Wenn die Kopfschmerzen akut und diese Zonen besonders empfindlich sind, üben Sie nur sanften Druck aus.

Massieren Sie etwa 5 Minuten lang. Wiederholen Sie alles am linken Fuß.

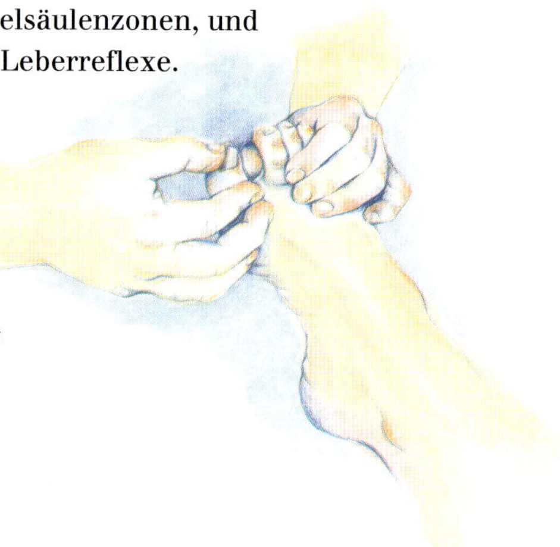

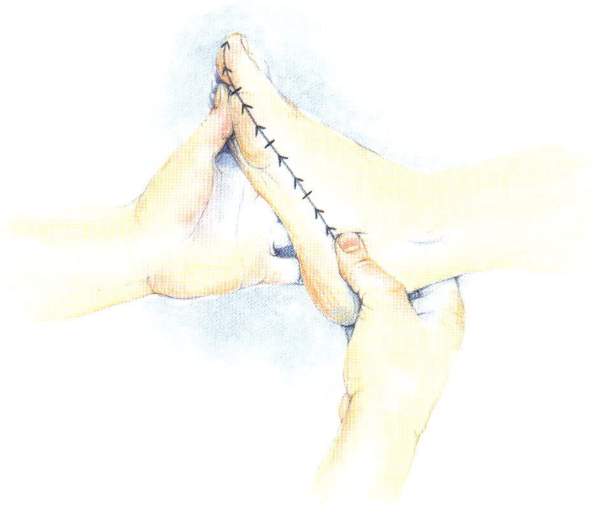

2 Massage der Halswirbelsäule
Stützen Sie den rechten Fuß mit der linken Hand. Massieren Sie mit dem rechten Daumen die Wirbelsäulenreflexe. Konzentrieren Sie sich dann auf die Halswirbelsäule auf der Außenseite des großen Zehs. Beginnen Sie dort, wo sich der Zeh mit dem Fuß verbindet. Wiederholen Sie alles am linken Fuß. Führen Sie nach dieser Massage die Massage zur Entspannung des Knöchels aus *(siehe S. 24).*

3 Massage der Leber
Massieren Sie bei Migräne diese Zone zusätzlich zu Schritt 1 und 2. Stützen Sie den oberen rechten Fuß mit der linken Hand, und massieren Sie mit dem rechten Daumen die abgebildete Zone von der Innen- zur Außenkante des Fußes. Massieren Sie auf dem Rückweg in umgekehrter Richtung. (Nur am rechten Fuß.)

Unterstützende Maßnahmen

Kopfschmerzen

Trinken *Sie viel Wasser.*
Verwenden Sie kalte Kompressen. *Legen Sie sich mit einer solchen Kompresse über den Augen hin, und führen Sie die auf den Seiten 42-43 beschriebene Entspannungsübung aus.*
Massagen *können helfen, die Spannungen zu lösen und den Schmerz in Kopf und Nacken zu lindern. Verwenden Sie reines Mandelöl, oder mischen Sie dieses mit wenigen Tropfen Lavendelöl. Streichen Sie beruhigend und sanft über Nacken, Schultern und das obere Rückgrat.*

Migräne

Identifizieren Sie die auslösenden Faktoren, *indem Sie ein Migränetagebuch führen.*
Mutterkraut *zur Vorbeugung. Nehmen Sie abwechselnd 2 Wochen lang täglich 50 – 60 mg, und setzen Sie die nächsten beiden Wochen aus.*
Cayenne in Zitronensaft *klingt schrecklich, doch es lohnt sich, um einen Migräneanfall zu verhindern. Mischen Sie einen viertel Teelöffel Cayennepulver mit dem Saft einer halben Zitrone und mit warmem Wasser.*
Vermeiden Sie *streßerzeugende Situationen.*

Ohrenerkrankungen

Ohrenschmerzen, Tinnitus

Die Linderung von Ohrenschmerzen

Bei Ohrenschmerzen ist es wichtig, sofort den Arzt aufzusuchen, da sie durch eine Infektion des Mittelohrs oder des äußeren Ohrs ausgelöst werden können. Mittelohrentzündungen sind gewöhnlich von Erkältungssymptomen begleitet. Bei den Entzündungen des Außenohrs trifft das nicht zu, doch das Ohr ist genauso empfindlich, und wenn man daran zieht, verstärken sich die Schmerzen.

Reflexzonenbehandlung

Unterstützen Sie die anderen schmerzlindernden Maßnahmen und Medikamente durch die Reflexzonenmassage. Da die meisten Ohrenschmerzen durch Viren ausgelöst werden und daher nicht auf Antibiotika ansprechen, können Sie die Begleittherapien intensiv nutzen. Wenn die Schmerzen jedoch anhalten, sollten Sie sich mit Ihrem Arzt beraten.

Selbsthilfe:
Massage der eigenen Hände
gegen Ohrenschmerzen massieren Sie

1 Den Ohrreflex (*siehe S. 33*)

gegen Tinnitus massieren Sie zusätzlich zu 1

2 Die Stirnhöhlen (*siehe S. 32*)

3 Den Nacken (*siehe S. 33*)

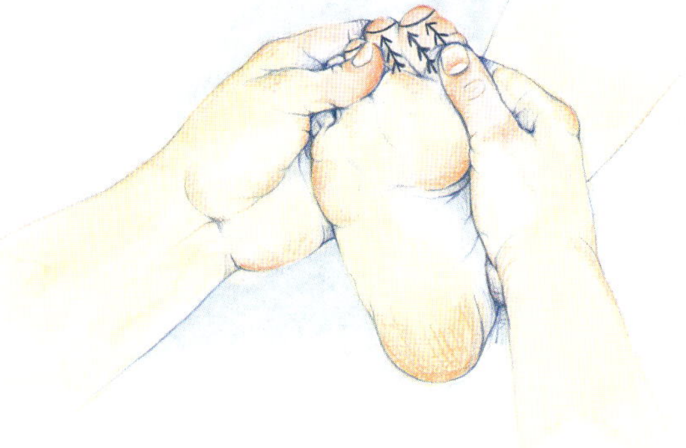

1 Massage des Ohrs

Stützen Sie den rechten Fuß mit der linken Hand. Führen Sie mit dem rechten Daumen kleine, im Uhrzeigersinn kreisende Bewegungen auf dem Ohrreflex unter dem oberen ersten Glied des dritten Zehs aus. Wiederholen Sie alles am linken Fuß.

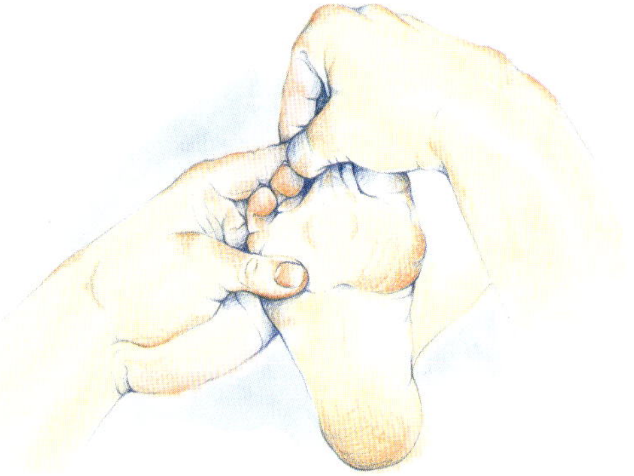

2 Massage der Stirnhöhlen

Stützen Sie den rechten Fuß mit der linken Hand. Massieren Sie mit dem rechten Daumen alle Zehen mit kleinen kriechenden Bewegungen von unten nach oben. Beginnen Sie beim großen Zeh. Achten Sie darauf, daß Sie den gesamten Zeh massieren und keine Stelle auslassen.

Wenn Sie den kleinen Zeh erreichen, wechseln Sie die Hände und massieren mit dem linken Daumen zurück bis zum großen Zeh. Wiederholen Sie alles am linken Fuß.

Entspannungsmaßnahmen bei Tinnitus

Die Ursache von Tinnitus – des ständigen Klingelns oder Summens in den Ohren – ist noch immer unbekannt. Die neueste Theorie vertritt die Ansicht, daß der normale Mechanismus, der ungewollte Geräusche herausfiltert, zusammenbricht. Dieser Zustand ist schwer zu behandeln, obwohl eine Psychotherapie die Fixierung auf die Geräusche lösen kann.

Reflexzonenbehandlung

Man kann gute Ergebnisse erzielen, wenn man die Streßbelastung des Patienten reduziert, die besonders dann hoch sein mag, wenn sich der Tinnitus mit einer gewissen Taubheit verbindet. Verwenden Sie die auf den Seiten 24-25 beschriebene Fußentspannungsmassage. Bearbeiten Sie zusätzlich die Reflexe der Ohren und der Stirnhöhlen und die Nackenzone. (Siehe auch Seite 71).

Erste Hilfe bei Ohrenschmerzen

Legen Sie eine gut gepolsterte Flasche mit heißem Wasser an das Ohr.

◆

Halten Sie die Nase fest zu, und blasen Sie dagegen, um das Ohr zu öffnen.

◆

Lutschen Sie Hustenbonbons.

◆

Inhalieren Sie mit Wintergrün- oder Pfefferminzöl.

3 Massage des Nackens

Massieren Sie zuerst die Fußsohle. Stützen Sie den rechten Fuß mit der linken Hand, und massieren Sie mit dem rechten Daumen über die Grundgelenke der ersten 3 Zehen.

Bearbeiten Sie dann die gleiche Zone auf dem Fußrücken, und verwenden Sie dazu den rechten Zeigefinger. Wiederholen Sie alles am linken Fuß.

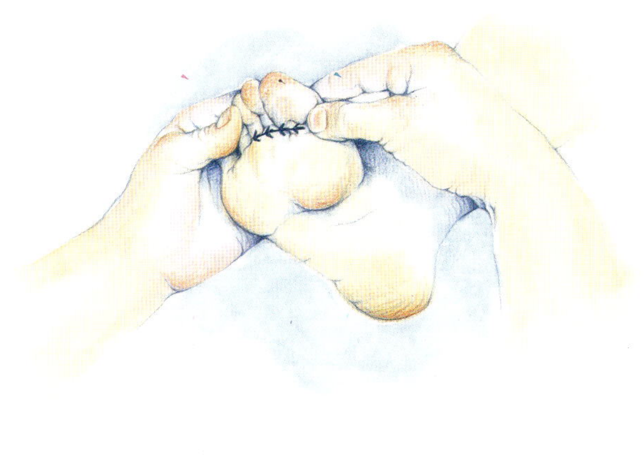

Augenerkrankungen *Eingeschränktes Sehvermögen, Konjunktivitis, Gerstenkörner, Glaukom*

Die Augen sind die Fenster der Seele; sie spiegeln unser innerstes Gefühl. Doch andererseits kann sich unser Innenleben genauso auf ihre physische Funktion auswirken.

Eingeschränktes Sehvermögen

Nach einer Periode extremer Überarbeitung, nach einem Schock oder einer plötzlichen Veränderung der Lebensweise kann es passieren, daß man nicht mehr so scharf sieht oder daß die Augen im hellen Sonnenlicht schmerzen und überanstrengt und empfindlich sind. Solche Symptome treten ganz plötzlich auf.

Reflexzonenbehandlung

Durch die Entspannung der Augenmuskeln kann die Reflexzonenmassage dabei helfen, die Symptome zu lindern.

Selbsthilfe:
Massage der eigenen Hände
bei eingeschränktem Sehvermögen massieren Sie

1 Die Augen (*siehe S. 33*)

bei Bindehautentzündung oder akutem Glaukom massieren Sie zusätzlich

2 Die Stirnhöhlen (*siehe S. 32*)

Gerstenkörner

Gerstenkörner, linsenähnliche Erhebungen auf dem Augenlid, können durch Streß hervorgerufen werden. Regelmäßige Fußentspannungsmassagen helfen (siehe Seiten 24-25). Unterstützen Sie diese durch Meditation und Bewegung (siehe 2. Kapitel).

1 Massage der Augen

Stützen Sie den rechten Fuß mit der linken Hand. Legen Sie den Daumen unter die erste Beugung des zweiten Zehs. Führen Sie kleine, im Uhrzeigersinn kreisende Bewegungen aus. Wiederholen Sie alles am linken Fuß.

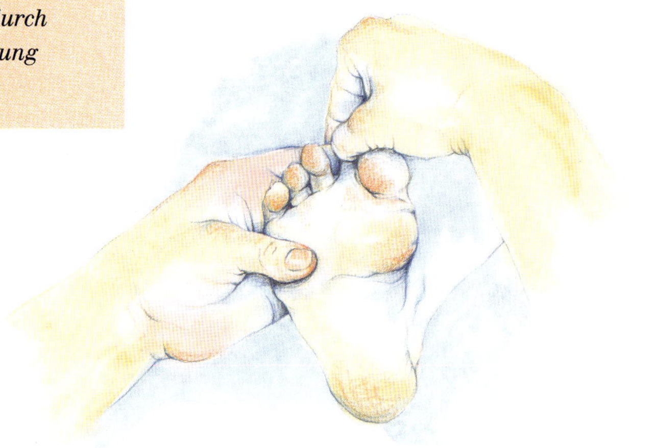

Konjunktivitis

Die Konjunktivitis, eine Entzündung der Bindehäute (der transparenten Membran, welche das Weiß des Auges bedeckt und die Lider auskleidet), kann Symptome wie Schwellung, Wundheit und Tränenfluß auslösen. Sie kann durch eine einfache Reizung, durch eine Allergie (häufiger bei Erwachsenen) oder durch eine Infektion (häufig bei Kindern) verursacht werden.

Reflexzonenbehandlung

Die Genesung kann beschleunigt werden, wenn man die Stirnhöhlenzonen massiert und sich dabei auf den zweiten Zeh konzentriert, wo sich die Reflexe der Augen befinden.

Glaucom

Die Reflexzonenmassage kann die Schmerzen beim akuten Glaukom lindern, einer Erkrankung, bei der sich die Flüssigkeit hinter dem Auge vermehrt und starken Druck ausübt. Die Behandlungen helfen, den Druck zu vermindern. Chronische Glaukome sind schmerzlos und schwer zu erkennen. Wenn sie diagnostiziert sind, können tägliche Reflexzonenmassagen, ausgeführt wie bei der Konjunktivitis, hilfreich wirken.

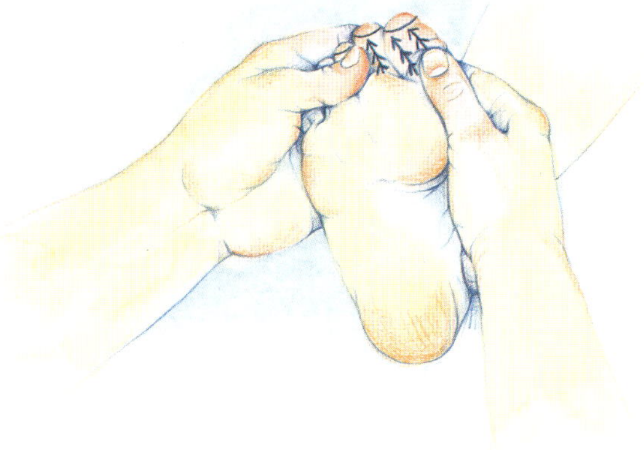

2 Massage der Stirnhöhlen

Stützen Sie den rechten Fuß mit der linken Hand. Massieren Sie mit dem rechten Daumen alle Zehen mit kleinen kriechenden Bewegungen von unten nach oben. Beginnen Sie beim großen Zeh. Achten Sie darauf, daß Sie den gesamten Zeh massieren und keine Stelle auslassen. Wenn Sie den kleinen Zeh erreichen, wechseln Sie die Hände und massieren mit dem linken Daumen zurück bis zum großen Zeh. Wiederholen Sie alles am linken Fuß.

Unterstützende Maßnahmen

***Gegen angestrengte Augen** geben Sie zwei Schwarztee- oder Kamillenteebeutel in den Kühlschrank. Wenn diese kalt sind, legen Sie sie auf die Augenlider und entspannen sich. Sie können sich auch kalte Gurkenscheiben auf die Augenlider legen.*

***Bei Gerstenkörnern** können Sie einen angewärmten Löffel über das betroffene Auge halten. Die Wärme mag dazu beitragen, daß das Gerstenkorn reif wird. Versuchen Sie nicht, es zu öffnen.*

***Gegen Konjunktivitis** brühen Sie Kamillentee auf, indem Sie den Teebeutel 10 Minuten in kochendem Wasser ziehen lassen. Wenn der Tee abgekühlt ist, baden Sie das Auge zweimal täglich, bis sich die Symptome gebessert haben. Verdünnte Hexenhasel kann genauso verwendet werden.*

Nasenerkrankungen

Verstopfte oder laufende Nase, Schnupfen, Sinusitis

Es gibt Menschen, die glauben, daß eine laufende Nase oder tränende Augen ungeweinte Tränen sind, derer sich die Natur durch eine schwere Erkältung oder eine allergische Reaktion entledigt. Es spielt keine Rolle, ob Sie dieser Theorie folgen wollen, doch wenn Sie das nächste Mal eine schwere Erkältung entwickeln oder wenn eine Allergie außer Kontrolle gerät, dann könnte es lohnend sein, wenn Sie sich darüber klarwürden, ob diese Störung Ihres Wohlbefindens unmittelbar nach einer für Sie schwierigen Zeit auftritt, in der Sie Ihre Gefühle nicht zum Ausdruck bringen konnten.

Vielleicht haben Sie auch schon festgestellt, daß sich Ihre Kinder mit schöner Regelmäßigkeit erkälten, sobald nach den langen Sommerferien die Schule wieder beginnt. Die Kleinen werden krank, wenn sie eingeschult werden – was wahrscheinlich aber eher an den ungewohnten Viren liegt als am Kummer, den sie wegen der Trennung von der Mutter empfinden.

Selbsthilfe:
Massieren der eigenen Hände
bei allergischen Reaktionen
(siehe S. 116-117)
bei Sinusitis massieren Sie
1 Die Stirnhöhlen (*siehe S. 32*)
2 Augen und Ohren (*siehe S. 33*)
3 Das Gesicht (*siehe S. 34*)

Die verstopfte oder laufende Nase

Schnupfen, die Entzündung der Nasenschleimhäute, wird entweder durch Infektionen oder Allergien ausgelöst. Wenn die Nase durch einen allergischen Schnupfen, durch Katarrh oder durch Heuschnupfen verstopft ist oder läuft, dann können diese Symptome durch die Reflexzonenmassage gelindert werden. Die Behandlung zielt darauf ab, das Verdauungssystem zu stärken, die Funktionen des Abwehrsystems zu verbessern und Gleichgewicht und Harmonie im Körper wiederherzustellen, damit er nicht mehr überreagieren muß. Die gleiche Behandlung gilt für Allergien, siehe Seite 116-117.

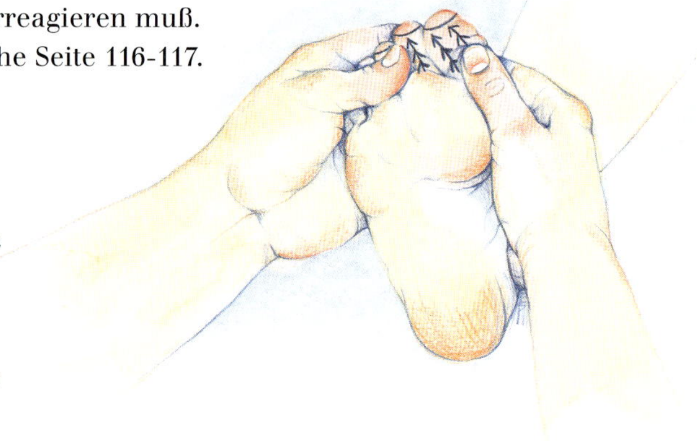

1 Massage der Stirnhöhlen
Stützen Sie den rechten Fuß mit der linken Hand. Massieren Sie mit dem rechten Daumen alle Zehen mit kleinen kriechenden Bewegungen von unten nach oben. Beginnen Sie beim großen Zeh. Achten Sie darauf, daß Sie den gesamten Zeh massieren und keine Stelle auslassen. Wenn Sie den kleinen Zeh erreichen, wechseln Sie die Hände und massieren mit dem linken Daumen zurück bis zum großen Zeh. Wiederholen Sie alles am linken Fuß.

Sinusitis

Die Haut, die die Stirnhöhlen im Schädel auskleidet, kann sich entzünden. Gewöhnlich geschieht dies durch eine virale Infektion (Erkältung). Häufige Symptome sind eine verstopfte Nase, schmerzhaftes Klopfen der betroffenen Gebiete und der Verlust des Riechvermögens.

Reflexzonenbehandlung

Das Ziel der Behandlung besteht darin, die Entzündung zu mildern. Beginnen Sie mit der Massage der Stirnhöhlen (S. 80) und dann der anderen Gesichtszonen.

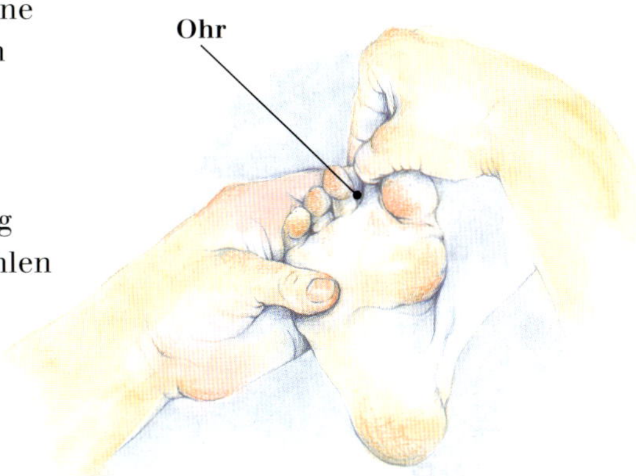

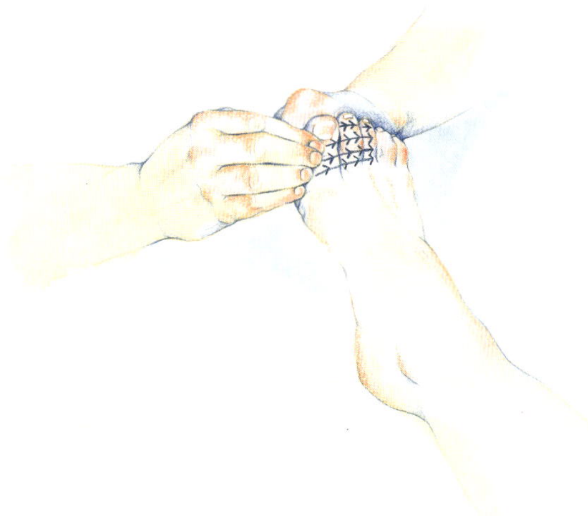

2 Massage der Augen und Ohren

Stützen Sie den rechten Fuß mit der linken Hand. Kreisen Sie mit dem rechten Daumen sanft unter dem ersten Glied des zweiten und des dritten Zehs. Wiederholen Sie alles beim linken Fuß.

3 Massage des Gesichts

Bilden Sie mit der linken Hand eine Faust, und drücken Sie diese in die Sohle des rechten Fußes. Massieren Sie mit dem rechten Zeigefinger die Zonen auf dem Rücken der ersten 3 Zehen. Bearbeiten Sie jeden Zeh, indem Sie unterhalb des Nagels beginnen und bis zum Grundgelenk jedes einzelnen Zehs massieren. Wiederholen Sie alles beim linken Fuß.

Unterstützende Maßnahmen

***Hydrotherapie** kann bei Katarrh oder Sinusitis lindernd wirken. Legen Sie abwechselnd heiße und kalte Umschläge auf die Stirn und in den Nacken.*

***Wintergrün- oder Pfefferminzöl** können verdünnt etwa 4mal täglich auf die Stirnhöhlen aufgetragen werden. Eine andere Möglichkeit besteht darin, 2 Tropfen in eine Schüssel heißen Wassers zu geben und den Dampf zu inhalieren. Wiederholen Sie dies 3mal täglich.*

***Nehmen Sie keine** schleimbildenden Nahrungsmittel zu sich wie Milchprodukte, Zucker und raffinierte Kohlenhydrate.*

Munderkrankungen

Zahnschmerzen, Mundgeschwüre

Schmerzlinderung bei Zahnschmerzen
Die Ursache der Zahnschmerzen sollte von einem Zahnarzt abgeklärt und behandelt werden. Wenn ein Zahnarztbesuch nicht möglich ist, kann die Reflexzonenmassage kurzzeitig Erleichterung verschaffen.

Reflexzonenbehandlung
Massieren Sie die Reflexzonen der Zähne auf der Oberseite der ersten drei Zehen jedes Fußes. Wahrscheinlich werden Sie genau unter den Nägeln auf empfindliche Stellen stoßen. Um die Schmerzen zu lindern, drücken Sie die Reflexe der Hypophyse an den großen Zehen.

Selbsthilfe:
Massage der eigenen Hände
1 Massieren Sie die Zähne *(siehe S. 34)*
2 Die Hypophyse *(siehe S. 34)*

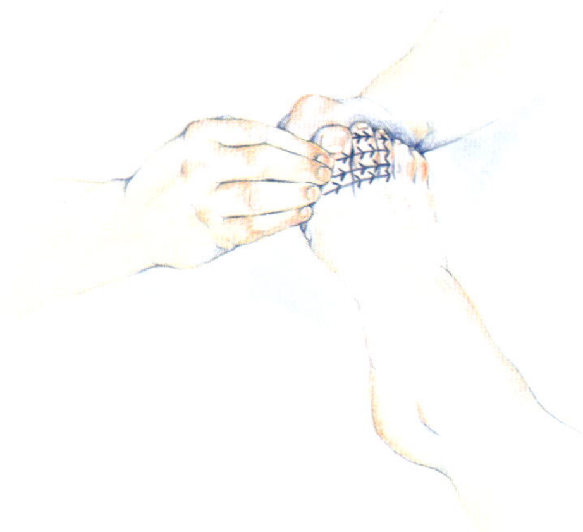

1 Massage der Zähne
Ballen Sie die linke Hand zur Faust, und drücken Sie diese in die Sohle des rechten Fußes. Massieren Sie mit dem rechten Zeigefinger über den Rücken der drei ersten Zehen. Beginnen Sie unter dem Nagel, und arbeiten Sie bis zum Grundgelenk. Wiederholen Sie alles am linken Fuß.

2 Massage der Hypophyse
Stützen Sie den rechten Fuß mit der linken Hand. Massieren Sie mit dem rechten Daumen die innere Kante der Kuppe des großen Zehs. Wiederholen Sie alles am linken Fuß.

Eine Gewürznelkenkompresse

Tunken Sie einen Wattebausch in Gewürznelkenöl, und legen Sie diesen direkt über den schmerzenden Zahn. Wenn Sie das Öl nicht im Haus haben, nehmen Sie statt dessen eine Gewürznelke.

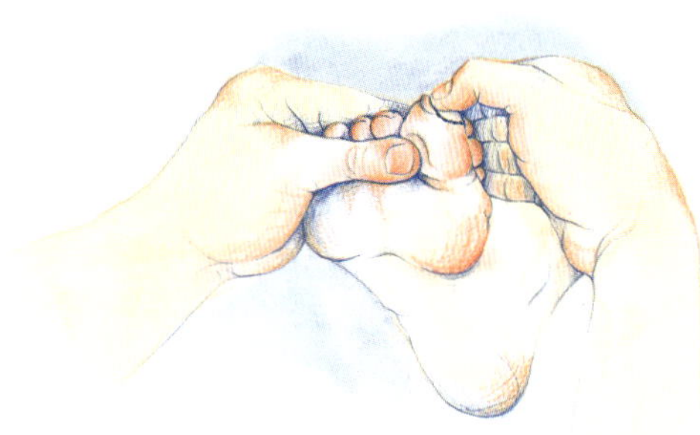

Die Behandlung von Mundgeschwüren und ihre Ursachen

Die schmerzhaften Geschwüre, die einzeln oder in Gruppen auftreten können, bilden sich gewöhnlich unter der Zunge und auf den Innenseiten von Lippen oder Wangen. Es gibt viele Theorien über deren Ursache, doch Streß und Allergien sowie kleinere Verletzungen der Mundschleimhaut (vielleicht verursacht durch die Zahnbürste) können dazugezählt werden. Man hat jedoch auch schon vermutet, daß Mundgeschwüre im Zusammenhang mit Verdauungsproblemen entstehen (vgl. Textblock unten rechts).

Reflexzonenbehandlung

Wenn sich die Geschwüre bei Streß bilden, können regelmäßige entspannende Reflexzonenmassagen bewirken, daß sie nicht mehr so häufig auftreten. Folgen Sie den Anweisungen auf den Seiten 24-25. Wenn eine Allergie vermutet wird, ziehen Sie die Seiten 116-117 zu Rate.

Mundspülungen

zur Linderung von Schmerzen bei Geschwüren

Apfelessig

Mischen Sie einen Eßlöffel Essig mit einem großen Glas warmen Wassers, und spülen Sie Ihren Mund mehrmals täglich mit dieser Lösung.

Teebaumöl

Diese Spülungen sind ebenfalls wirkungsvoll. Das Öl muß gut verdünnt werden. Befolgen Sie die Anweisungen auf den Verpackungen.

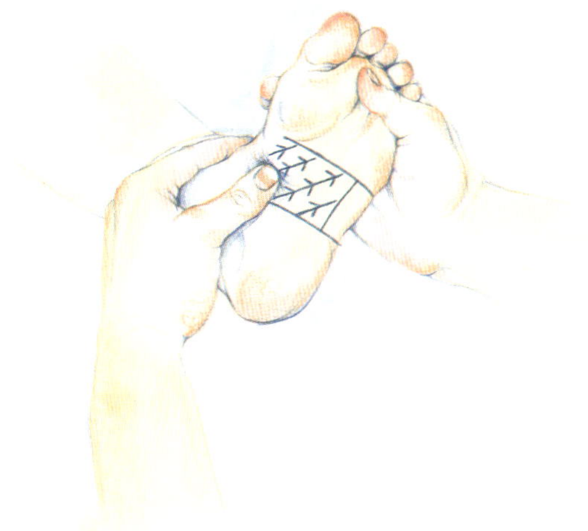

Massage des Magens und der Bauchspeicheldrüse

Stützen Sie den linken Fuß mit der rechten Hand, und massieren Sie mit dem linken Daumen die abgebildete Zone von innen nach außen in Pfeilrichtung. Wenn Sie die Außenkante der Zone erreicht haben, wechseln Sie die Hände und arbeiten auf dem Rückweg in umgekehrter Richtung von außen nach innen. Achtung! Diese Zone befindet sich nur auf dem linken Fuß.
(Die Selbsthilfe für die Massage der Hände ist auf Seite 37 beschrieben.)

Halsschmerzen

Mandel-, Kehlkopfentzündung (Heiserkeit, Halsweh)

Bei entzündeten Mandeln oder einem entzündeten Rachen ist das Schlucken sehr schmerzhaft. Wenn sich der Kehlkopf bei der Laryngitis entzündet, verlieren Sie die Stimme. In beiden Fällen wird die Entzündung gewöhnlich durch einen viralen Infekt verursacht.

Einige weniger starke Rachensymptome können durch Reizstoffe wie Farbe oder Zigarettenrauch verursacht werden. Der Kehlkopf kann sich auch entzünden, wenn die Stimme zu sehr beansprucht wird.

Selbsthlfe:
Massage der eigenen Hände

1 Die Kehle *(siehe S. 33)*

2 Die Stirnhöhlen *(siehe S. 32)*

3 Die Halswirbelsäule *(siehe S. 34)*

4 Die Milz *(siehe S. 31)*

Reflexzonenbehandlung

Die Behandlung kann die Schmerzen wirksam lindern. Außer den Reflexzonen von Kehle und Stirnhöhlen massieren Sie die Halswirbelsäule, um die Durchblutung der Kehle zu steigern und die Schwellung zu vermindern. Massieren Sie dann die Milz, um das Immunsystem aufzubauen und damit die Widerstandskraft gegen Infektionen zu erhöhen.

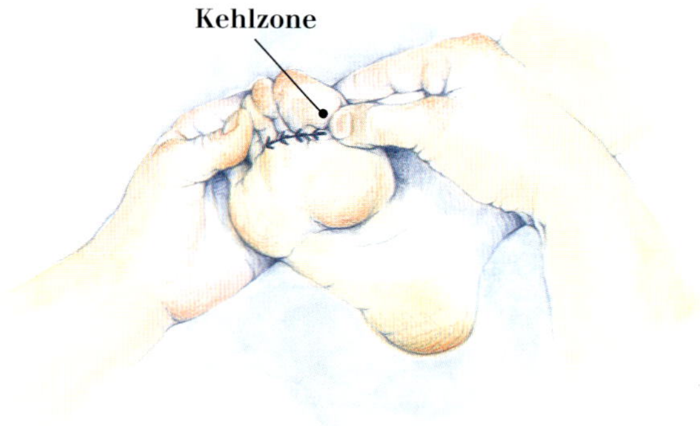

1 Massage der Kehle

Stützen Sie den rechten Fuß mit der linken Hand. Massieren Sie mit dem rechten Zeigefinger die Stelle an der äußeren Seite des großen Zehs, wo er sich mit dem Fuß verbindet. Die Zone ist klein, doch oft können Sie diese genau lokalisieren, weil sie empfindlich ist. Behandeln Sie diese, indem Sie sie drücken und kleine Drehungen im Uhrzeigersinn ausführen. Wiederholen Sie alles am linken Fuß.

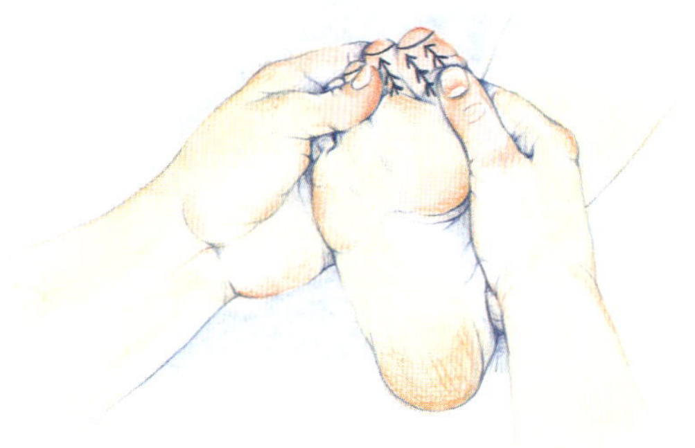

2 Massage der Stirnhöhlen

Stützen Sie den rechten Fuß mit der linken Hand. Massieren Sie mit dem rechten Daumen die einzelnen Zehen, wobei Sie mit kleinen kriechenden Bewegungen beim Grundgelenk des großen Zehs beginnen. Achten Sie darauf, daß Sie den ganzen Zeh massieren und keine Stelle auslassen. Wenn Sie beim kleinen Zeh angelangt sind, wechseln Sie die Hände und arbeiten mit dem linken Daumen in umgekehrter Richtung.

Wiederholen Sie alles beim linken Fuß, indem Sie wieder die Hände wechseln, wenn Sie sich vom kleinen Zeh aus zurückarbeiten.

Unterstützende Maßnahmen

Trinken Sie viel: *Zitronensaft mit Honig, Kräutertees oder Fruchtsäfte sind gut. Vermeiden Sie schleimbildende Milchgetränke.*

Essen Sie wenig: *Wenn Sie Fieber haben, essen Sie möglichst gar nichts. Erlauben Sie der vitalen Heilenergie des Körpers, sich mit der Infektion auseinanderzusetzen. Wenn das Fieber fällt, können Sie wieder leichte Mahlzeiten zu sich nehmen.*

Um das Fieber zu senken*, tränken Sie ein Handtuch mit kaltem Wasser, wringen Sie es aus und bedecken Sie damit beide Füße. Dieses altbekannte Heilverfahren wirkt deshalb, weil es die Hitze vom Kopf zu den Füßen leitet, um diese zu wärmen.*

Erhöhen Sie Ihren Vitaminspiegel: *Vitamin C: 1g dreimal täglich; Vitamin-B-Komplex: einmal täglich eine hohe Dosis.*

Zwiebel und Honig: *Um eine Kehlkopfentzündung zu lindern, kochen Sie eine Zwiebel mit soviel Wasser, daß sie gerade bedeckt ist. Gießen Sie die Flüssigkeit ab, und lösen Sie einen Teelöffel Honig darin auf. Nehmen Sie alle 3 Stunden 3 Teelöffel von dieser Mischung ein.*

Gurgeln mit Apfelessig: *Gegen Halsweh im allgemeinen können Sie 2 Teelöffel Apfelessig in eine Tasse warmen Wassers geben und damit gurgeln.*

Ernährung: *Wenn Sie zu Infektionen neigen, essen Sie frische Früchte und Gemüse, mehr Knoblauch und Zwiebeln, weniger Zucker.*

3 Massage der Halswirbelsäule
Stützen Sie den Rücken des rechten Fußes mit der linken Hand. Massieren Sie mit dem rechten Daumen die Wirbelsäulenreflexe auf der Innenseite des Fußes, wobei Sie sich besonders auf die Zone der Halswirbelsäule auf der äußeren Seite des großen Zehs konzentrieren. Wiederholen Sie alles am linken Fuß.

4 Massage der Milz
Stützen Sie den linken Fuß mit der rechten Hand, und massieren Sie mit dem linken Daumen die abgebildete längliche Zone an der Außenseite des Fußes zwischen Zwerchfell- und Taillenlinie. Beginnen Sie an der Innenseite, und massieren Sie die Zone vorwärts und rückwärts. (Nur am linken Fuß.)

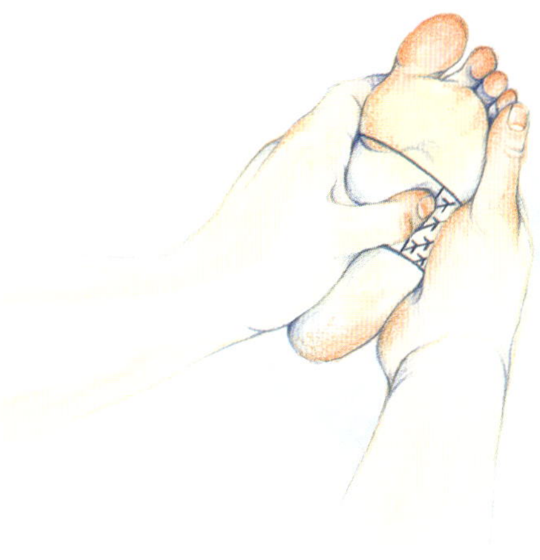

Erkrankungen im Brustbereich: 1

Angina pectoris

Der Erfolg einer Langzeitbehandlung gegen Angina pectoris hängt von einer Änderung der Lebensweise ab, damit sich der Zustand nicht verschlimmert. Die Krankheit ist von einem typischen anhaltend stechenden, krampfenden Engeschmerz in der Mitte der Brust begleitet, der in die Arme, den Rücken, den Nacken oder den Kiefer ausstrahlen kann. Er wird durch eine mangelnde Durchblutung des Herzmuskels verursacht. Oft werden die Symptome durch Überanstrengung, Gefühlsausbrüche, Rauchen oder durch schwere Mahlzeiten ausgelöst.

Reflexzonenbehandlung
Angina pectoris reagiert gut auf die Reflexzonenmassage, da diese den Streß vermindert, die Nerven- und Muskelfunktionen verbessert und die Blutversorgung des Herzens steigert. Die wichtigsten zu bearbeitenden Zonen sind die Herz-, Lungen- und Brustkorbreflexe. Wenn Sie Zeit haben, massieren Sie auch noch die Leber (S. 29) und den oberen Teil der Wirbelsäule (S. 27). Gestatten Sie dem Patienten, sich vor der Behandlung ungefähr eine viertel Stunde zu erholen. Sie könnten eine Fußentspannungsmassage durchführen (Seiten 24-25).

Selbsthilfe:
Massage der eigenen Hände
1 Das Herz *(siehe S. 37)*
2 Die Lungen *(siehe S. 32)*

Achtung bei Angina pectoris!

Wenn die Schmerzen trotz Ruhe andauern, der Patient blaß ist, schwitzt und bewußtlos zu werden droht, kann es sein, daß es sich um einen Herzanfall handelt!

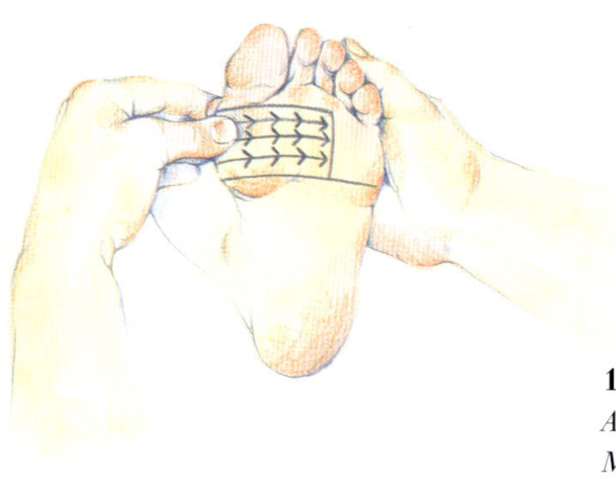

1 Massage des Herzens
Achtung: Die Herzzone befindet sich nur am linken Fuß. Massieren Sie diese nie zu lange!
Stützen Sie den Fußrücken des linken Fußes mit der rechten Hand. Massieren Sie mit dem linken Daumen die Zone in der angegebenen Richtung. Wiederholen Sie zwei-, maximal dreimal, nicht öfter.

2 Massage der Lungen

Massieren Sie zuerst die Fußsohle. Stützen Sie den rechten Fuß mit der linken Hand. Bearbeiten Sie die Zone mit dem rechten Daumen von der Zwerchfellinie aufwärts bis zum Grundgelenk jedes Zehs. Massieren Sie die Reflexe zwei- oder dreimal.

Massieren Sie danach den Fußrücken. Ballen Sie die linke Hand zur Faust, und drücken Sie diese in die Fußsohle, um die Furchen auf dem Fußrücken zu öffnen. Folgen Sie dann diesen natürlichen Furchen mit dem rechten Zeigefinger. Massieren Sie die Reflexe zwei- oder dreimal. Wiederholen sie alles am linken Fuß.

3 Entspannung des Brustkorbs

Drücken Sie beide Daumen in die Sohle des rechten Fußes. Kriechen Sie mit den Fingern beider Hände über den Fußrücken, bis sich beide in der Mitte treffen. Wiederholen Sie alles am linken Fuß.

Unterstützende Maßnahmen

Geben Sie das Rauchen auf!

***Überprüfen** Sie Ihre Ernährung (siehe S. 41).*

***Verringern** Sie Ihren Alkoholkonsum, und vermeiden Sie Gelage!*

***Treiben Sie täglich Sport!** Sowohl Wandern wie Schwimmen sind gut. Bewegen Sie sich so lange, bis Sie spüren, daß Ihr Herz schneller schlägt und Sie leicht schwitzen, doch überanstrengen Sie sich nicht. Steigern Sie sich langsam.*

***Yoga tut gut**, da es beruhigt und energetisch heilt (siehe Seiten 43-44).*

***Entspannung:** Versuchen Sie, sich mindestens 15 Minuten lang täglich zu entspannen (siehe S. 42). Nach dem Sport wirkt dies besonders gut.*

***Vermeiden Sie** streßerzeugende Situationen, oder lernen Sie durch Beratungen oder Psychotherapie, angemessener damit umzugehen.*

Erkrankungen im Brustbereich: 2

Asthma

Immer mehr Kinder, besonders aber jene, die in Städten leben, leiden an Asthma. Glücklicherweise scheinen sie besonders gut auf die Reflexzonenmassage zu reagieren. Beginnen Sie die Behandlung bei Kindern oder Erwachsenen mit einer Atemübung (S. 42), die dem Patienten bei der Entspannung hilft. Lassen Sie die Zwerchfellentspannung (S. 24) folgen. Massieren Sie dann die Zonen von Herz, Lunge und Brustwirbelsäule, um die Lungenfunktion zu verbessern und Schultern und Brustkorb zu lockern. Viele Asthmatiker haben verkrampfte Nacken- oder Schultermuskeln. Wenn das Asthma auf einer Allergie beruht, lesen Sie die Seiten 116-117. Asthma kann lebensbedrohlich sein, und alle hier angeführten Maßnahmen sollen die Behandlung, die Ihnen Ihr Arzt verschrieben hat, nicht ersetzen. Sie können diese Therapie unterstützen und vielleicht dazu führen, daß Sie weniger Medikamente brauchen. Möglicherweise können sie helfen, einen Anfall abzuwenden.

Selbsthilfe:
Massage der eigenen Hände

1 Das Herz *(siehe S. 37)*

2 Die Lungen *(siehe S. 32)*

3 Die Wirbelsäule *(siehe S. 34)*

1 Entspannung des Zwerchfells
Stützen Sie den rechten Fuß mit der linken Hand, und legen Sie Ihren linken Daumen, wie auf der Abbildung, unter die Zehen. Schieben Sie den rechten Daumen mit kriechenden Bewegungen über die Zwerchfellinie, (wo sich die Farbe des Fußes verändert). Biegen Sie gleichzeitig mit jeder Daumenbewegung die Zehen über Ihren linken Daumen vor und zurück.

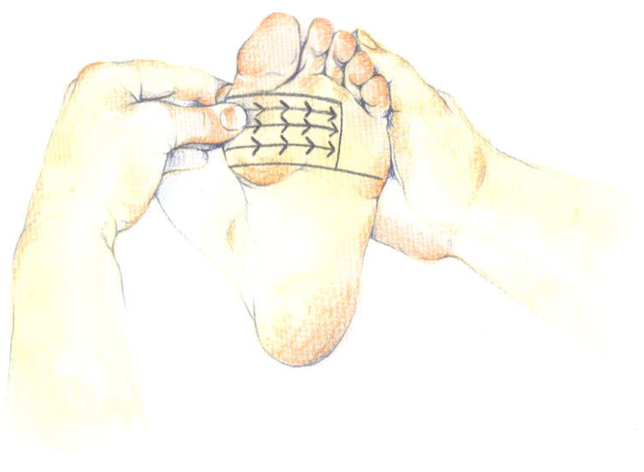

2 Massage des Herzens
Stützen Sie den Fußrücken des linken Fußes mit der rechten Hand. Massieren Sie mit dem linken Daumen die Zone in der angegebenen Richtung. Wiederholen Sie zwei-, maximal dreimal, nicht öfter. Massieren Sie diese Zone nie zu lange! (Achtung: Die Herzzone befindet sich nur am linken Fuß.)

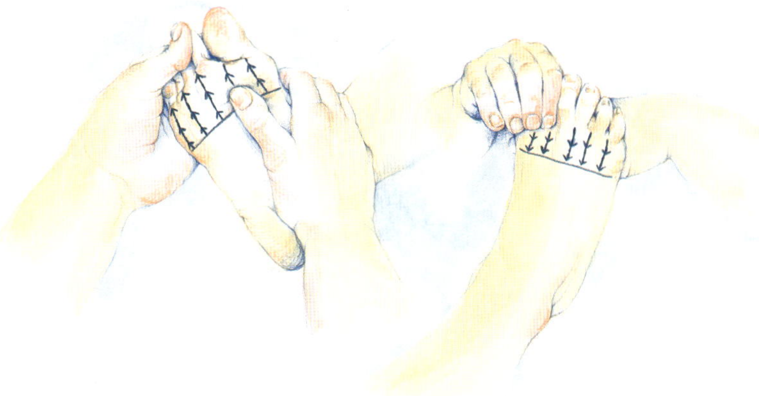

3 Massage der Lungen
Massieren Sie zuerst die Fußsohle. Stützen Sie den rechten Fuß mit der linken Hand. Bearbeiten Sie die Zone mit dem rechten Daumen von der Zwerchfellinie aufwärts bis zum Grundgelenk jedes Zehs. Massieren Sie die Reflexe zwei- oder dreimal.

Massieren Sie danach den rechten Fußrücken. Ballen Sie die linke Hand zur Faust, und drücken Sie diese in die Fußsohle, um die Furchen auf dem Fußrücken zu öffnen. Folgen Sie dann diesen natürlichen Furchen mit dem rechten Zeigefinger. Massieren Sie die Reflexe zwei- oder dreimal. Wiederholen sie alles am linken Fuß.

4 Massage der Brustwirbelsäule
Stützen Sie den rechten Fuß mit der linken Hand. Massieren Sie die Wirbelsäule mit dem rechten Daumen, wobei Sie sich besonders auf die Zone zwischen Taillenlinie und dem Beginn der Halswirbelsäule unten am großen Zeh konzentrieren (siehe Karte S. 17). Wiederholen Sie alles am linken Fuß.

Unterstützende Maßnahmen

Halten Sie sich in Bewegung. *Schwimmen, besonders Brustschwimmen, ist eine ausgezeichnete Übung für die Atmung. Wenn Sie anfällig für Pollen oder Staub sind, dann ist es weniger wahrscheinlich, daß Sie diesen im Schwimmbecken begegnen als auf dem Sportplatz.*

Machen Sie entspannende Atemübungen *zu Ihrer Alltagspraxis (siehe S. 42).*

Achten *Sie auf Ihr Gewicht!*

Vermeiden *Sie schleimbildende Nahrungsmittel (siehe S. 81).*

Reinigen *Sie Ihre Wohnung, besonders aber Ihr Schlafzimmer, regelmäßig mit dem Staubsauger, und wischen Sie die Oberflächen der Möbel mindestens zweimal pro Woche mit einem feuchten Lappen ab. Es ist wesentlich, daß Sie Ihre Umgebung so staubfrei wie möglich halten.*

Starker Kaffee *hilft bei Asthmaanfall, besonders, wenn Sie diesen sonst nicht stark trinken.*

Erkrankungen im Brustbereich: 3

Bronchitis, Mastitis

Rauchen ist die Hauptursache für chronische Bronchitis, obwohl die verschmutzte Luft ebenfalls wesentlich dazu beiträgt. Die Symptome dieser Krankheit, bei der sich die Atemwege in den Lungen verengen und verstopfen, sind Husten, Keuchen und Atemlosigkeit. Die akute Bronchitis entsteht durch eine virale oder bakterielle Infektion. Sie entwickelt sich ganz plötzlich, doch gewöhnlich vergeht sie nach wenigen Tagen von selbst. Kinder, ältere Menschen und – natürlich – Raucher sind besonders anfällig, vor allem im Winter.

Reflexzonenbehandlung

Folgen Sie dem Behandlungsschema für Asthma auf den Seiten 100-101. Behandeln Sie außerdem das Verdauungssystem, da eine Schwäche dieses Systems die Bildung von übermäßig viel Schleim begünstigen kann. Um die Abwehrkräfte aufzubauen, behandeln Sie, wie unten beschrieben, die Milz.

Massage der Milz

Stützen Sie den linken Fußrücken mit der rechten Hand, und massieren Sie mit dem linken Daumen die abgebildete längliche Zone an der äußeren Seite des Fußes zwischen Zwerchfell- und Taillenlinie. Beginnen Sie an der Innenseite, und massieren Sie die Zone vorwärts und rückwärts. (Nur am linken Fuß.)

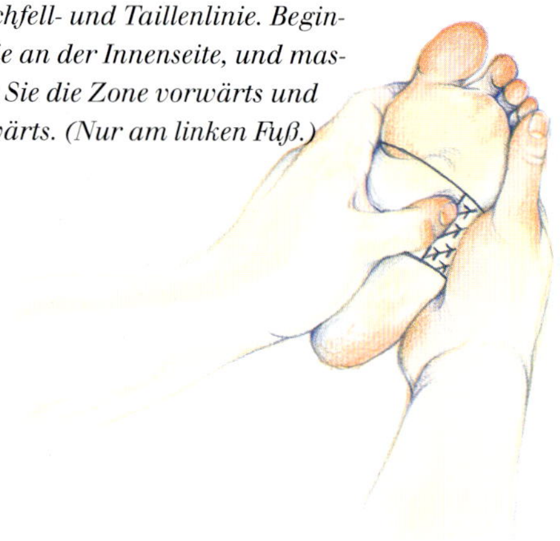

Selbsthilfe:
Massage der eigenen Hände
gegen Bronchitis massieren Sie

1 Wie bei Asthma *(siehe S. 88)*

2 Das Verdauungssystem *(siehe S. 35-37)*

3 Die Milz *(siehe S. 37)*

gegen Mastitis massieren Sie

Die Brust *(siehe S. 32)*

Unterstützende Maßnahmen

Regelmäßig täglich durchgeführte Atemübungen *(wie auf Seite 42 beschrieben) steigern das Lungenvolumen. Ältere Menschen üben möglicherweise lieber auf dem Bett als auf dem Boden.*

Hören Sie auf zu rauchen!

Vitamin C *in großen Dosen hilft beim Schutz gegen Viren. Eine Tablette von einem Gramm täglich, die sich langsam auflöst, sollte genügen.*

Wintergrün-, Wacholder- und *Eukalyptusöl haben ein beruhigendes Aroma, welches das Atmen erleichtert. Geben Sie wenige Tropfen in einen elektrischen Zerstäuber, und stellen Sie diesen nachts in Ihr Schlafzimmer (siehe S. 47).*

Mastitis

Bei dieser Erkrankung, von der viele Frauen betroffen sind, entzünden sich die Brustdrüsen, die Brüste schwellen an und bilden Knoten. Die Erkrankung beginnt gewöhnlich einige Tage vor der Periode. Oft fällt sie mit dem Prämenstruellen Syndrom (PMS) zusammen.

Reflexzonenbehandlung

Die Reflexzonenmassage kann die Schmerzen und Beschwerden bei Mastitis lindern, indem sie dabei hilft, die hormonale Ausschüttung ins Gleichgewicht zu bringen und die gestauten Gänge zu entlasten.

Massieren Sie das Endokrinsystem, das mit den hormonellen Reaktionen im Körper zu tun hat. Massieren Sie dann die Brustzone, die sich ihre Reflexpunkte mit der Lunge teilt. Ihre Reflexe erreichen Sie hauptsächlich auf dem Fußrücken.

Unterstützende Maßnahmen

Nachtkerzenöl. *Nehmen Sie täglich 6 – 8 Kapseln, und bereiten Sie sich darauf vor, daß Sie 3 Monate warten müssen, bevor sich Wirkungen zeigen.*

Achten Sie darauf, daß Ihr BH *gut sitzt, und tragen Sie ihn während der gesamten Zeit des PMS oder wenn die Brust empfindlich ist.*

Lernen Sie Ihre Brüste kennen. *Lernen Sie, Ihre Brüste zu untersuchen, und überprüfen Sie diese einmal im Monat nach der Periode. Brustkrebs wird meist durch Selbstuntersuchungen entdeckt. Suchen Sie sofort einen Arzt auf, wenn Sie etwas tasten, das anders ist als üblich.*

Massage der Brust

Massieren Sie zuerst die Fußsohle. Stützen Sie den rechten Fuß mit der linken Hand. Bearbeiten Sie die Zone mit dem rechten Daumen von der Zwerchfellinie aufwärts bis zum Grundgelenk jedes Zehs. Ballen Sie die linke Hand zur Faust, und drücken Sie diese in die Fußsohle, um die Furchen auf dem Fußrücken zu öffnen. Folgen Sie dann diesen natürlichen Furchen mit dem rechten Zeigefinger. Wiederholen Sie alles am linken Fuß. Die Selbsthilfe an den Händen finden Sie auf Seite 32.

Erkrankungen im Brustbereich: 4

Palpitationen

Der alte Feind Streß ist die häufigste Ursache für Palpitationen. Bei Palpitationen hat man das Gefühl, daß das Herz in einer anderen Geschwindigkeit oder einem anderen Rhythmus als gewöhnlich schlägt. Andere wahrscheinliche Ursachen für Palpitationen sind der übermäßige Genuß von Alkohol oder Koffein und Nahrungsmittelallergien.

Palpitationen können jedoch auch auf eine Herzerkrankung hinweisen. Wenn Sie sich krank fühlen, der Herzschlag sehr rasch ist und sich wie ein »flatternder Vogel« in der Brust anfühlt, dann suchen Sie sofort ärztliche Hilfe auf. Sollten die Palpitationen anhalten, ist es in jedem Falle ratsam, Ihren Arzt zu konsultieren.

Reflexzonenbehandlung

Eine Reflexzonenmassage, die entspannt und hilft, die Chi-Kraft oder vitale Energie des Patienten ins Gleichgewicht zu bringen, umfaßt die Behandlung des Herzens, der Wirbelsäule (des Nervenzentrums des gesamten Körpers) und der Solar-Plexus-Reflexe.

Beginnen Sie, indem Sie zuerst die Fußentspannungsmassage (Seiten 24-25) durchführen. Geben Sie die Behandlung solange täglich, wie die Palpitationen anhalten.

Selbsthilfe:
Massage der eigenen Hände

1 Das Herz (*siehe S. 37*)

2 Die Wirbelsäule (*siehe S. 34*)

3 Der Solar Plexus hinter dem Magen *(siehe S. 37)*

Das Herzzentrum

Unser Herzzentrum ist wie die Sonne. Es strahlt Wärme und Licht aus, wenn wir glücklich oder verliebt sind. Negative, schmerzerfüllte Gedanken gleichen Wolken. Wenn sich Angst, Zorn oder Eifersucht wie dunkle Sturmwolken vor Ihr Herz geschoben haben, können Sie während einer Reflexzonenmassage folgendes versuchen: Stellen Sie sich vor Ihrem inneren Auge vor; wie diese Wolken von goldenem Licht umgeben sind und sich einfach auflösen.

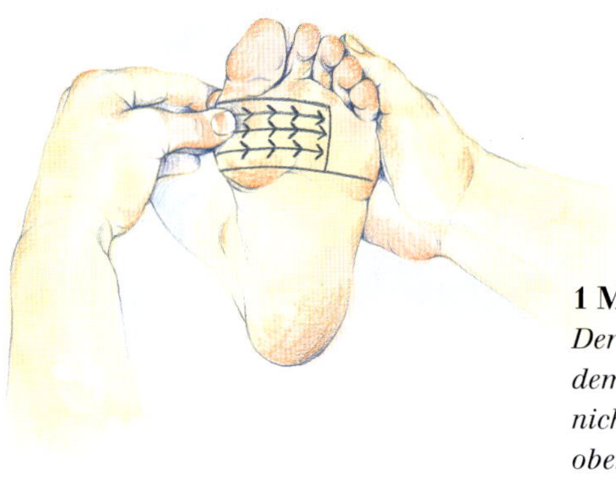

1 Massage des Herzens
Der Herzreflex befindet sich nur auf dem linken Fuß. Diese Zone dürfen Sie nicht zu oft massieren! Stützen Sie den oberen linken Fuß mit der rechten Hand, und massieren Sie die abgebildete Zone mit dem linken Daumen höchstens 3mal.

2 Entspannung des Zwerchfells

Legen Sie Ihren linken Daumen, wie auf der Abbildung, unter die Zehen des rechten Fußes. Biegen Sie die Zehen über den Daumen, und bewegen Sie dabei den rechten Daumen entlang der Zwerchfellinie jedesmal ein Stückchen weiter. Entwickeln Sie einen gleichmäßigen Rhythmus, während Sie die Zehen vor- und zurückbeugen. Wiederholen Sie alles am linken Fuß.

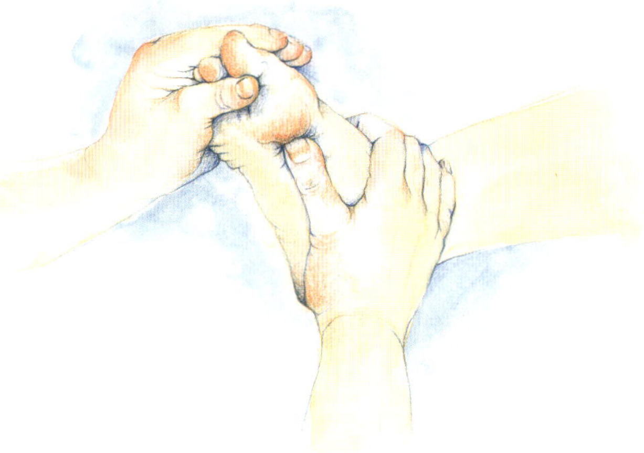

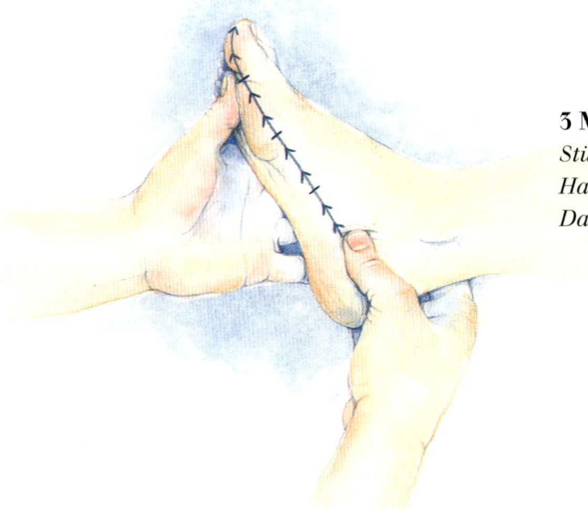

3 Massage der Wirbelsäule

Stützen Sie den rechten Fuß mit der linken Hand. Massieren Sie mit dem rechten Daumen die Reflexpunkte der Wirbelsäule.

4 Massage des Solar Plexus

Bei diesem Reflexpunkt arbeiten Sie mit dem Atem des Patienten. Deshalb sollten Sie ihm vor der Behandlung erklären, was Sie von ihm wollen. Halten Sie den linken Fuß mit der rechten Hand. Legen Sie den linken Daumen auf den Solar-Plexus-Reflex, und bitten Sie den Patienten, einzuatmen, währen Sie auf diesen Punkt drücken. Lassen Sie beim Ausatmen des Patienten los. Führen Sie diese Übung bei jeder Behandlung drei oder vier Minuten lang durch.

Diese Behandlung erzielt häufig wunderbar rasche Ergebnisse und löst tiefe Entspannung bis Schläfrigkeit aus. Gleichzeit befreit die Behandlung des Solar Plexus jedoch tiefsitzende Gefühle und Spannungen. Deshalb sollten weder Sie noch Ihr Patient sich von emotionalen Reaktionen bei der Arbeit an dieser Zone überraschen lassen.

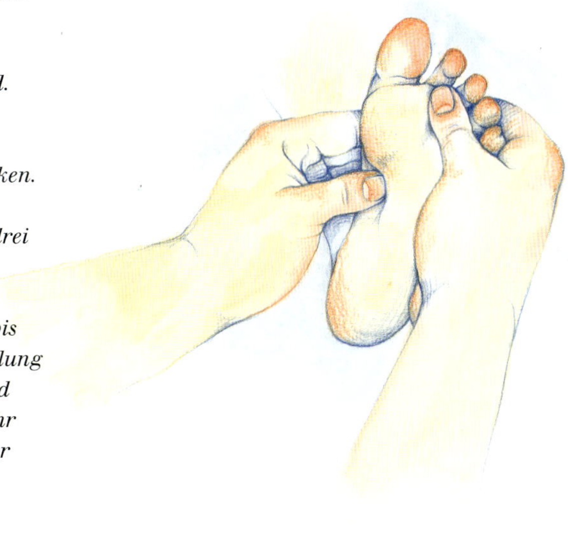

Rückenprobleme

Hexenschuß, Ischias

Die Linderung von Hexenschuß und anderen Rückenschmerzen

Osteopathen sagen, daß jeder so alt ist wie seine Wirbelsäule. Eine schlechte Haltung und mangelnde Bewegung sind Faktoren, die Rückenschmerzen möglich machen können. Die Struktur bestimmt die Funktion: Die Benutzung von Autos und Aufzügen – statt der eigenen Beine – schwächt die Bauchmuskulatur, die dann den oberen Rücken nicht genug stützen kann.

Reflexzonenbehandlung

Um Hexenschuß oder andere Rückenschmerzen zu lindern, können Sie gefahrlos 12- bis 14mal pro Sitzung das Knochensystem massieren (siehe unten). Wenn der Schmerz akut ist, wiederholen Sie dies, wenn möglich, 3- oder 4mal täglich, bis sich die Symptome bessern.

Selbsthilfe:
Massage der eigenen Hände
gegen Hexenschuß massieren Sie

1 Das Steißbein (*siehe S. 33*)

2 Hüfte und Becken (*siehe S. 33*)

3 Die Wirbelsäule (*siehe S. 34*)

gegen Ischias massieren Sie zusätzlich zu 1, 2, 3

4 Den Ischiasnerv
(*siehe Karte S. 19*)

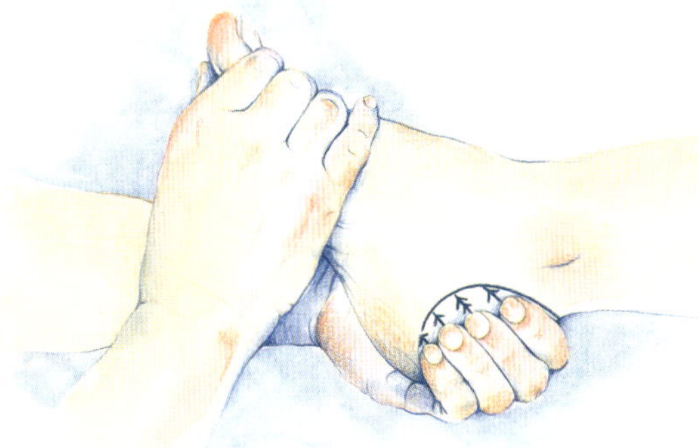

1 Massage des Steißbeins
Halten Sie mit der rechten Hand den rechten Fuß vom Körper ab. Massieren Sie die abgebildete Zone mit den 4 Fingern der linken Hand. Wiederholen Sie alles am linken Fuß.

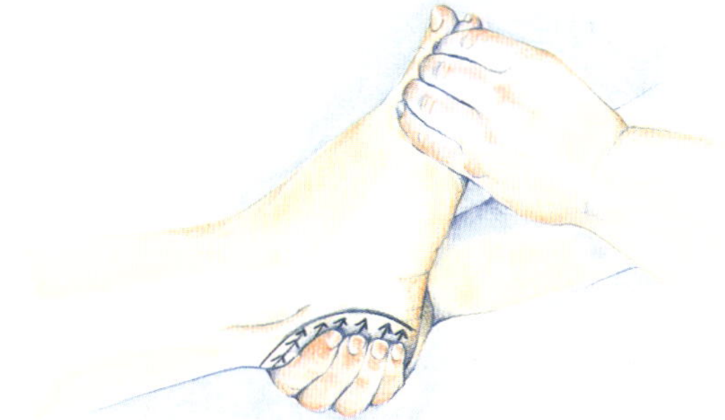

2 Massage von Hüfte und Becken
Halten Sie den rechten Fuß mit der linken Hand vom Körper weg. Massieren Sie die abgebildete Zone an der Außenkante des Fußes mit den 4 Fingern der rechten Hand. Wiederholen Sie alles am linken Fuß.

Ischias

Der brennende Schmerz, der das ganze Bein hinunterzieht, wird durch Druck auf die Nerven ausgelöst, die den Ischias, den längsten Nervenstrang im Körper, bilden. Meistens sind Krämpfe der umliegenden Muskulatur dafür verantwortlich. Diese können durch eine falsche Wirbelstellung in der unteren Wirbelsäule.

Reflexzonenbehandlung

Folgen Sie den Anweisungen für die Behandlung des Hexenschusses, die die Durchblutung der betroffenen Gebiete steigert. Da die Reflexzonenmassage so gute Dienste bei der Linderung extremer Schmerzen leistet, massieren Sie zusätzlich die Gehirnzonen, um die Ausschüttung der Endorphine anzuregen, der natürlichen »Wohlfühlsubstanzen«, die schmerzlindernd wirken.

Achten Sie auf Ihren Rücken

Schlafen Sie auf einer festen, nicht zu alten Matratze.

◆

Das Kopfkissen sollte den Kopf wie beim Stehen stützen.

◆

Sitzen Sie auf einem geraden Stuhl. Sitzen sie auf einem zusammengerollten Handtuch, um damit den unteren Rücken zu stützen.

◆

Achten Sie auf die richtige Höhe Ihres Schreibtisches.

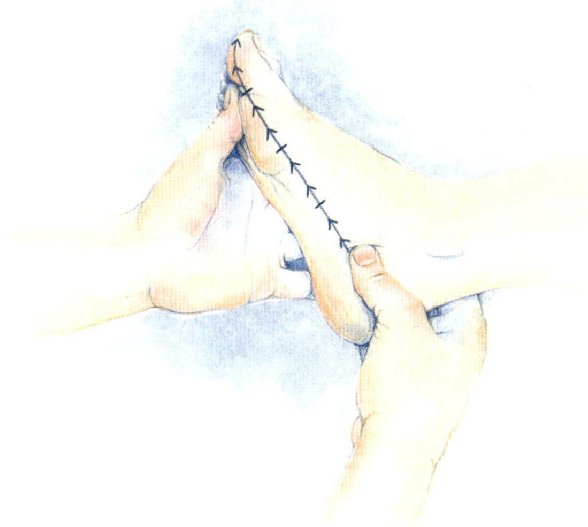

3 Massage der Wirbelsäule

Stützen Sie den rechten Fuß mit der linken Hand. Massieren Sie mit dem rechten Daumen die Wirbelsäulenreflexe auf der Innenkante des Fußes. Wiederholen Sie alles am linken Fuß.

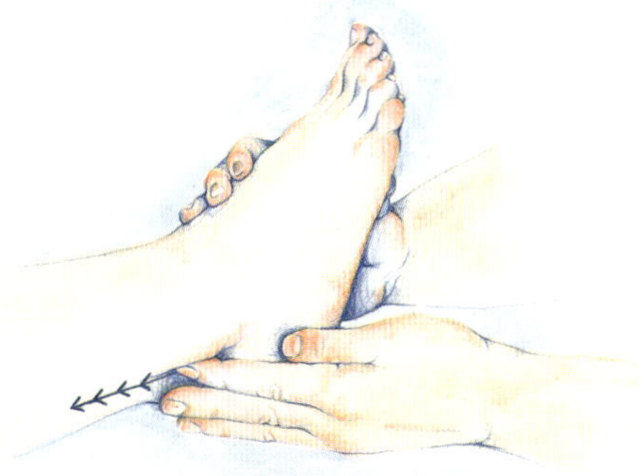

4 Massage des Ischiasnervs

Stützen Sie den rechten Fuß mit der rechten Hand. Legen Sie den linken Zeigefinger genau hinter den Knöchel, und massieren Sie das Bein in einer geraden Linie etwa 10 cm aufwärts. Wiederholen Sie alles am linken Fuß.

Arme und Hände: 1

Steife Schulter, Tennisellenbogen

Das Lockern einer steifen Schulter

Sowohl die übermäßige Beanspruchung des Schultergelenks durch das Heben schwerer Gegenstände als auch Arthritis können bewirken, daß die Schulter steif wird und schmerzt. So unangenehm dies sein mag, ist es doch wichtig, die Schulter in Bewegung zu halten: Bewegen Sie diese sanft zur Seite, vor und wieder zurück.

Reflexzonenbehandlung

Massieren Sie die Schulter- und Nackenzonen an beiden Füßen. Wenn sich das Schulterproblem auf der rechten Seite befindet, werden Sie wahrscheinlich am rechten Fuß auf empfindliche Schulterreflexe stoßen. Damit das Gleichgewicht gewahrt bleibt, ist es trotzdem notwendig, die Schulterreflexe am linken und am rechten Fuß zu behandeln. Gehen Sie bei allen Sportverletzungen, die die Schulter betreffen, nach demselben Behandlungsschema vor.

Selbsthilfe:
Massage der eigenen Hände
gegen eine steife Schulter massieren Sie

1 Die Schulter (*siehe S. 34*)

2 Die Halswirbelsäule (*siehe S. 34*)

gegen einen Tennisellenbogen massieren Sie 1, 2 und

3 Den Ellenbogen (*siehe S. 35*)

1 Massage der Schulter

Um die rechte Schulter zu behandeln, stützen Sie den rechten Fuß mit der linken Hand. Massieren Sie mit dem rechten Daumen die Zone unter dem kleinen Zeh in der angegebenen Richtung. Wechseln Sie die Hände, und massieren Sie die Zone auf dem Rückweg mit dem linken Daumen. Behandeln Sie dann die Schulterzone am linken Fuß.

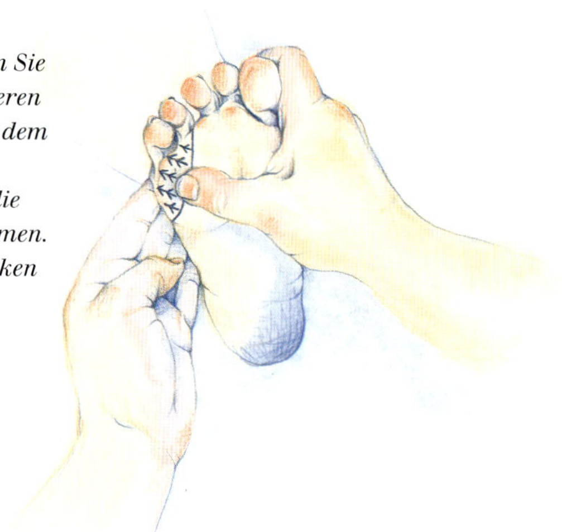

Gefrorene Erbsen

Eispackungen sind gut gegen alle Gelenk-, Sehnen- und Muskelschmerzen. Nehmen Sie einen Beutel gefrorener Erbsen (oder Mais), und legen Sie diesen 15 Minuten auf das betroffene Gebiet. Legen Sie eine Pause von 15 Minuten ein, und wiederholen Sie die Anwendung.

Tennisellenbogen: Verminderung der Entzündung
Diese Erkrankung wird, trotz ihres Namens, nicht ausschließlich durch eine Überanstrengung auf dem Tennisplatz hervorgerufen. Eine zu starke Belastung der Unterarmmuskulatur durch Heben oder Tragen schwerer Gegenstände kann bewirken, daß sich die Sehnen, die mit den überanstrengten Armmuskeln verbunden sind, entzünden. Diese Entzündung verursacht Schmerzen an der Außenseite des Ellenbogens unter dem Gelenk. Bewegen Sie das Gelenk sanft in alle nur möglichen Richtungen.

Reflexzonenbehandlung
Die Reflexzonenmassage kann die Schmerzen wirksam lindern, da sie durch die bessere Durchblutung der Nerven die Sehnenentzündung beruhigt und die normale Funktion von Arm und Ellenbogen wiederherstellt. Massieren Sie alle Zonen der Halswirbelsäule und des Ellenbogens.

Schultern Sie die Lasten

Verwenden Sie so oft wie möglich einen Rucksack. Selbst eine leichte, über die Schulter geworfene Tasche bewirkt, daß Sie die Schulter hochziehen, was zu einer Gewohnheit werden und zu Schwierigkeiten führen kann.

Müssen Sie schwere Einkaufstaschen oder ein Kind tragen, dann achten Sie darauf, daß Sie das Gewicht möglichst gleichmäßig auf beide Arme verteilen.

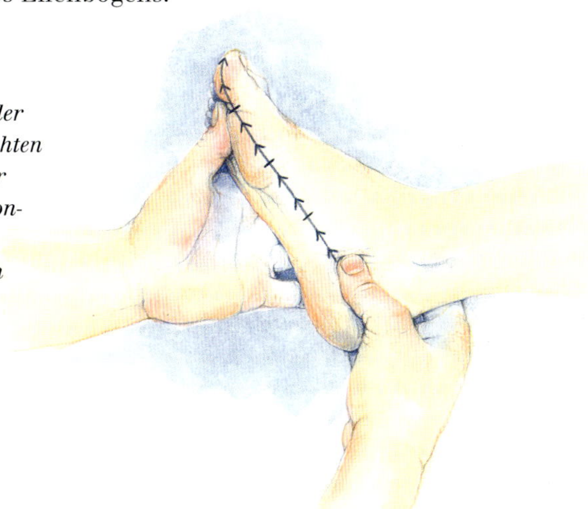

2 Massage der Halswirbelsäule
Stützen Sie den rechten Fußrücken mit der linken Hand. Massieren Sie mit dem rechten Daumen die Wirbelsäulenreflexe auf der Innenseite des Fußes, wobei Sie sich besonders auf die Außenseite des großen Zehs konzentrieren. Wiederholen Sie alles am linken Fuß.

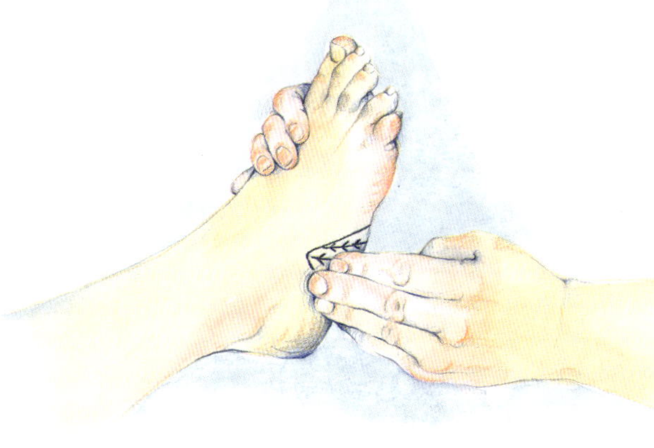

3 Massage des Ellenbogens
Stützen Sie den rechten Fuß mit der rechten Hand, um den rechten Ellenbogen zu behandeln. Massieren Sie mit dem linken Zeige- und Mittelfinger die dreieckige Ellenbogenzone an der äußeren Seite des Fußes. Um den linken Ellenbogen zu behandeln, massieren Sie die Ellenbogenzone des linken Fußes. Behandeln Sie beide Füße.

Arme und Hände: 2

Karpaltunnel-, Raynaud- und Überanstrengungssyndrom

Schmerzlinderung bei Karpaltunnelsyndrom

Da diese Krankheit oft durch die hormonalen Veränderungen in der Schwangerschaft und der Menopause ausgelöst wird, leiden Frauen besonders häufig daran. Menschen, die gleichförmige Bewegungen mit den Händen ausführen, sind für dieses Syndrom besonders anfällig. Die Ursache des Karpaltunnelsyndroms ist Druck auf den Medianusnerv an der Stelle. Es äußert sich in Schmerzen, Kribbeln, einer Schwäche beim Greifen oder einem tauben Gefühl.

Reflexzonenbehandlung

Die Massage der Halswirbelsäule verschafft Erleichterung, da Nerven aus diesem Bereich Schultern, Arme, Ellenbogen und Handgelenke mit Impulsen versorgen. Behandeln Sie danach den Ellenbogen, um die Durchblutung der Hand zu erhöhen. Auch die direkte Massage des betroffenen Gebiets ist hilfreich. Die Behandlungen sollten täglich erfolgen.

Selbsthilfe:
Massage der eigenen Hände

bei Karpaltunnelsyndrom massieren Sie

1 Die Halswirbelsäule *(siehe S. 34)*

2 Den Ellenbogen *(siehe S. 35)*

bei Raynaud-Syndrom massieren Sie

1 Das Herz *(siehe S. 37)*

2 Die Lunge *(siehe S. 32)*

1 Massage der Halswirbelsäule

Stützen Sie den rechten Fußrücken mit der linken Hand. Massieren Sie mit dem rechten Daumen die Wirbelsäulenreflexe auf der Innenseite des Fußes, wobei Sie sich besonders auf die Außenkante des großen Zehs konzentrieren. (Siehe die Karte auf Seite 17). Wiederholen Sie alles am linken Fuß. Führen Sie dann die Griffe zur Entspannung des Knöchels durch (siehe S. 24).

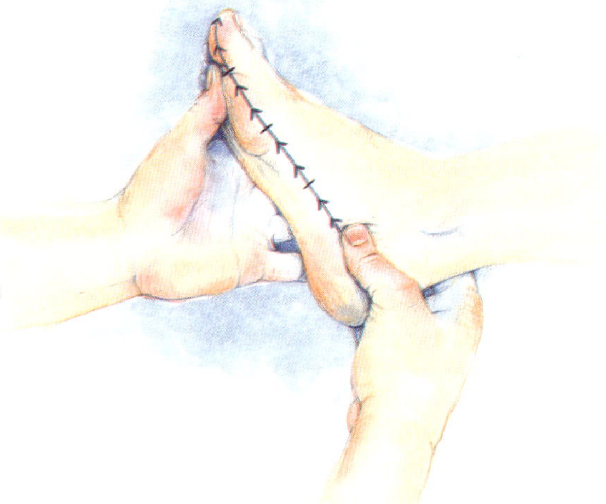

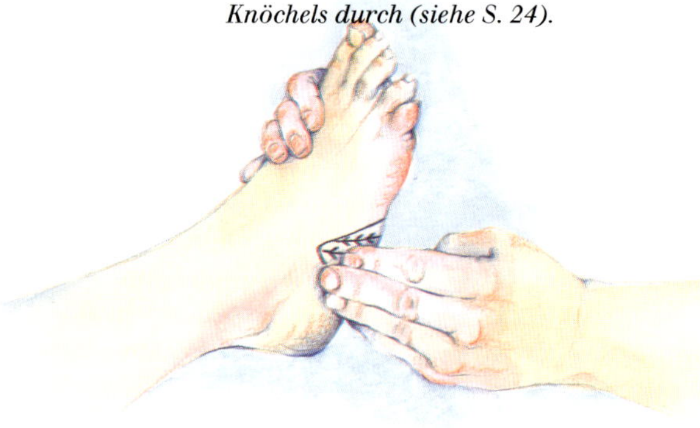

2 Massage des Ellenbogens

Stützen Sie den oberen rechten Fuß mit der rechten Hand, um den rechten Ellenbogen zu behandeln. Massieren Sie mit dem linken Zeige- und Mittelfinger die dreieckige Ellenbogenzone an der Außenseite des Fußes.

Raynaud-Syndrom: die Durchblutung verbessern

Durchblutungsstörungen wirken sich folgendermaßen aus: Da die Kapillargefäße sich sehr leicht zusammenziehen, erhalten Extremitäten wie Finger und Zehen kaum noch Blut und werden weiß und taub. Gewöhnlich werden diese Symptome durch Kälte ausgelöst.

Wenn den Symptomen eine andere Störung zugrundeliegt, nennt man sie Raynaud-Syndrom. Dieses Syndrom kommt weit häufiger vor als die Raynaud-Krankheit, bei der man keine Ursache für die Symptome finden kann.

Reflexzonenbehandlung

Das Ziel der Behandlung ist die Verbesserung der Durchblutung durch die Massage der Herz- und Lungenzone. Massieren Sie 15 Minuten lang.

Überanstrengungs-syndrom

Wenn man täglich viele Stunden lang die Computermaus bewegt oder die Tastatur bedient, können schlimme Schmerzen entstehen, die von den Fingern in die Schultern ausstrahlen. Es ist wesentlich, daß Sie etwas dagegen unternehmen, damit das Syndrom nicht zu Arbeitsunfähigkeit führt. Suchen Sie professionellen Rat, wie Sie die Risiken minimieren können.

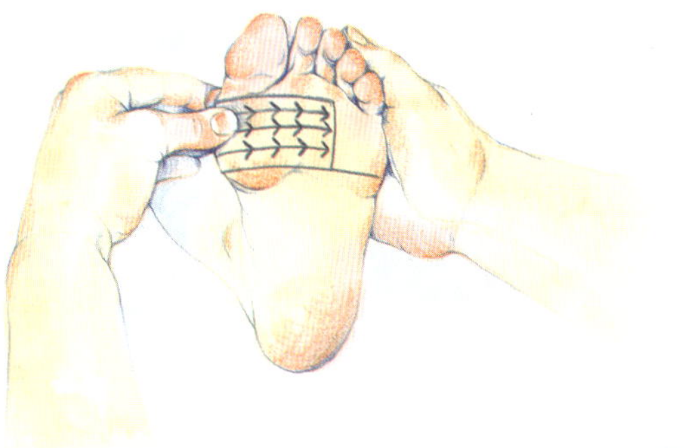

1 Massage des Herzens

Achtung! Der Herzreflex befindet sich nur auf dem linken Fuß. Regen Sie diese Zone nicht zu stark an!

Stützen Sie den oberen linken Fuß mit der rechten Hand. Massieren Sie die Zone in der auf der Abbildung angegebenen Richtung. Wiederholen Sie die Behandlung höchstens 3mal.

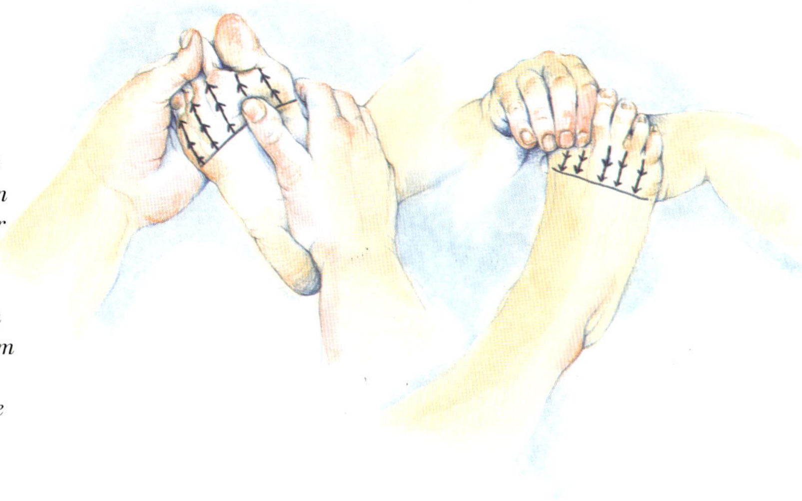

2 Massage der Lungen

Stützen Sie den rechten Fuß mit der linken Hand, und massieren Sie die abgebildete Zone auf der Fußsohle. Pressen Sie dann die linke Faust in die Fußsohle, um die Furchen auf dem Fußrücken zu öffnen. Massieren Sie mit dem rechten Zeigefinger entlang dieser Furchen. Wiederholen Sie alles am linken Fuß.

Schlüsselsystem: 1

Das Verdauungssystem

Die Reflexzonenmassage ist besonders erfolgreich bei der Behandlung vieler allgemeiner Erkrankungen, die mit dem Verdauungssystem verbunden sind. Einige davon werden hauptsächlich durch die aufgenommene Nahrung verursacht, andere enthalten eine starke Streßkomponente. Die Behandlung des Verdauungssystems zur Verbesserung seiner Funktion bringt auch dann gute Ergebnisse, wenn vermutet wird, daß die Schwäche dieses Bereichs zu allergischen Reaktionen beiträgt.

Wir raten Ihnen, immer das ganze System zu behandeln. Wenn Sie vermuten, daß Streß ein auslösender Faktor ist, beginnen Sie mit der Fußentspannungsmassage (siehe Seite 24-25).

Selbsthilfe:
Massage der eigenen Hände

1 Leber und Gallenblase *(siehe S. 35)*

2 Magen, Bauchspeicheldrüse und Milz *(siehe S. 37)*

3 Die Eingeweide *(siehe S. 35)*

1 Massage von Leber und Gallenblase

Stützen Sie den rechten Fuß mit der linken Hand. Massieren Sie mit dem rechten Daumen die Zone zwischen Taillen- und Zwerchfellinie von der Innenkante zur Außenkante des Fußes.

Bearbeiten Sie die Zone auf dem Rückweg in der entgegengesetzten Richtung. Verwenden Sie dazu den linken Daumen, wobei Sie den Fuß mit der rechten Hand stützen.

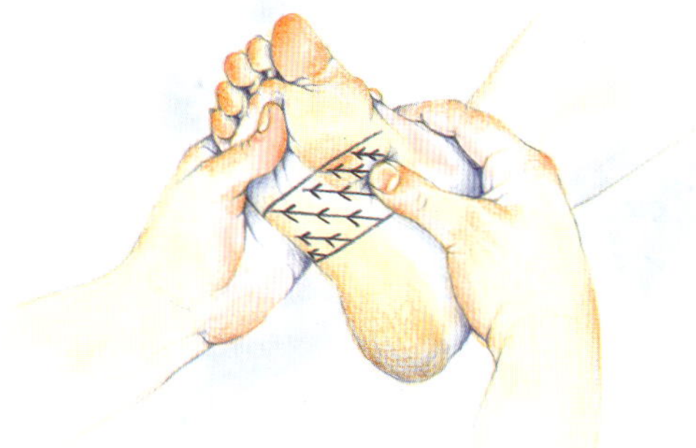

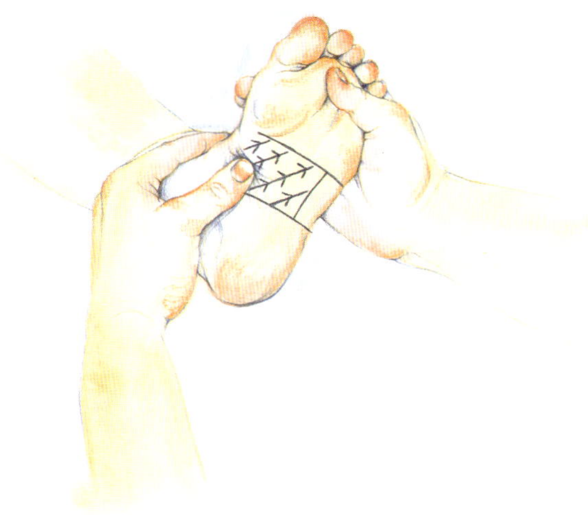

2 Massage von Magen und Bauchspeicheldrüse

Stützen Sie den linken Fuß mit der rechten Hand. Massieren Sie die abgebildete Zone von der Innen- zur Außenkante des Fußes mit dem linken Daumen. Wechseln Sie die stützende Hand, und arbeiten Sie auf dem Rückweg in umgekehrter Richtung von der Außen- zur Innenkante.

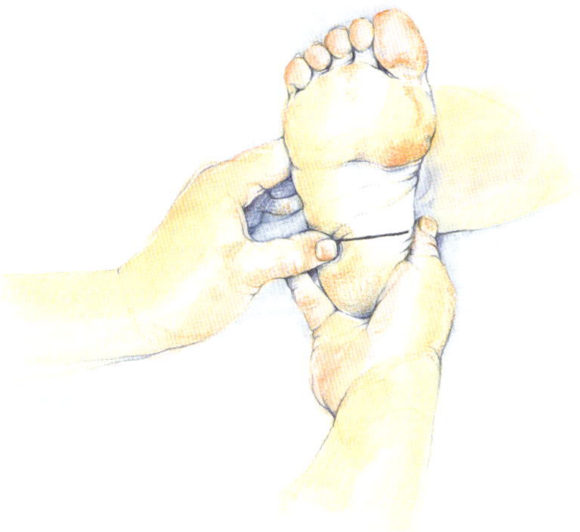

3 Massage der Bauhinschen Klappe

Stützen Sie mit der rechten Hand die Ferse des rechten Fußes. Legen Sie den linken Daumen auf die Fersenlinie, und bearbeiten Sie den Reflexpunkt mit der »Angeltechnik«, die auf Seite 29 beschrieben ist. (Nur am rechten Fuß.)

4 Massage des aufsteigenden und querliegenden Dickdarms und des Dünndarms

Stützen Sie den rechten Fuß mit der linken Hand. Massieren Sie die Zone zwischen Taillen- und Beckenlinie mit dem rechten Daumen. Arbeiten Sie von der Innen- zur Außenkante.

Wechseln Sie dann die Hände, und massieren Sie dieselbe Zone mit dem linken Daumen von der Außen- zur Innenkante.

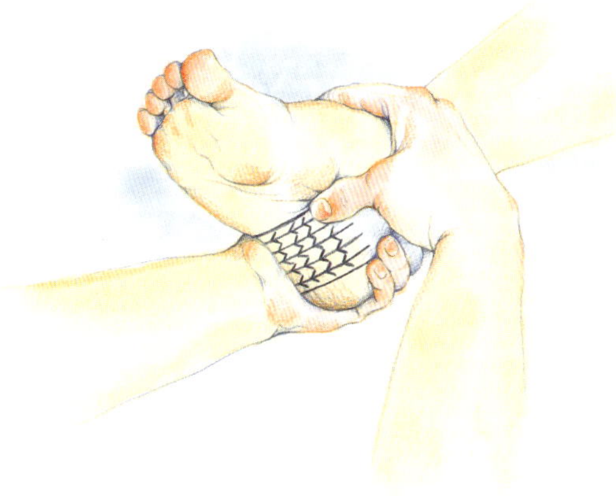

5 Massage des querliegenden und absteigenden Dickdarms, der Dickdarmkrümmung und des Dünndarms

Stützen Sie die Ferse des linken Fußes mit der rechten Hand. Massieren Sie die Zone mit dem linken Daumen, und beginnen Sie dabei etwa in der Mitte zwischen Beckenlinie und dem Beginn der Ferse. Arbeiten Sie zuerst von der Innen- zur Außenkante .

Wechseln Sie die stützende Hand, und arbeiten Sie auf dem Rückweg mit dem rechten Daumen von der Außen- zur Innenkante.

Verdauungsprobleme *Gallensteine, Reizdarm-Syndrom und andere Erkrankungen*

Intensive Behandlung gegen Gallensteine

Man sagt, daß die klassische Kandidatin für Gallensteine weiblich ist, blond, dick und vierzig Jahre alt. Nach dem Lebensalter von ungefähr 70 Jahren sind Männer und Frauen gleichermaßen betroffen. Gallensteine treten auf, wenn ein Bestandteil der Gallenflüssigkeit (die von der Gallenblase produziert wird) eindickt und Kristalle bildet. Die Steine werden erst dann zum Problem, wenn sie im Gallengang steckenbleiben. Wenn sie keine Symptome verursachen, werden sie nicht entfernt.

Reflexzonenbehandlung

Immer wieder können Patienten, die sich während der Wartezeit auf die Operation mit Reflexzonenmassagen behandeln ließen, den Termin im Krankenhaus absagen, weil die Symptome abklingen. Man kann diesen Erfolg natürlich nicht ausschließlich der Massage zuschreiben. Doch die Steine befinden sich nicht mehr im Gallengang, wenngleich noch einige in der Gallenblase sein mögen.

Auf jeden Fall kann die Reflexzonenmassage dabei helfen, die Beschwerden bei Gallensteinen zu lindern. Die wichtigste Zone ist die Leber (S. 100). Sie werden wahrscheinlich feststellen, daß diese Zone außerordentlich empfindlich ist, deshalb drücken Sie nur so stark, wie es der Patient gut aushalten kann. Wiederholen Sie die Massage 2- oder 3mal täglich.

Selbsthilfe:
Massage der eigenen Hände
Massieren Sie Leber und Gallenblase
(siehe S. 35)

Unterstützende Maßnahmen

Gallensteine

Halten Sie *Ihr Gewicht niedrig!*

Eine ballaststoffreiche Ernährung *ist zu empfehlen. Vermeiden Sie Zucker und raffinierte Nahrungsmittel. Essen Sie weniger tierische Fette.*

Es gibt Kräuter*, von denen man sagt, daß Sie gegen Gallensteine wirken. Lassen Sie sich von einem professionellen Kräuterkundigen beraten. Versuchen Sie nicht, sich selbst zu behandeln!*

Wenn Sie an Magenverstimmung leiden ...

Eine Mischung aus Kamillen- und Pfefferminztee *ist gut für die Verdauung. Trinken Sie davon so viel Sie möchten, doch frühestens eine halbe Stunde nach dem Essen. Nehmen Sie während der Mahlzeit keine Flüssigkeit zu sich, weil dies die Verdauung erschwert.*

Rosmarin*, aufgegossen als Tee, beruhigt die Nerven und unterstützt die Verdauung. Trinken Sie 3mal täglich eine Tasse.*

Pfeilwurzel *beruhigt den Magen. Mischen Sie einen Teelöffel mit genügend Wasser zu einer weichen Paste. Bringen Sie die Mischung zum Kochen, und rühren Sie diese in etwas warme Milch.*

Entspannung beim Reizdarm-Syndrom

Das Reizdarm-Syndrom verursacht vielfältige Symptome, darunter immer wiederkehrende Bauchschmerzen, Anfälle von Durchfall, Übelkeit, Verstopfung, Magenverstimmung, Blähungen und Kopfschmerzen. Menschen, die daran leiden, scheinen außerdem ängstlicher zu sein als der Durchschnitt der Bevölkerung. Obwohl die Ursache des Reizdarm-Syndroms unklar ist, scheint es in einigen Fällen mit einer Nahrungsmittelallergie zusammenzuhängen.

Reflexzonenbehandlung

Die Behandlung verfolgt zwei Ziele: die Verbesserung der Darmfunktion und die Unterstützung bei der Streßbewältigung. Der Einfluß der Behandlungen hilft, die erregten Verdauungssysteme zu beruhigen.

Beginnen Sie mit der allgemeinen Fußentspannungsmassage (Seite 24-25). Behandeln Sie dann das Verdauungssystem (siehe Seite 100-101). Massieren Sie jeden Fuß, wenn möglich, täglich mindestens 10 Minuten. Patienten, die an Verstopfung leiden, können in der auf die Behandlung folgenden Stunde häufig den Darm entleeren.

Unterstützende Maßnahmen

Reizdarm-Syndrom

***Regelmäßiger Sport** hilft, den Streß zu reduzieren und unterstützt die Funktion des Darmsystems.*

***Die 4 häufigsten Auslöser für das Reizdarm-Syndrom** sind: 1. Weizen, 2. Hefe (Brot, Käse, Alkohol), 3. Zukker; 4. Milchprodukte.*

***Verbannen Sie Kleie** eine Zeitlang aus Ihrer Ernährung: Bei vielen Patienten verschlimmert sie das Reizdarm-Syndrom. Wenn Sie Weizen vermeiden und nur Dinkelmehl oder weißes Mehl zu sich nehmen, könnten Sie damit Ihr Problem lösen.*

***Acidophile Substanzen** helfen, die normale Darmflora wiederherzustellen, die oft in chronischen Fällen von Reizdarm-Syndrom aus dem Gleichgewicht geraten ist. Sie befinden sich in Yoghurt und sind deshalb leicht erhältlich.*

Wenn Sie an Verstopfung oder Durchfall leiden …

Eine ballaststoffreiche Ernährung mit viel rohem Gemüse, Vollkornbrot und Pellkartoffeln sollte eine normale Darmfunktion fördern. Jedoch sollten diejenigen, die an Durchfall leiden, treibende Nahrungsmittel wie getrocknete Früchte meiden.

Ersetzen Sie die Ballaststoffe (Früchte und Gemüse) nicht durch Brot, wenn Sie an Durchfall leiden. Früchte und Gemüse bieten nicht nur einen sehr gesunden Schutz, Brot ist darüber hinaus wahrscheinlich der wichtigste ernährungsbedingte Auslöser Ihres Problems.

Probleme mit der Menstruation: 1

Schmerzhafte Menstruation

Obwohl die Periode bei Frauen allen Alters schmerzhaft sein kann, scheinen junge Mädchen besonders darunter zu leiden. Die Bauchkrämpfe, die durch muskuläre Spasmen der Blasenwand oder der dicken Muskelwände der Beckenhöhle verursacht werden, variieren in der Heftigkeit bis zur Arbeitsunfähigkeit.

Reflexzonenbehandlung
Periodenschmerzen können nicht nur durch die Massage der Reflexe der Fortpflanzungsorgane beträchtlich gelindert werden, sondern auch durch die Behandlung der Lendenwirbelsäule, die die Nerven und die Durchblutung der Beckenzone anregt. Denken Sie daran, daß Verstopfung Beckenschmerzen verstärkt. Wenn Sie also vermuten, daß dies der Fall sein könnte, dann massieren Sie die Zone der Eingeweide (Seiten 100-101).

Selbsthilfe:
Massage der eigenen Hände

1 Gebärmutter (*S. 36*)
2 Eileiter (*S. 37*)
3 Eierstöcke (*S. 36*)
4 Lendenwirbelsäule (*S. 34*)
5 Eingeweide (*S. 35*)

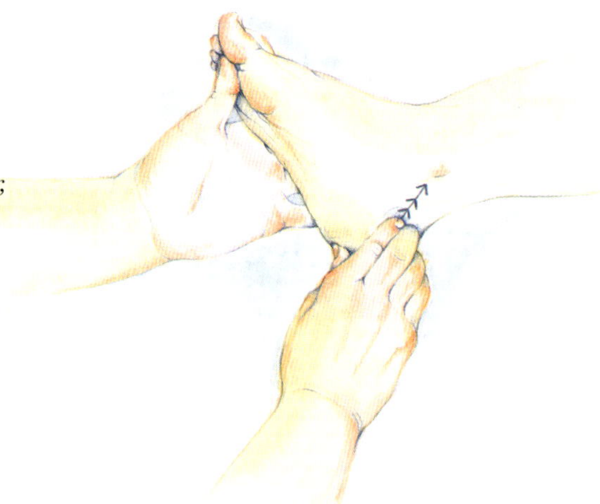

1 Massage der Gebärmutter
Stützen Sie den rechten Fuß mit der linken Hand. Verwenden Sie den rechten Zeigefinger, um in gerader Linie von der Außenkante der Ferse bis zum Knöchel zu massieren. Wiederholen Sie alles am linken Fuß.

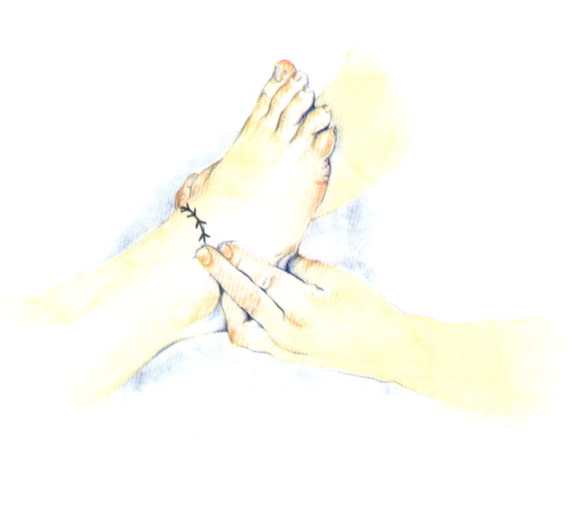

2 Massage der Eileiter
Beginnen Sie mit dem rechten Fuß. Drücken Sie die Daumen in die Fußsohle, und massieren Sie mit den Zeige- und Mittelfingern der beiden Hände vor den Knöcheln über den Fußrücken aufeinander zu. Wiederholen Sie alles am linken Fuß.

3 Massage der Eierstöcke

Halten Sie den rechten Fuß mit der rechten Hand, und neigen Sie den Fuß nach außen, um die Muskeln und Bänder des Knöchels zu entspannen. Massieren Sie mit dem linken Zeigefinger die abgebildete Zone. Wechseln Sie die Hände, und massieren Sie dieselbe Zone am linken Fuß.

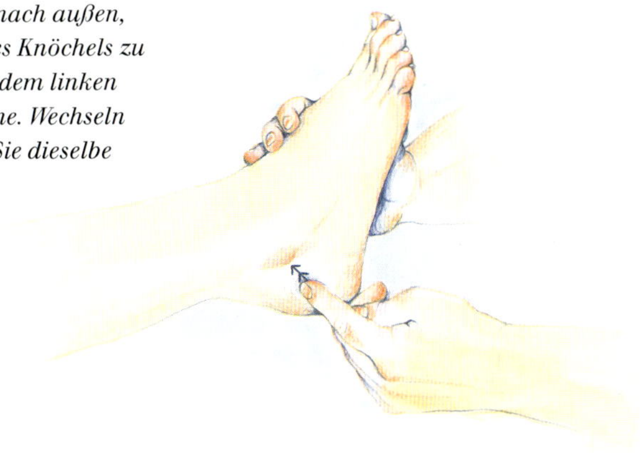

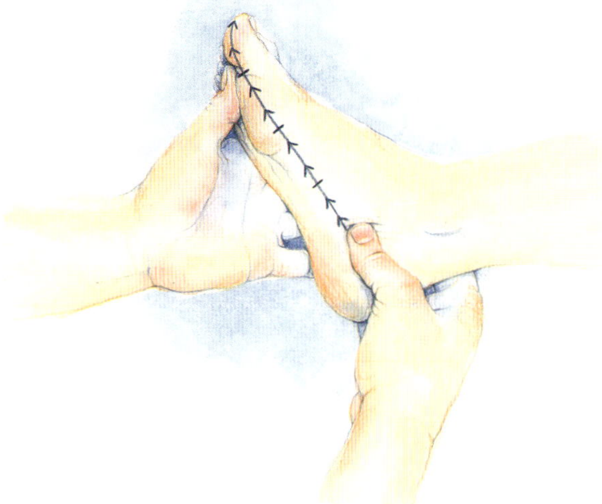

4 Massage der Lendenwirbelsäule

Halten Sie den rechten Fuß mit der linken Hand vom Körper ab. Massieren Sie mit dem rechten Daumen die Reflexe der Wirbelsäule auf der Innenkante des Fußes, wobei Sie sich besonders auf das Gebiet zwischen Becken- und Taillenlinie konzentrieren (siehe die Karte S. 17). Wiederholen Sie alles am linken Fuß.

Nach der Massage der Wirbelsäule führen Sie die Entspannungsübung für den Knöchel durch.

Unterstützende Maßnahmen

***Kamillentee hilft**, die nervöse Spannung zu lösen. Kochen Sie sich eine Kanne Tee, sobald die Krämpfe beginnen, und trinken Sie ihn schlückchenweise über den Tag verteilt.*

***Aromatherapie:** Geben Sie 6 Tropfen Kamillen- (von der römischen Kamille), Majoran- oder Zypressenöl in Ihr Badewasser, und entspannen Sie sich im warmen Bad.*

***Ernährung:** Nehmen Sie mehr Kalzium zu sich, doch nicht, indem Sie mehr Milchprodukte essen, sondern durch Bohnen, Linsen, Kichererbsen und grüne Blattgemüse wie Wasserkresse, Grünkohl, Petersilie, Spinat und Brokkoli.*

***Eine heiße Wärmflasche** auf dem Bauch oder den unteren Rücken hilft, den Schmerz zu lindern.*

Probleme mit der Menstruation: 2

Prämenstruelles Syndrom (PMS)

Das prämenstruelle Syndrom (PMS) betrifft einige Frauen, besonders aber die zwischen 30 und 40jährigen. Es tritt regelmäßig im monatlichen Zyklus auf. Schmerzende, geschwollene Brüste, ein aufgetriebener Bauch, Gewichtszunahme, Kopf- und Rückenschmerzen und Stimmungsschwankungen sind u. a. die Symptome.

Reflexzonenbehandlung

Die Reflexzonenmassage wirkt entspannend und streßreduzierend, sie kann die Störungen im hormonalen Gleichgewicht beheben (durch die Arbeit am Endokrinsystem) und helfen, die gespeicherten Körperflüssigkeiten auszuscheiden (durch die Arbeit am Harn- und Lymphsystem). Beginnen Sie etwa vierzehn Tage, bevor die nächste Periode fällig ist, mit der täglichen Behandlung.

Selbsthilfe:
Massage der eigenen Hände

1 Hals/Nacken/Schilddrüse (*siehe S. 33*)

2 Das Gehirn (*siehe S. 34*)

3 Die Eierstöcke (*siehe S. 36*)

4 Die Nieren (*siehe S. 36*)

5 Die Leistenlymphknoten (*siehe S. 36*)

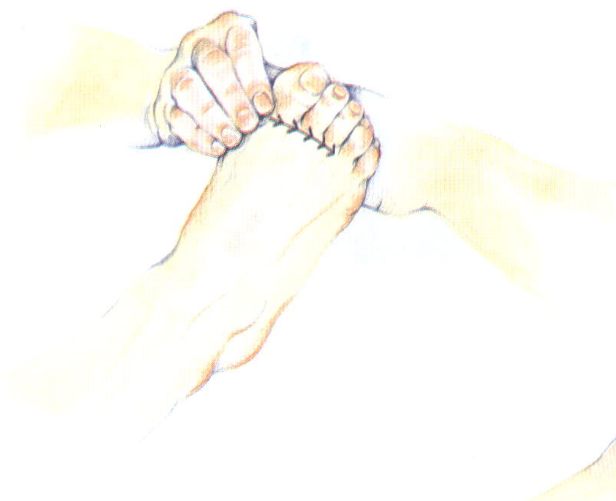

1 Massage von Hals, Nacken und Schilddrüse

Arbeiten Sie zuerst an der rechten Fußsohle. Stützen Sie den Fuß mit der linken Hand, und massieren Sie mit dem rechten Daumen über die Grundgelenke der ersten drei Zehen.

Massieren Sie dann dieselbe Linie mit dem rechten Zeigefinger auf dem Fußrücken (linke Abbildung). Wiederholen Sie alles am linken Fuß.

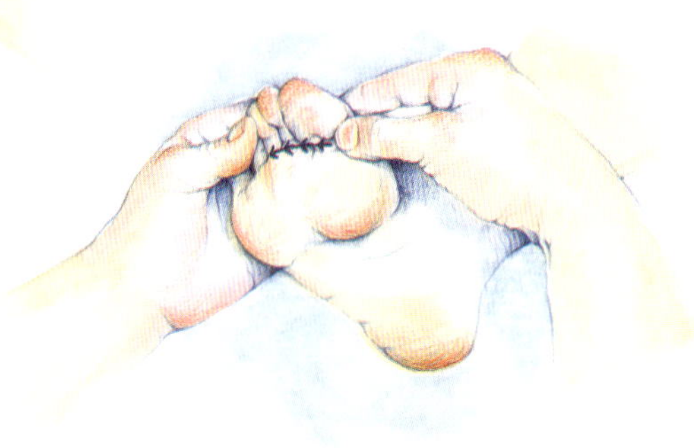

2 Massage des Gehirns

Stützen Sie den rechten Fuß mit der linken Hand. Drücken Sie mit dem rechten Daumen auf die Kuppen der ersten drei Zehen. Wiederholen Sie alles am linken Fuß.

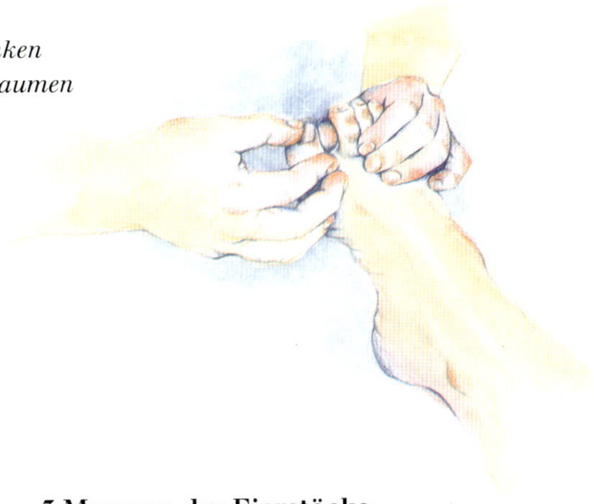

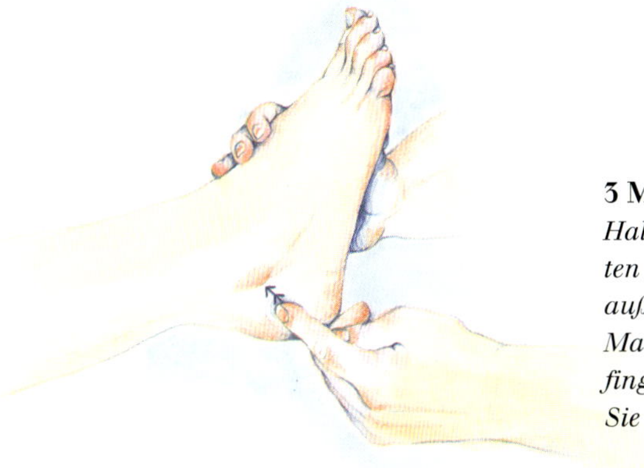

3 Massage der Eierstöcke

Halten Sie den rechten Fuß mit der rechten Hand, und neigen Sie den Fuß nach außen, um den Knöchel zu entspannen. Massieren Sie mit dem linken Zeigefinger die abgebildete Zone. Wiederholen Sie alles am linken Fuß.

4 Massage der Nieren

Stützen Sie den rechten Fuß mit der linken Hand. Drücken Sie den rechten Daumen in den Nierenpunkt, während Sie den Fuß mit der linken Hand sanft um Ihren Daumen kreisen lassen. Diese Arbeitsweise verursacht wahrscheinlich am wenigsten Unbehagen bei dieser sehr empfindlichen Zone. Wiederholen Sie alles am linken Fuß.

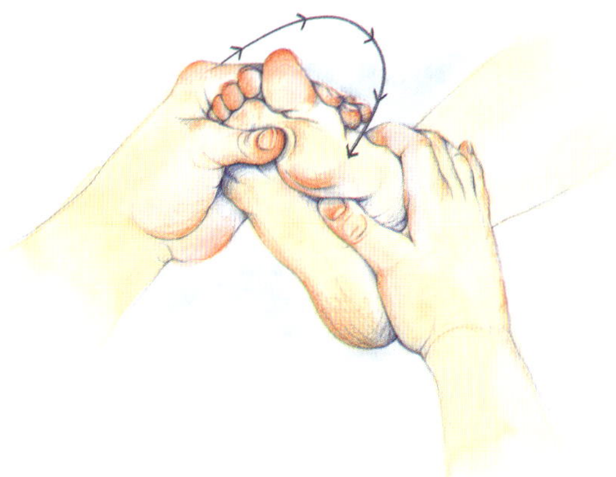

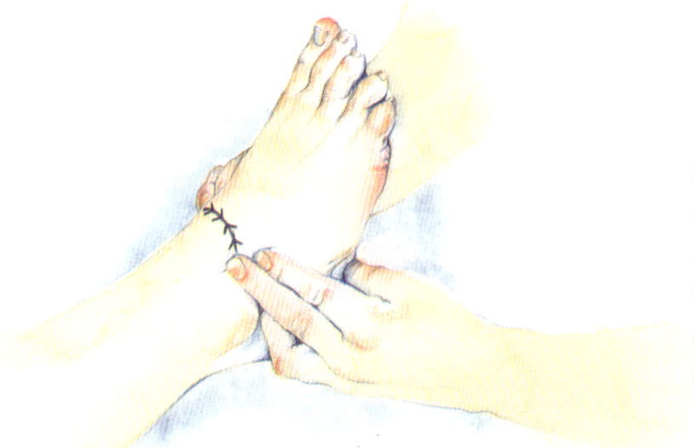

5 Massage der Leistenlymphknoten

Sie teilen sich die Reflexe mit den Eileitern. Beginnen Sie mit dem rechten Fuß. Drücken Sie die Daumen in die Fußsohle. Massieren Sie mit den Zeige- und Mittelfingern beider Hände vor den Knöcheln über den Fußrücken aufeinander zu.

Schlüsselsystem: 2

Das Endokrinsystem

Die von den endokrinen Drüsen produzierten Hormone sind für das Wachstum, die Aufnahme von Nährstoffen und die Entwicklung und Funktion der Sexualität verantwortlich, und sie reagieren auf Streß. Jede Zu- oder Abnahme in der Hormonproduktion wirkt sich unmittelbar auf die Prozesse aus, die die Hormone kontrollieren. So wirken Hormone direkt oder indirekt auf unseren Gefühlszustand.

Die Reflexzonenmassage kann die Hormonproduktion wieder ins Gleichgewicht bringen und ist erfolgreich bei der Behandlung von Zyklusproblemen und Depressionen wie bei Schwierigkeiten mit der Schilddrüse (sowohl Unter- wie Überfunktion). Das Endokrinsystem ist sehr anfällig für emotionalen und körperlichen Streß und kann dadurch völlig aus dem Gleichgewicht geraten. Deshalb sollten zusätzlich zur Arbeit am Endokrinsystem regelmäßig Entspannungsbehandlungen (siehe die Seiten 24-25 und 2. Kapitel) angeboten werden.

Selbsthilfe: Massage der eigenen Hände

1 Nacken/Hals/Schilddrüse *(siehe S. 33)*

2 Das Gehirn *(siehe S. 34)*

3 Die Nebennieren *(siehe S. 36)*

4 Die Bauchspeicheldrüse *(siehe S. 37)*

5 Die Eierstöcke/Hoden *(siehe S. 36)*

1 Massage von Nacken, Hals und Schilddrüse

Stützen Sie den rechten Fuß mit der linken Hand, und massieren Sie mit dem rechten Daumen über die Linie, die entsteht, wo sich die ersten drei Zehen mit dem Fuß verbinden. Wiederholen Sie dies 2- oder 3mal sowohl auf der Fußsohle (siehe unten) wie auf dem Fußrücken (linke Abbildung).

Wiederholen Sie alles am linken Fuß.

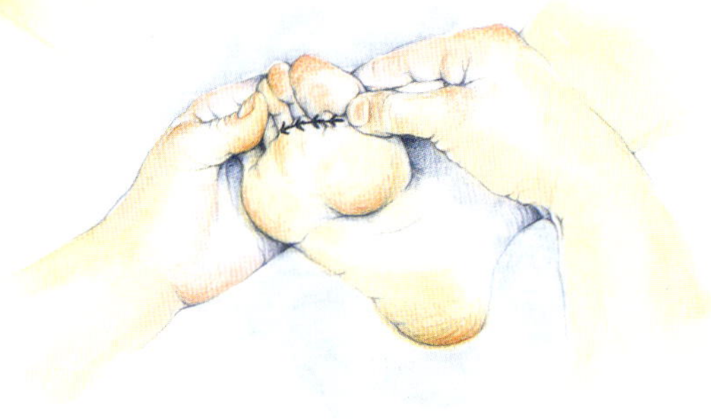

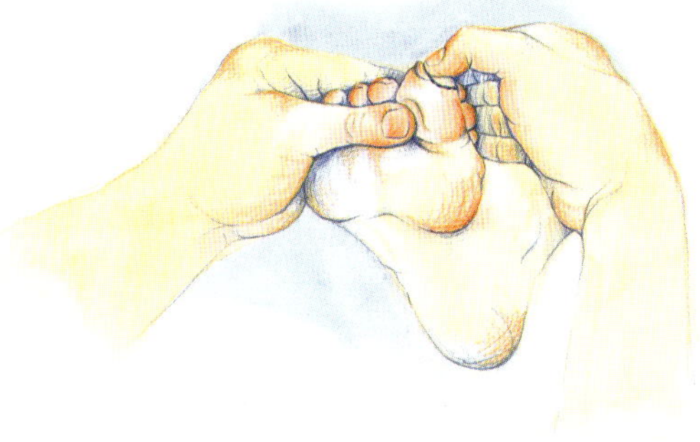

2 Massage der Hypophyse, des Hypothalamus und der Zirbeldrüse

Stützen Sie den rechten Fuß mit der linken Hand. Massieren Sie mit dem rechten Daumen in der angegebenen Richtung über die innere obere Hälfte des großen Zehs. Wiederholen Sie dies 2- oder 3mal.

Wiederholen Sie alles am linken Fuß.

3 Massage der Nebennieren

Die Nebennieren liegen über den Nieren.

Stützen Sie den rechten Fuß mit der linken Hand. Drücken Sie den rechten Daumen in den Nierenpunkt (wie auf der Abbildung), und lassen Sie den Fuß um diesen kreisen.

Wiederholen Sie alles am linken Fuß.

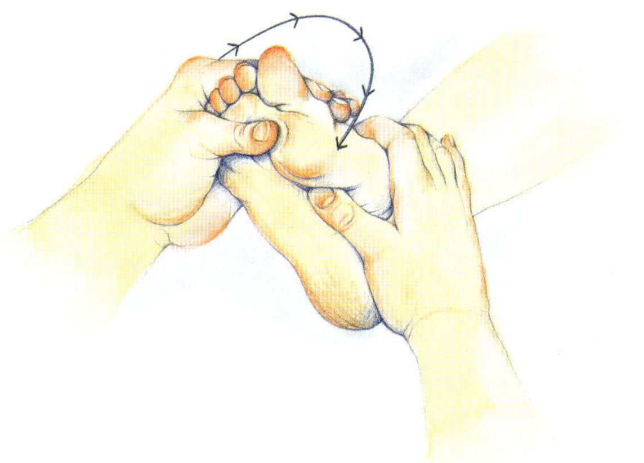

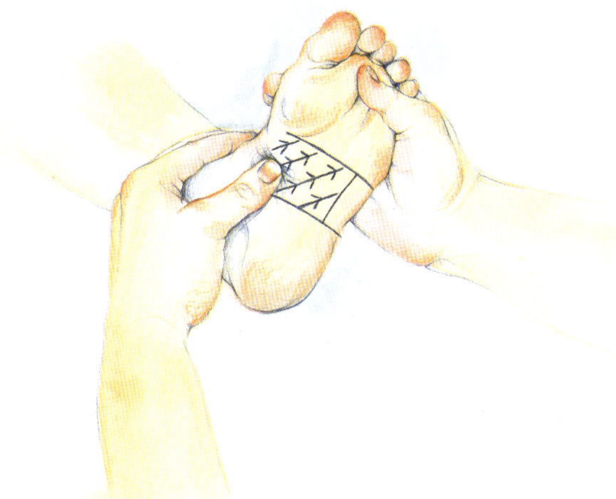

4 Massage der Bauchspeicheldrüse

Stützen Sie den linken Fuß mit der rechten Hand. Massieren Sie mit dem linken Daumen die abgebildete Zone in der angegebenen Richtung von der Innen- zur Außenkante. Wechseln Sie die stützende Hand, und arbeiten Sie auf dem Rückweg in umgekehrter Richtung von außen nach innen.

5 Massage der Eierstöcke/ Hoden

Halten Sie den rechten Fuß mit der rechten Hand, und neigen Sie den Fuß nach außen, um die Muskeln und Bänder des Knöchels zu entspannen. Massieren Sie mit dem linken Zeigefinger in gerader Linie von der unteren Ferse bis zum Knöchel. Wiederholen Sie dies 2- oder 3mal.

Wiederholen Sie alles am linken Fuß.

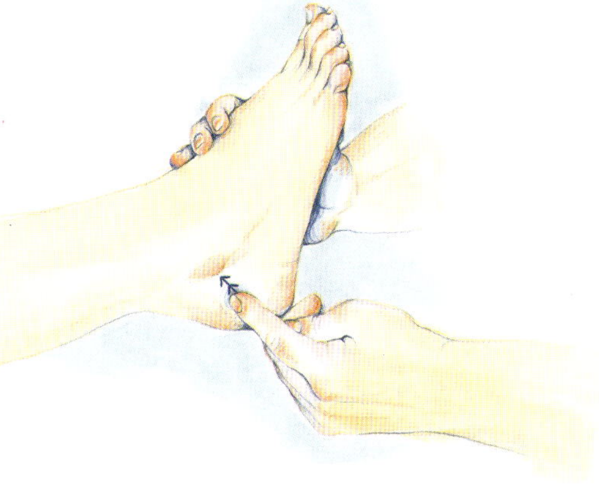

Erkrankungen der Blase: 1

Blasenentzündung, Urininkontinenz

Schmerzlinderung bei Blasenentzündung
Die Blasenentzündung ist eine der häufigsten Erkrankungen des weiblichen Harntraktes und verursacht häufige (meist unkontrollierbare), sehr schmerzhafte Harnentleerungen und Schmerzen im unteren Becken.

Geschlechtsverkehr (besonders nach einer langen Zeit der Enthaltung), enge Kleidung und Vaginalspülungen können die Blasenregion empfindlich machen. Ungenügende Flüssigkeitsaufnahme führt zu konzentriertem Urin, wodurch der Zustand verschlimmert wird.

Reflexzonenbehandlung
Die Reflexzonenmassage kann dabei helfen, die Entzündung einzudämmen. Während eines Anfalls sollten Sie das Harnsystem mehrmals täglich an jedem Fuß einige Minuten lang behandeln. Regelmäßige Massagen können Blasenentzündungen wirksam verhindern.

Selbsthilfe:
Massage der eigenen Hände
bei Blasenentzündung massieren Sie

1 Blase und Harnleiter (*siehe S. 35*)

2 Die Nieren (*siehe S. 36*)

bei Inkontinenz massieren Sie 1, 2 und

3 Die Lendenwirbelsäule (*siehe S. 34*)

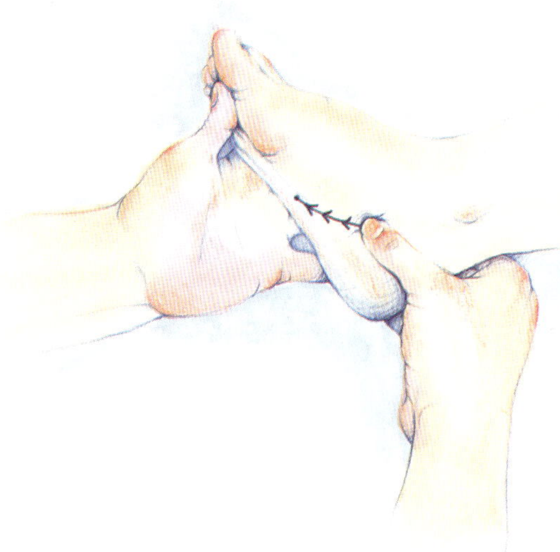

1 Massage von Blase und Harnleiter
Stützen Sie den rechten Fuß mit der linken Hand. Massieren Sie mit dem rechten Daumen die weiche, fleischige Zone auf der Innenseite des Fußes. Bearbeiten Sie dann die Reflexe des Harnleiters hinauf bis zur Niere. Achten Sie darauf, daß Sie immer auf der Innenseite der Bänderlinie arbeiten. Wiederholen Sie alles am linken Fuß.

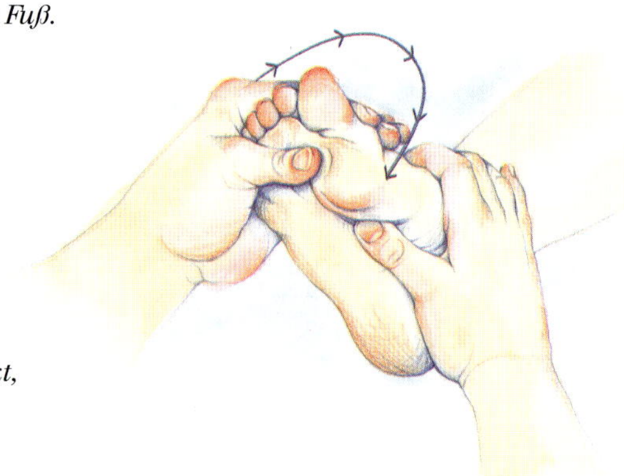

2 Massage der Nieren
Stützen Sie den rechten Fuß mit der linken Hand. Drücken Sie den rechten Daumen in den Nierenpunkt, während Sie den Fuß mit der linken Hand sanft um Ihren Daumen kreisen lassen. (Diese Arbeitsweise verursacht wahrscheinlich am wenigsten Unbehagen bei dieser sehr empfindlichen Zone.)

Urininkontinenz

Husten, Niesen oder das Heben von schweren Lasten können bei vielen Frauen den unfreiwilligen Abgang von Urin auslösen, die sogenannte Belastungsinkontinenz. Dieses Problem tritt häufig nach Geburten auf, durch welche die Muskeln und Bänder des Beckenbodens erschlaffen, die die Gebärmutter und die Vagina, die Blase und die Harnröhre (die Röhre, die den Urin aus der Blase befördert) stützen. Der natürliche Alterungsprozeß bewirkt eine ähnliche Erschlaffung, weshalb viele ältere Frauen besonders häufig unter Inkontinenz leiden.

Reflexzonenbehandlung

Häufige Reflexzonenmassagen direkt nach der Geburt können die Belastungsinkontinenz verhindern. Wenn die Inkontinenz bereits besteht, kann die Reflexzonenmassage dabei helfen, die Symptomatik zu verringern. Bei älteren Menschen hat sich die Reflexzonenmassage als äußerst wirksam erwiesen (möglichst täglich).

Unterstützende Maßnahmen

Blasenentzündung

Apfelessig: *Mischen Sie 2 Teelöffel Essig mit Honig in ein Glas Wasser, und trinken Sie 4 Glas täglich.*

Tragen Sie *Baumwollunterwäsche, und vermeiden Sie zu enge Kleidung.*

Verwenden Sie keine *Vaginalpuder oder Deodorants.*

Inkontinenz

Stärken Sie Ihren Beckenboden, *indem Sie so tun, als ob Sie den Urinfluß anhalten wollten. Üben Sie, wenn Sie nicht urinieren. Werdende Mütter sollten schon während der Schwangerschaft damit beginnen.*

Ältere Menschen: *Halten Sie sich in Bewegung, damit alle Muskeln belebt werden!*

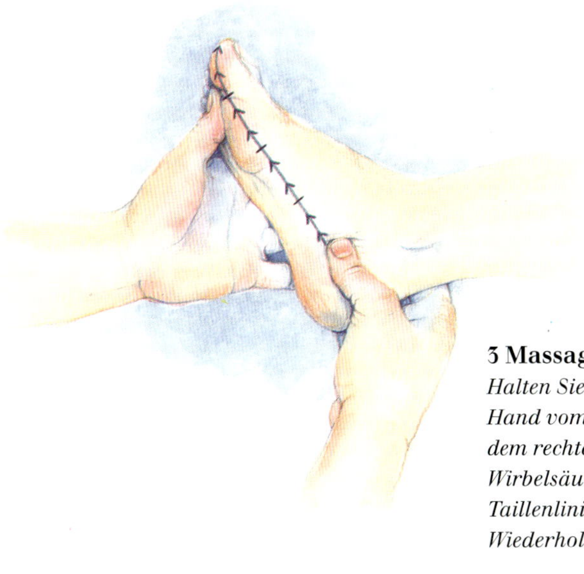

3 Massage der Lendenwirbelsäule
Halten Sie den rechten Fuß mit der linken Hand vom Körper ab. Massieren Sie mit dem rechten Daumen die Reflexe der Wirbelsäule zwischen Becken- und Taillenlinie auf der Innenkante des Fußes. Wiederholen Sie alles am linken Fuß.

Erkrankungen der Blase: 2

Nierensteine (Nierenkolik), vergrößerte Prostata

Schmerzlinderung bei Nierensteinen

Die Schmerzen, die beim Abgang eines Nierensteins entstehen, sind außergewöhnlich heftig. Diese Erkrankung scheint mehr Männer als Frauen zu betreffen, und sie tritt häufig in den Sommermonaten auf, möglicherweise deshalb, weil in einer Zeit, wo der Körper durch Schwitzen sehr viel Flüssigkeit verliert, zu wenig getrunken wird.

Die Ursache für die Neigung zur Steinbildung sollte ärztlich abgeklärt werden.

Reflexzonenbehandlung

Der Abgang von kleinen Steinen wird durch die Reflexzonenmassage erleichtert. Nachdem die Steine abgegangen sind, sollte eine Behandlung pro Woche ausreichen, um einen Rückfall zu verhindern.

Selbsthilfe:
Massage der eigenen Hände
bei Nierensteinen massieren Sie

1, 2 Blase, Harnleiter und Nieren
(siehe S. 35, 36)

bei vergrößerter Prostata massieren Sie 1, 2 und

3 Die Prostata *(siehe S. 36)*

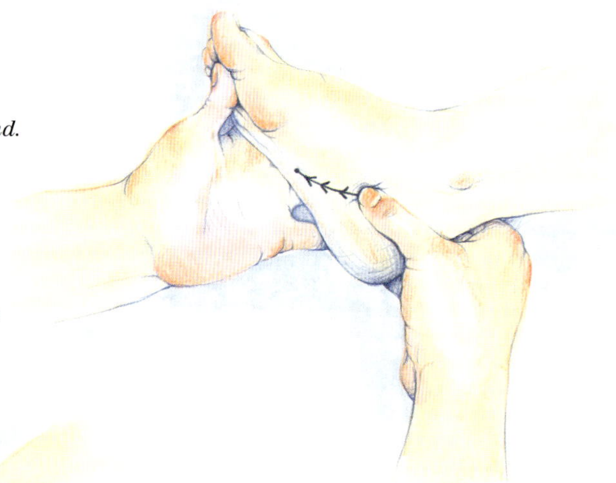

1 Massage von Blase und Harnleiter
Stützen Sie den rechten Fuß mit der linken Hand. Massieren Sie mit dem rechten Daumen die weiche, fleischige Zone auf der Innenseite des Fußes. Bearbeiten Sie dann die Reflexe des Harnleiters hinauf bis zur Niere. Achten Sie darauf, daß Sie immer auf der Innenseite der Bänderlinie arbeiten. Wiederholen Sie alles am linken Fuß.

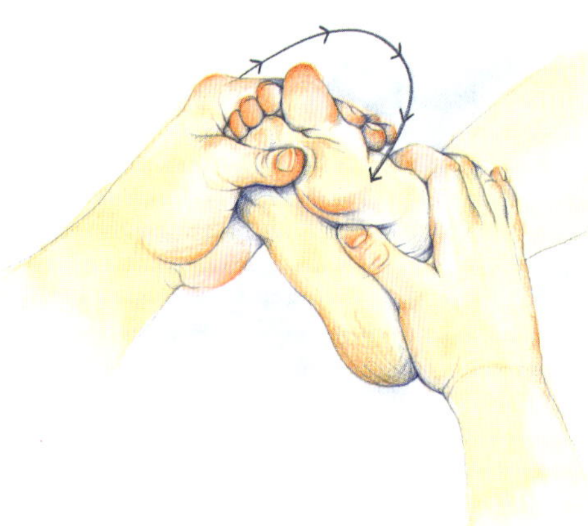

2 Massage der Nieren
Stützen Sie den rechten Fuß mit der linken Hand. Drücken Sie den rechten Daumen in den Nierenpunkt, während Sie den Fuß mit der linken Hand sanft um Ihren Daumen kreisen lassen. (Diese Arbeitsweise verursacht wahrscheinlich am wenigsten Unbehagen bei dieser sehr empfindlichen Zone.)

Die Behandlung bei vergrößerter Prostata

Die Prostata umgibt den Blasenhals und ist für die Produktion der Samenflüssigkeit verantwortlich. Wenn Sie sich vergrößert, was bei Männern über 50 Jahren aus ungeklärten Gründen öfter geschieht, stößt sie gegen den Harnleiter, engt diesen ein und drängt ihn ab. Häufiges Wasserlassen besonders nachts, was den Schlaf stört, gehört zu den typischen Symptomen. Die konventionelle Behandlungsweise besteht entweder in einer langwierigen medikamentösen Therapie oder einer operativen Entfernung der Drüse.

Reflexzonenbehandlung

Die Reflexzonenmassage ist bei dieser Störung so erfolgreich, daß bei vielen Männern, die sich häufig behandeln ließen, eine Operation schließlich nicht mehr nötig war.

Unterstützende Maßnahmen

Nierensteine

Trinken Sie *mindestens 2 Liter Mineralwasser am Tag.*

Ernährung: *Nehmen Sie ballaststoffreiche Nahrungsmittel zu sich und wenig tierisches Eiweiß. Vermeiden Sie Salz, Alkohol und Zucker.*

Vergrößerte Prostata

Eine natürliche Progestogencreme *sowie die tägliche Einnahme von Zink, Seefischöl und Nachtkerzenöl können die Drüse verkleinern.*

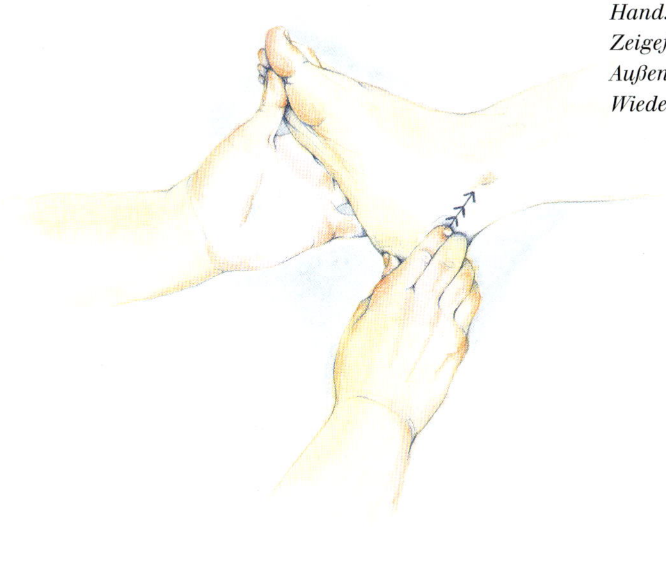

3 Massage der Prostata
Stützen Sie den rechten Fuß mit der linken Hand. Massieren Sie mit dem rechten Zeigefinger in gerader Linie von der Außenkante der Ferse bis zum Knöchel. Wiederholen Sie alles am linken Fuß.

Probleme mit den Füßen

Geschwollene Füße/Knöchel, kalte Füße, Frostbeulen

Geschwollene oder kalte Füße

Wenn man zu lange in derselben Position sitzt, kann die Durchblutung der Extremitäten träge werden. Eine solche Bewegungslosigkeit ist eine der Ursachen für geschwollene oder kalte Füße. Dieses Problem tritt häufig bei schwangeren Frauen auf, bei Menschen, die an Krampfadern leiden oder nach einer alten Knöchelverletzung. Hoher Blutdruck, Herzinsuffizienz oder chronische Nierenfunktionsstörungen können die gleichen Symptome verursachen.

Reflexzonenbehandlung

Die Reflexzonenmassage kann die Lymphdrainage anregen. Darüber hinaus kann sie die Wirbelsäule nach dem stundenlangen Sitzen entspannen. Massieren Sie zuerst die Lungen- und Herzzonen, um die Durchblutung zu verbessern. Beide Reflexe müssen behandelt werden. Da sich diese Organe im Brustkorb befinden, sollten Sie die gesamte Wirbelsäule massieren, wobei Sie sich besonders auf die Zone der Brustwirbelsäule konzentrieren, denn die Nerven aus diesem Gebiet geben die Impulse an Herz und Lungen. Wenn die Füße sehr geschwollen sind, können Sie statt dessen die Hände behandeln.

Selbsthilfe:
Massage der eigenen Hände

1 Das Herz *(siehe S. 37)*

2 Die Lungen *(siehe S. 32)*

3 Die Wirbelsäule *(siehe S. 34)*

Lernen Sie diese Zonen auswendig. Wenn Ihre Füße im Flugzeug Schwierigkeiten bereiten, können Sie sich durch die Massage Ihrer Hände Erleichterung verschaffen.

1 Massage der Lungen

Massieren Sie zuerst die Fußsohle. Stützen Sie den rechten Fuß mit der linken Hand. Bearbeiten Sie die Zone mit dem rechten Daumen von der Zwerchfellinie aufwärts bis zum Grundgelenk jedes Zehs. Massieren Sie die Reflexe 2- oder 3mal. Massieren Sie danach den Fußrücken. Ballen Sie die linke Hand zur Faust, und drücken Sie diese in die Fußsohle, um die Furchen auf dem Fußrücken zu öffnen. Folgen Sie dann diesen natürlichen Furchen mit dem rechten Zeigefinger. Wiederholen Sie alles am linken Fuß.

Frostbeulen
Besonders ältere Menschen leiden an Frostbeulen. Schlechte Durchblutung, die in einigen Fällen durch eine schlechte Ernährung verschlimmert wird, mangelnde Bewegung und zu dünne Kleidung führen dazu, daß sich die Blutgefäße, die genau unter der Haut verlaufen, aufgrund der Kälte vollkommen zusammenziehen.

Reflexzonenbehandlung
Die Behandlung zielt darauf ab, die Durchblutung zu fördern, und unterscheidet sich nicht von der Massage bei geschwollenen Füßen (links). Wenn sich die Frostbeulen an den Füßen befinden, behandeln Sie die Hände.

Unterstützende Maßnahmen

Vitamin-E-Kapseln *unterstützen die Durchblutung.*

Dicke Wollsocken *oder Wollstrümpfe, warme, gefütterte Schuhe und Pantoffeln halten die Füße im Winter warm. Vermeiden Sie enge Schuhe, die die Durchblutung erschweren.*

Zitronenöl *lokal aufgetragen lindert die Beschwerden bei Frostbeulen.*

Vermeiden Sie *bei Frostbeulen die direkte Hitze von offenem Feuer oder heißen Wärmflaschen.*

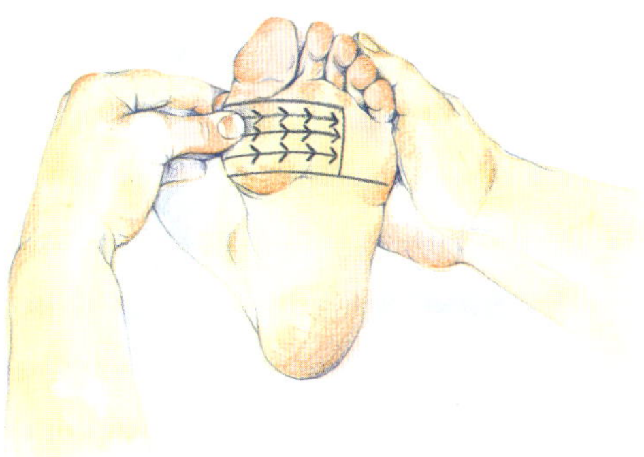

2 Massage des Herzens
Achtung! Der Herzreflex befindet sich nur auf dem linken Fuß. Regen Sie diese Zone nicht zu stark an!

Stützen Sie den oberen linken Fuß mit der rechten Hand. Massieren Sie die Zone in der auf der Abbildung angegebenen Richtung. Wiederholen Sie die Massage höchstens 3mal.

3 Massage der Wirbelsäule
Stützen Sie den rechten Fuß mit der linken Hand. Massieren Sie mit dem rechten Daumen die Wirbelsäulenreflexe auf der Innenkante des Fußes, wobei Sie sich besonders auf die Zone der Brustwirbelsäule in der Mitte des Fußes konzentrieren. Wiederholen Sie alles am linken Fuß.

Allergische Reaktionen *Allgemeine Auslöser: Nahrungsmittelunverträglichkeit und Streß*

Nahezu jedes Symptom, das nicht durch eine bestimmte Erkrankung erklärt wird, kann durch eine Allergie hervorgerufen worden sein. Dabei handelt es sich um eine sofortige, häufig aber auch verzögerte körperliche Reaktion auf einen oder mehrere Reizstoffe aus der großen Anzahl der Allergene. Die körperlichen Reaktionen betreffen gewöhnlich die Haut, den Atmungstrakt und das Verdauungssystem. Zu den Allergenen zählt man bestimmte Nahrungsmittel, Gräser, Pollen, Hausstaubmilben, Tierhaare, Haushaltssprays und Wasch- und Reinigungsmittel – um nur einige wenige zu nennen.

Abgesehen von tränenden Augen und laufenden Nasen, die gewöhnlich mit Heuschnupfen assoziiert werden, findet man unter den allgemeinen Symptomen einer allergischen Reaktion dunkle Ringe unter den Augen, geschwollene Tränensäcke, chronischen Durchfall, Gelenkschmerzen, Kopfschmerzen und juckende Ausschläge.

Lebensmittelallergien

Die Empfindlichkeit gegenüber Lebensmitteln wurde zuerst von Hippokrates erwähnt, der einen Zusammenhang zwischen Milch und Verdauungsbeschwerden feststellte. Heute weiß man, daß Milchprodukte häufig Allergien auslösen. Eine Lebensmittelallergie kann sich in die Form vieler allgemeiner Krankheiten kleiden wie zum Beispiel Asthma, Schnupfen, eine laufende Nase, Migräne, Arthritis, Depression, Reizdarmsyndrom, Ekzem und Psoriasis. Wenn Sie herausfinden wollen, welche Lebensmittel die Allergie auslösen, dann machen Sie eine Ausschlußdiät und führen ein Allergietagebuch.

Eine erbliche Belastung macht manche Menschen anfälliger für Allergien, wobei sich der Ausdruck der Empfindlichkeit ändern kann. Wenn in der Familiengeschichte Allergien vorkommen, sind Mütter gut beraten, wenn sie ihre Kinder mindesten 6 Monate lang stillen. Bestimmte Nahrungsmittel wie Milchprodukte, Zitrusfrüchte, Früchte mit vielen Kernen und Weizenprodukte sollten einem solchen Baby erst nach Vollendung seines ersten Lebensjahrs gegeben werden. Während man die Ursache einer Lebens-

Allergietagebuch

Notieren Sie Ihre allergischen Reaktionen etwa einen Monat lang.

◆

Während der nächsten 3 Wochen verzichten Sie zu einhundert Prozent auf die vermuteten Auslöser.

◆

Nehmen Sie die Nahrungsmittel eines nach dem anderen langsam im Wochenturnus wieder zu sich. Essen Sie eine Woche lang täglich eine Portion von dem Nahrungsmittel. Wenn Sie nicht darauf reagieren, können Sie es in die Diät aufnehmen und das nächste Lebensmittel ausprobieren.

◆

Wenn Sie alle Lebensmittel überprüft haben, zeigen Sie Ihrem Arzt das Tagebuch.

◆

Verzichten Sie nicht über einen längeren Zeitraum auf solche Lebensmittel, bei denen Ihnen nicht klar ist, ob sie sich auf Ihre Symptome auswirken. Suchen Sie auch hier den Rat eines Spezialisten.

mittelallergie herauszufinden versucht, ist es wichtig, die Nahrungsmittel nicht zu lange aus der Diät auszuklammern. Es lohnt sich sicher, darüber nachzudenken, daß viele an Asthma leidende Kinder durchschnittlich weniger Vitamin C zu sich nehmen.

Der Streßfaktor

Streß erschöpft das Immunsystem und spielt eine wesentliche Rolle bei der Auslösung von Allergien. Vielleicht erinnern Sie sich zum Beispiel daran, daß Sie in einer besonders belastenden Lebensphase plötzlich allergisch auf Ihre Katze oder Ihren Hund oder ungewöhnlich empfindlich auf Pollen reagierten. In anderen Jahren schien die Allergie verschwunden oder zumindest abgeschwächt zu sein.

Reflexzonenbehandlung

Die Reflexzonenmassage versucht nicht, die Allergie zu behandeln, sondern kümmert sich um den Grund, warum der Körper Allergien entwickelt. Durch ihre entspannende Wirkung baut sie Streß ab und stärkt darüber hinaus das Verdauungssystem. Massieren Sie deshalb das gesamte Verdauungssystem (siehe Seite 100-101), wobei Sie sich auf die Leber-, die Magen- und die Eingeweidezonen konzentrieren. Behandeln Sie die Milz, um die Abwehr zu steigern (Seite 24-25), und vermindern Sie den Streß, indem Sie die Fußentspannungsmassage geben.

Verdächtige Lebensmittel

Nahezu alle Nahrungsmittel können Allergien auslösen:

Weizen und Weizenprodukte

Hefe (in Brot, Käse, Alkohol)

Zucker

Milch und Milchprodukte

Orangefarbene, rote und violette Früchte

Lebensmittelfarben und Haltbarkeitsmittel

Koffein

Schokolade

Unterstützende Maßnahmen

Vermeiden Sie raffinierten Zucker. *Je mehr raffinierter Zucker sich im Körper angesammelt hat, um so besser kann sich die Allergie entwickeln. Natürlicher Zucker wie Fruchtzucker ist in dieser Hinsicht nicht so schädlich, obwohl einige Früchte Allergien hervorrufen.*

Vitamin- und Mineralstofftabletten *können Sie als Langzeitvorbeugung einsetzen. Nehmen Sie täglich 1g langsam lösliches Vitamin C, eine hohe Dosis Vitamin-B-Komplex (hefefrei) und abends 15 mg Zink. Wenn Sie viel Vitamin B zu sich nehmen, färbt sich Ihr Urin gelb. Beim Ausbruch der Allergie nehmen Sie 6mal täglich 1g Vitamin C ein.*

Verringern Sie Ihr Risiko, *eine Empfindlichkeit zu entwickeln, indem Sie die Aufnahme raffinierter und vorverarbeiteter Nahrungsmittel auf ein Minimum reduzieren.*

Arthrose und Arthritis

Arthrose, rheumatische Arthritis, Gicht

Arthritis, die in vielen Formen auftritt, verursacht eine Entzündung in den Gelenken, wodurch diese schmerzen, anschwellen und steif werden.

Arthrose

Bei dieser häufigsten Form der Gelenkerkrankung werden die beim normalen gesunden Gelenk glatten Knorpel rauh und faserig. Das bedeutet, daß das Gelenk nicht mehr so elastisch ist und deshalb leicht überanstrengt oder verletzt werden kann. Diese Verletzungen verursachen Schmerzen und Steifheit. Das Problem, das die größeren, gewichttragenden Gelenke in der Halswirbelsäule, im unteren Rükken, in den Knien und den Hüften betrifft, wird durch den normalen Verschleiß noch verschlimmert. Jeder Mensch über 60 Jahre hat wahrscheinlich in gewissem Grade Arthrose, obwohl diese nicht unbedingt Beschwerden verursachen muß.

Patienten mit Übergewicht stellen fest, daß eine Reduktion dieses Gewichts die Symptome dramatisch bessert.

Gicht

Diese allgemeine Gelenkerkrankung betrifft weit häufiger Männer als Frauen, wobei Männer nach der Pubertät zu jeder Zeit davon betroffen sein können. Gicht ist eine Form der Arthritis und wird durch zu viel Harnsäure im Blut verursacht, die in den Gelenken Kristalle bildet. Im Gegensatz zur Arthrose ist bei Gicht jedoch nur ein Gelenk betroffen, gewöhnlich das Großzehengelenk. Das betroffene Gelenk wird rot, schwillt an und ist so schmerzhaft, daß bereits der leiseste Druck unerträglich ist.

Obwohl einige Menschen nur einen Anfall erleiden, machen die meisten innerhalb von 2 Jahren einen zweiten durch. Wenn Sie bereits mehr als einen Anfall hatten, dann werden sich die Attacken wahrscheinlich mit gewisser Regelmäßigkeit wiederholen. Es ist wichtig, daß Sie nach dem zweiten Anfall mit einer Behandlung beginnen, denn ohne Therapie können die Gelenke dauerhaft Schaden nehmen.

Zusammenfassung der Behandlung

einschließlich der Selbsthilfe an den eigenen Händen

1 Das Verdauungssystem

(**F** S. 100-101; **H** S. 35-37)

2 Der Harntrakt

Blase (**F** S. 29; **H** S. 35)

Harnleiter (**F** S. 29; **H** S. 35)

Nieren (**F** S. 30; **H** S. 36)

3 Massieren Sie die Reflexe, die den betroffenen Körperteilen entsprechen

Achtung **F** = Füße; **H** = Hände

Bewegen Sie die Gelenke!

Hände: Drehen Sie die Handgelenke langsam zuerst im Uhrzeigersinn, dann in entgegengesetzter Richtung. Ziehen Sie die Finger an.

Schultern: Lassen Sie die Schultern in den Gelenken kreisen, zuerst vorwärts, dann rückwärts. Wiederholen Sie die Übung 6mal am Tag.

Knöchel: Drehen Sie die Knöchel im Uhrzeigersinn, dann in entgegengesetzter Richtung. Stützen Sie dabei den Unterschenkel.

Unterstützende Maßnahmen

Das Öl von Meeresfischen oder Nachtkerzenöl *enthält ausgesprochen viel essentielle Fettsäuren, die die Symptome lindern.*

Kabeljauleberöl *hilft ebenfalls. Mischen Sie einen Teelöffel Öl mit zwei Teelöffeln frischer Milch, und trinken Sie die Mischung jeden Morgen vor dem Frühstück.*

Kirschen *sollen die Kristallisation von Harnsäure verhindern. Essen Sie frische Früchte, oder trinken Sie den Saft.*

Vermeiden *Sie Zitrusfrüchte, Fleisch und Eier.*

Beginnen Sie, *Reflexzonenmassagen zu geben – diese Übung wirkt gut gegen steife Finger und Handgelenke.*

Akupunktur *hat beträchtliche Erfolge bei der Schmerzlinderung von Arthritis.*

Rheumatische Arthritis

Diese Autoimmunerkrankung ist eine der schwersten Gelenkkrankheiten. Sie befällt die Gelenkhäute, die sich entzünden, schmerzen und steif werden. Jedes Gelenk kann betroffen sein, doch meist sind es Wirbelsäule, Hals, Schultern, Handgelenke, Finger, Hüften und Knie.

Reflexzonenbehandlung

Die Behandlung zielt darauf ab, die Ausscheidung von Toxinen zu fördern, indem sie an allen Ausscheidungsorganen im Verdauungs- und Harnsystem arbeitet.

Massieren Sie darüber hinaus die Zonen des betroffenen Knochensystems – Lendenwirbelsäule, Schultern, Knie, Hüften oder Hände (siehe Seiten 27-28 und Seiten 33-35). Eine leichte Massage der schmerzenden Teile fördert die Durchblutung und die Ausscheidung der Toxine.

Maureen, eine ältere Frau mit Arthritis

Ende Vierzig begann Maureen an Arthritis zu leiden, und im Laufe der Jahre hatte sie immer öfter auf entzündungshemmende und schmerzlindernde Medikamente zurückgegriffen. Doch der langjährige Gebrauch dieser Substanzen hatte schließlich zu einer Anzahl unangenehmer Nebenwirkungen geführt.

Als sie zum erstenmal zu mir kam, waren alle mit dem Knochensystem verbundenen Reflexe außerordentlich empfindlich, und ich warnte sie, daß die Behandlung wahrscheinlich starke Reaktionen hervorrufen würde. Am nächsten Tag hatte Maureen Fieber, und alle Gelenke schmerzten. Obwohl sie lange unter Verstopfung gelitten hatte, mußte sie nachts mehrere Male wegen Durchfall aufstehen. Ich begrüßte diese Symptome als Zeichen einer Heilungskrise, und es gelang mir, Maureen und ihren Mann zu beruhigen.

Es ging ihr von Woche zu Woche besser, und schließlich konnte sie sich wieder bücken, um etwas vom Boden aufzuheben – das erstemal seit Jahren! Ihre Hände schmerzten nicht mehr so stark und wurden beweglicher, und sie konnte ihren Hals wieder zur Seite drehen. Nach 4 Monaten sah sie zehn Jahre jünger aus, ihr Gang hatte sich erstaunlich verbessert, und sie fühlte sich, dank der Reflexzonenmassage, wie »neugeboren«. Heute erhält sie nur noch eine Behandlung im Monat.

5. Kapitel

Die bessere Streßbewältigung

Die Reflexzonenmassage löst Wohlbefinden und Streßerholung aus. Häufige Behandlungen führen rasch zu einer Verringerung des Belastungsniveaus.

***Nehmen Sie sich Zeit,** um im wilden Tempo des Stadtlebens Sie selbst zu sein und Ihre Batterien aufzuladen. Damit leisten Sie einen wesentlichen Beitrag dazu, den Streß auf einem gut zu bewältigenden Niveau zu halten.*

Streß kann man nicht vermeiden. Sie können ihm nicht entkommen, obwohl Sie das Belastungsniveau senken können, wenn Sie dem modernen Stadtleben entfliehen und sich der langsameren Geschwindigkeit des Landlebens anpassen.

Dieses Kapitel zeigt Ihnen, wie Sie die Reflexzonenmassage in Verbindung mit anderen »unterstützenden Maßnahmen« nutzen können, um unverkennbar belastende Situationen besser zu bewältigen. Gleichzeitig kann die Reflexzonenmassage dazu beitragen, die Auswirkungen von über Jahre bestehendem Streß zu verringern oder aufzulösen. Beginnen Sie sofort mit regelmäßigen Behandlungen, wenn ein Mitglied Ihrer Familie ständig überlastet ist. Dauerstreß schwächt das Immunsystem und führt schließlich entweder zu körperlichen Krankheiten – zu Magengeschwüren, Kolitis oder Reizdarmsyndrom – oder zu Depressionen und Panikattacken.

Die bemerkenswert entspannende Wirkung der Reflexzonenmassagen befähigt die Menschen, die Kontrolle über ihre Leiden selbst zu übernehmen, statt sich von ihnen überwältigen zu lassen. Die Abkürzungen **F** (Füße) und **H** (Hände) sind im gesamten Kapitel beibehalten.

Das innere Gleichgewicht

Wir sind alle menschlich, und jeder von uns hat seine Schwächen. Zu bestimmten Zeiten bieten wir Hilfe an, zu anderen erhalten wir Hilfe. Dieser Abschnitt wendet sich an den Behandler wie an den Empfänger von Reflexzonenmassagen. Ob Sie Ihre eigenen Hände massieren oder ob Ihr Partner oder ein anderer Verwandter Ihre Füße massiert, Sie unternehmen damit wichtige Schritte, um Harmonie und Gleichgewicht in Ihrem Körper wiederherzustellen.

Die eigene Krankheit: eine positive Sichtweise entwickeln

Krankheit bedeutet, daß man sich körperlich oder geistig nicht wohl fühlt. Um diese Krankheit zu heilen, halten es ganzheitlich orientierte Heiler für wesentlich, den ganzen Menschen zu behandeln, und dazu gehört nicht nur dessen Körper, sondern auch sein Geist und seine Seele. Es spielt keine Rolle, ob Sie diesen Glauben teilen, doch wenn Sie krank sind, ist es nur vernünftig, daß Sie Ihr Leben einmal genauer unter die Lupe nehmen, und zwar in körperlicher und in emotionaler Hinsicht. Es ist schwierig, geheilt zu werden, wenn man seine Krankheit negativ beurteilt. Wenn Sie sich so positiv wie möglich damit auseinandersetzen, können Sie erstaunliche Wirkungen erzielen. Zum Beispiel berichten Heiler immer wieder von Patienten, deren Operationen schlußendlich nicht mehr nötig waren: Sie wurden geheilt, nachdem sie sich dem problematischen Bereich liebevoll zugewandt hatten.

Die Rolle der Reflexzonentherapie

Betrachten Sie Ihren Körper als heiligen lebendigen Tempel, den man achten und für den man sorgen muß. Eine Möglichkeit, für ihn zu sorgen, besteht darin, daß Sie die Reflexe, die mit Ihrer Erkrankung zusammenhängen, an Ihren Händen selbst massieren. Dies ergänzt die Behandlung Ihrer Füße ganz wesentlich und beschleunigt die Heilung. Ziehen Sie die Seiten 32-37 zu Rate, wo die vollständige Handmassage beschrieben ist.

Unfälle als Sicherheitsventil

Manchmal erleiden Sie dann einen Unfall oder eine Verletzung, wenn Sie sich in höchstem Maße überarbeitet haben. In solch einer Situation dient Ihnen der Unfall als Sicherheitsventil.

Es erfordert Mut, doch während Sie auf einer Ebene »außer Gefecht gesetzt« sind, können Sie auf einer anderen sehr wirkungsvoll tätig werden. Beschließen Sie, die Verantwortung für Ihre Zukunft dergestalt zu übernehmen, daß Sie sie nach Ihrem Geschmack gestalten.

Die Rolle der Reflexzonentherapie

Ein Unfall verursacht einen Schock, und der Schock schwächt das Immunsystem, deshalb sollten Sie die Reflexe der Milz intensiv am linken Fuß und an der linken Hand massieren.

Unterstützende Maßnahmen

Depression

Treiben Sie Sport! *Regelmäßige Körperübungen sind ein wesentlicher Bestandteil eines glücklichen und gesunden Lebens. Sport regt die Produktion der Endorphine an.*

Ernähren *Sie sich gesund und ausgewogen.*

Johanniskraut *ist ein pflanzliches Medikament gegen Depressionen (als Tee oder in Tablettenform).*

Vermindern oder vermeiden *Sie Nikotin, Alkohol und sogenannte Beruhigungsmittel.*

Vermeiden Sie *Koffein und Schokolade.*

Finden Sie *heraus, ob Ihnen Psychotherapie oder Beratungsgespräche helfen könnten.*

Depression

Jedes Mitglied der Familie leidet zu gewissen Zeiten unter Depressionen, Gefühlen der Unruhe, Traurigkeit und Hoffnungslosigkeit. Diese Gefühle können eine natürliche Reaktion auf ein bestimmtes Ereignis sein, doch wenn die Depression fortdauert, oder wenn es für sie keinen offensichtlichen Grund gibt, dann handelt es sich eher um eine depressive Erkrankung.

Zu einer leichten Depression gehören Unruhe und Stimmungsschwankungen; schwerere Formen führen zu Schlaflosigkeit, Müdigkeit, mangelndem Interesse an Nahrung und sozialen Aktivitäten und Konzentrationsverlust.

Die Therapie ist unterschiedlich: Einige reagieren auf Psychotherapie, andere auf Antidepressiva, manche auf eine Kombination.

***»Offene« und stehende Yogastellungen** sind empfehlenswert für depressive Menschen. Sie stärken und beleben und fördern die innere Betrachtung.*

Die Rolle der Reflexzonenmassage

Ganz gleich, ob Sie ein Jugendlicher sind, der von den hormonellen Veränderungen gebeutelt wird, eine junge Mutter, die an einer postnatalen Depression leidet, ein älterer Mann oder eine Frau in der Mid-life-Krise oder ob es keinen offensichtlichen Grund für Ihre Depression gibt: Die Reflexzonenmassage kann Ihre Stimmung nur verbessern. Die Behandlung macht sich die heilenden Kräfte der Entspannung zunutze, konzentriert sich auf das Endokrinsystem, da Depressionen oft durch hormonelle Störungen verursacht werden, und auf die Wirbelsäule, um das Zentralnervensystem anzuregen. Versuchen Sie, mindestens 2mal pro Woche zu massieren.

Zusammenfassung der Behandlung
1 Fußentspannungsmassage (siehe S. 24-25)
2 Massage des Endokrinsystems
(**F**: S. 108-109; **H**: siehe S. 108-109)
3 Massage der Wirbelsäule (**F**: S. 27; **H**: S. 34)

Panikattacken überstehen

Überwältigende Gefühle von Angst und Unruhe, die ohne offensichtlichen Grund auftauchen, können Menschen in einer behaglichen Umgebung, in der sie sich vollkommen zu Hause fühlen, urplötzlich überfallen. Panikattacken hinterlassen keine körperlichen Schäden und werden nur selten mit ernsthaften Krankheiten in Verbindung gebracht, doch sie sind äußerst unangenehm und furchterregend.

Typische Symptome sind Atemschwierigkeiten, Schwitzen, Zittern, Palpitationen und das Gefühl, als »erstarre das Blut in den Adern«.

Die Rolle der Reflexzonenmassage
Wenn Sie oder ein Mitglied Ihrer Familie an Panikattacken leidet, versuchen Sie, den Betroffenen mit regelmäßigen Reflexzonenbehandlungen zu beruhigen und so eine entspanntere Haltung zum Leben zu fördern. Während eines Anfalls können Sie Ihre eigenen Hände massieren.

Führen Sie zuerst die Fußentspannungsmassage durch, behandeln Sie dann den Solar Plexus und die ganze Wirbelsäule, um das Zentralnervensystem zu unterstützen.

Zusammenfassung der Behandlung
1 Fußentspannungsmassage (S. 24-25)
2 Massage des Solar Plexus (**F**: S. 93; **H**: S. 37)
3 Massage der Wirbelsäule (**F**: S. 27; **H**: S. 34)

Unterstützende Maßnahmen

Panikattacken

***Die Massage** von Nacken und Schultern mit Lavendelöl kann die Unruhe reduzieren.*

***Regelmäßige flotte sportliche Übungen** helfen, die übermäßige Ansammlung von Adrenalin, das bei einer Panikattacke ausgeschüttet wird, zu »verbrennen«.*

***Regelmäßige Meditationen** wirken mit der Zeit beruhigend.*

Nachts gut schlafen können

Manche Menschen können abends schlecht einschlafen, andere wachen in den frühen Morgenstunden auf und finden keine Ruhe mehr. Reizmittel wie Kaffee, Tee, Schokolade, nicht verdaute Mahlzeiten und Alkohol verstärken das Problem. Sorgen innerhalb der Familie, um die Kinder und die Finanzen, um den Gesundheitszustand der alternden Eltern, um den eigenen Arbeitsplatz oder den des Partners, sie alle gewinnen mitten in der Nacht alarmierende Ausmaße und verhindern wirksam den Schlaf. Anhaltende Schlaflosigkeit ist gewöhnlich mit Depression und Unruhe verbunden.

Die Rolle der Reflexzonenmassage
Die tiefe Entspannung durch die Reflexzonenmassage sollte, wenn sie regelmäßig ausgeführt wird, helfen, die gewohnte Schlaflosigkeit zu überwinden. Führen Sie die Fußentspannungsmassage (siehe S. 24-25) aus, und wiederholen Sie die Zwerchfellentspannung zwei- oder dreimal, um Schläfrigkeit hervorzurufen.

Störungen des Schlafrhythmus

Am häufigsten wird der Schlafrhythmus durch lange Flugreisen (Jet-lag) und Schichtarbeit gestört. Langstreckenflüge in östlicher Richtung ziehen den Tag des Reisenden endlos in die Länge und sind für die meisten Umstellungsschwierigkeiten verantwortlich.

Unterstützende Maßnahmen

Beruhigt einschlafen

1 Geben Sie wenige Tropfen Lavendelöl in Ihr warmes Abendbad.

2 Trinken Sie warme Milch mit Honig und, wenn Sie mögen, mit etwas Zimt.

3 Vertiefen Sie sich in die beruhigenden Klänge der Natur, oder hören Sie Entspannungsmusik, wenn Sie sich auf die Nacht vorbereiten. Dies ist besonders wirkungsvoll, wenn Sie Kopfhörer benutzen.

4 Atmen Sie tief, und entspannen Sie sich wie auf S. 42 beschrieben.

5 Stellen Sie sich einen schönen Ort vor, oder rufen Sie sich ein schönes Erlebnis ins Gedächtnis.

Das Nervensystem von Menschen, die Schichtarbeit verrichten und sich ständig an wechselnde Schlaf- und Arbeitszeiten anpassen müssen, erleidet im Laufe der Zeit Störungen. Erschöpfung, zuweilen begleitet von Übelkeit und Schlaflosigkeit, ist ein chronischer Bestandteil ihres Lebens.

Die Rolle der Reflexzonenmassage

Die Reflexzonenmassage kann dabei helfen, die Körperuhr zu regulieren. Die Zirbeldrüse im Hirnstamm, die man oft auch »drittes Auge« nennt, spielt eine bedeutende Rolle bei der Steuerung des menschlichen Biorhythmus. Massieren Sie deshalb das gesamte Endokrinsystem (siehe S. 108-109), wobei Sie sich besonders auf die Kontaktpunkte von Zirbeldrüse und Hypophyse auf dem großen Zeh konzentrieren. Wenn Sie die Gehirnzonen ins Gleichgewicht bringen, werden alle überschießenden Reaktionen beruhigt und Reaktionsmängel angeregt. Für Schichtarbeiter ist eine Behandlung pro Woche empfehlenswert.

Sucht 1: Rauchen

Wenn Ihre erste morgendliche Tat der Griff zur Zigarette ist, und wenn Sie die letzte kurz vor dem Schlafengehen ausdrücken, dann sind Sie süchtig. Bei Familien ist es so, daß ein Raucher die übrigen Mitglieder ebenfalls zu Rauchern macht – zu Passivrauchern. Die negativen Auswirkungen von Passivrauchen sind umfassend nachgewiesen. Es ist unverantwortlich, Ihre Kinder solch einem Risiko auszusetzen.

Obwohl es genügend logische Gründe gibt, mit dem Rauchen aufzuhören, werden Sie es nur dann schaffen, wenn Sie es wirklich wollen – aus tiefstem Herzen. Sie mögen über Nacht an diesen Punkt gelangen, ohne sich dies erklären zu können. Doch Ihre Entscheidung ist wahrscheinlich nur der Höhepunkt einer längeren »inneren« Arbeit, die vom Bewußtsein nicht immer registriert werden muß. Wenn Sie sich einmal zum Aufhören entschlossen haben, kann Sie die Reflexzonenmassage durch ihre entspannende Wirkung dabei unterstützen.

Unterstützende Maßnahmen

Das Rauchen aufgeben

***Treiben Sie regelmäßig Sport.** Sie werden sich fitter und weniger belastet fühlen. Außerdem motiviert Sie der Sport zusätzlich, mit dem Rauchen aufzuhören.*

***Üben Sie Yoga** oder Meditation oder eine andere Entspannungstechnik (siehe S. 42-45).*

***Versuchen Sie es mit Akupunktur.** Sie hat viele Menschen unterstützt, die das Rauchen aufgeben wollten. Stellen Sie sich auf eine etwa dreimonatige regelmäßige Behandlung ein.*

***Psychotherapie oder Hypnose** können Ihnen helfen, herauszufinden, warum Sie rauchen müssen und wie Sie es am besten aufgeben.*

Das Bild, das Sie von sich selbst haben, *ist viel wichtiger als jenes, das Sie anderen Menschen zeigen. Wenn Sie aufhören wollen, sich zu zerstören, besteht ein wesentlicher Schritt darin, daß Sie lernen, sich zu lieben. Wenn Sie kein gutes Bild von sich haben, suchen Sie professionelle Hilfe, um es zu ändern.*

Die Rolle der Reflexzonenbehandlung
Die tief entspannende Wirkung der Reflexzonenbehandlungen sollte im Laufe der Zeit dafür sorgen, daß Sie immer weniger Gelegenheiten finden, den Griff zur Zigarette mit Ihrem Bedürfnis nach Entspannung zu entschuldigen. Alle Familienmitglieder können bei der Behandlung des Rauchers helfen. Sie haben ein berechtigtes Interesse daran, in einer rauchfreien Zone zu leben.

Die Reflexzonenmassage zielt jedoch nicht nur darauf ab, den Patienten zu entspannen, sondern hilft, die Zerstörung jener Bereiche im Körper zu heilen, die vom Rauchen am meisten betroffen sind: die Lungen und das Herz.

Unterstützende Maßnahmen

Den Alkohol aufgeben

Nehmen Sie die Hilfe *Ihrer Familie, Ihrer Freunde oder eines Beraters an. Dies ist der erste Schritt auf einem Weg, auf dem Sie lernen, sich selbst zu lieben, statt sich zu zerstören.*

Treten Sie einer Gruppe der Anonymen Alkoholiker bei. *Sie bieten auch Gruppen an, in denen die Angehörigen Unterstützung finden.*

Akupunktur *hat eine hohe Erfolgsrate bei der Behandlung von Alkoholkrankheit. Gute Ergebnisse wurden erzielt, wenn die Behandlungen über einen Zeitraum von 3 Monaten regelmäßig durchgeführt wurden.*

Zusammenfassung der Behandlung
1 Entspannen Sie das Zwerchfell (**F**: S. 24)
2 Massage der Lungen (**F**: S. 26; **H**: S. 32)
3 Massage des Herzens (**F**: S. 31; **H**: S. 37)

Sucht 2: Alkohol
Wenn der Alkoholkonsum die empfohlene tägliche Menge über einen längeren Zeitraum regelmäßig überschreitet, weist dies auf eine Abhängigkeit hin. Alkoholismus kann sich vernichtend auf die übrigen Mitglieder der Familie auswirken, besonders dann, wenn der Trinker gewalttätig oder ausfallend wird oder sich im Vollrausch befindet. Dann muß dringend die Hilfe einer äußeren Vermittlungsstelle wie zum Beispiel die der Anonymen Alkoholikern gesucht werden. Doch wie bei allen Abhängigkeiten hat eine solche Hilfe erst dann Erfolg, wenn der Süchtige zuerst einmal zugibt, daß er Schwierigkeiten hat und die Sucht wirklich aufgeben will.

Die Rolle der Reflexzonenbehandlung
Wie beim Rauchen ist die vordringliche Aufgabe der Reflexzonenmassage, die Belastung zu verringern. Führen Sie deshalb alle Entspannungsgriffe durch. Massieren Sie dann das gesamte Verdauungssystem, wobei Sie sich besonders auf die Leberzone konzentrieren. Wahrscheinlich ist die Leber bei jedem schweren Trinker geschädigt, was sich durch die Empfindlichkeit der Leberreflexe bestätigen wird.

Zusammenfassung der Behandlung
1 Fußentspannungsmassage (S. 24-25)
2 Massage des Verdauungssystems
(**F**: S. 100-101; **H**: S. 35-37)

Eßstörungen

Einige junge Menschen, besonders aber Mädchen und Frauen, die durch Hochglanzzeitschriften gelernt haben, daß eine schöne, begehrenswerte Frau dünn sein muß, konzentrieren sich übermäßig auf ihre Figur und machen ständig Diäten, um Gewicht zu verlieren. Manche leiden aus Gründen, die nicht immer klar ersichtlich sind, an einer starken, beherrschenden Angst vor dem Dicksein: Aus diesem Grunde vermeiden Sie Nahrung (Anorexia nervosa) oder geben sich Freßanfällen hin, nach denen sie das Erbrechen selbst herbeiführen (Bulimie). Diese potentiell lebensbedrohlichen Krankheiten sind äußerst quälend – nicht zuletzt für die Eltern – und bedürfen professioneller psychologischer Betreuung und medizinischer Hilfe.

Die Rolle der Reflexzonenbehandlung
Die Reflexzonenmassage kann die professionelle Behandlung und Beratung nur unterstützen. Der Nutzen einer regelmäßigen, heilenden, entspannenden Massage wird nicht nur vom Patienten begrüßt werden, sondern auch von denjenigen, die sie anbieten. Eltern, Geschwister oder Partner fühlen sich oft hilflos, wenn sie mit schweren Erkrankungen ihrer Nächsten und Liebsten konfrontiert werden, und tun bereitwillig alles, um zu helfen.

Verwenden Sie alle entspannenden Griffe, massieren Sie dann den Solar Plexus und das gesamte Verdauungssystem. Behandeln Sie diese Zonen regelmäßig, um das Gleichgewicht wiederherzustellen. Greifen Sie zusätzlich auf die eine oder andere unten angeführte unterstützende Maßnahme zurück.

Denken Sie jedoch immer daran, daß die Reflexzonenmassage die wichtige professionelle medizinische Hilfe nicht ersetzen kann. Achten Sie darauf, daß der Patient die Termine einhält.

Zusammenfassung der Behandlung
1 Fußentspannungsmassage (S. 24-25)
2 Massage des Solar Plexus (**F**: S. 93; **H**: S. 37)
3 Massage des Verdauungssystems
(**F**: S. 100-101; **H**: S. 35-37)

Unterstützende Maßnahmen

Eßstörungen

***Regelmäßige Bewegung**, zum Beispiel ein flotter Spaziergang von einer halben Stunde täglich, tut gut. Hüten Sie sich davor, zwanghaft Sport zu treiben, denn das gehört oft zu den Symptomen von Anorexie.*

***Essen Sie** regelmäßig im Sitzen.*

***Vermeiden Sie** fade Diäten! Alle faden Diäten wirken, doch schlußendlich versagt jede.*

***Feministische Literatur** kann dabei einigen Mädchen und Frauen helfen, ihr Selbstbild positiv zu verändern.*

***Psychotherapie** einzeln oder in der Gruppe kann helfen, die Wurzel des Problems zu finden.*

***Yoga** belebt die Muskeln und steigert das Körpergefühl und das Selbstbewußtsein. Dadurch entsteht größere Willenskraft.*

Der Babyblues

Die Entscheidung, eine Familie zu gründen, ist eine der schwerwiegendsten im Leben eines Paares. Wie alle anderen wichtigen Lebensentscheidungen bringt auch diese, wenn sie einmal getroffen ist, sowohl Leid und Enttäuschung als auch Erfüllung.

Mit der postnatalen Depression umgehen

Der »Babyblues« befällt etwa zwei Drittel aller Mütter. Er beginnt wenige Tage nach der Geburt und ist nicht vom Stolz oder Glück der Mutter über den Neuankömmling abhängig. Unvorhersehbare Tränenausbrüche, Reizbarkeit und Depression sind einige typische Symptome, die gewöhnlich innerhalb von zwei oder drei Tagen wieder vergehen. Diese oft unerwarteten Reaktionen werden in erster Linie durch die plötzlichen hormonellen Veränderungen verursacht.

Einige Frauen leiden an ernsteren postnatalen Depressionen, die einige Wochen oder länger dauern können, doch auch diese verschwinden schließlich von selbst. Die schlimmste Form der Depression, die zwei oder drei Wochen nach der Entbindung auftritt, befällt nur eine von tausend Frauen. Dabei handelt es sich um eine depressive Psychose, die stationär behandelt werden muß.

Die Rolle der Reflexzonenbehandlung

Die frischgebackene Mutter kann auf mehreren Ebenen von der Fußreflexzonenbehandlung profitieren. Die Massage kann die Funktion des Hormonsystems verbessert, die Beschwerden im Vaginal- und Rektalbereich lindern, das Anschwellen der Brüste verhindern (siehe auch S. 91) und die Milchproduktion fördern.

Versuchen Sie abends eine Stunde zu finden, wo das Baby versorgt ist und Sie – die Eltern – etwas Zeit füreinander haben. Das ist sehr wichtig. Viel zu häufig fühlen sich die Männer von den Frauen, die nur noch Zeit für das Neugeborene zu haben scheinen, vernachlässigt.

Beginnen Sie damit, der Mutter eine vollständige Fußentspannungsmassage zu geben. Massieren Sie dann das Endokrinsystem (das die Hormone produziert) und das gesamte Fortpflanzungssystem. Die Behandlung des letzteren stimuliert die Durchblutung der Vaginalzone, wodurch die Spannung von Muskeln und Bändern verbessert wird. Behandeln Sie dann die Zone der Brüste.

Zusammenfassung der Behandlung

1 Fußentspannungsmassage (S. 24-25)
2 Massage des Endokrinsystems (**F**: S. 108-109; **H**: siehe S. 108)
3 Massage der Fortpflanzungsorgane (**F**: S. 30; **H**: S. 36-37)
4 Massage der Brüste (**F**: S. 26; **H**: S. 32)

Steigerung von Fruchtbarkeit und Lebenskraft

Viele Frauen empfinden ihre Fähigkeit, ein Kind zu empfangen und zu tragen, als ein ihnen ange-

Unterstützende Maßnahmen

Zur Steigerung von Fruchtbarkeit und Lebenskraft

***Identifizieren Sie** gefährliche Chemikalien in Ihrer Nahrung, im Wasser, in Ihrer Wohnung und an Ihrem Arbeitsplatz.*

***Lernen Sie**, die natürlichen Anzeichen für die weibliche Fruchtbarkeit zu erkennen. Schreiben Sie diese Tage auf, und wählen Sie danach den Zeitpunkt für den Geschlechtsverkehr aus.*

***Vermeiden Sie** Alkohol. Abgesehen von allem anderen wird Zink im Körper reduziert, wodurch beim Mann die Spermien zurückgehen und weniger Testosteron produziert wird.*

borenes Recht, und wenn sie nicht schwanger werden, reagieren sie mit Frustration und Traurigkeit, die manchmal sogar in Zorn und Verzweiflung umschlagen können.

Medizinische Tests sind wichtig, um herauszufinden, ob eine körperliche Störung die Schwangerschaft verhindert. Wenn einer der beiden Partner unfruchtbar ist und eine künstliche Befruchtung in Betracht gezogen wird, können Reflexzonentherapie und andere alternative Heilmethoden diese Versuche unterstützen.

Werden keine medizinischen Gründe gefunden, kann man zahlreiche Wege verfolgen, um die Empfängnischancen zu vergrößern. Beginnen Sie damit, mögliche Gifte in Ihrer Nahrung und Ihrer Umwelt zu identifizieren und zu vermeiden, die möglicherweise Ihre Empfängnisbereitschaft herabsetzen.

Reflexzonenbehandlung

Beginnen Sie die Behandlung gleichzeitig mit den regulären schulmedizinischen Untersuchungen.

Obwohl nicht bewiesen ist, daß die Reflexzonenmassage die Empfängnisfähigkeit verbessert, gibt es viele sogenannte »Reflexzonenbabys«, die nach einer Behandlungsdauer von drei- bis vier Monaten empfangen wurden, wobei die Massagen häufig durchgeführt werden müssen. Wir empfehlen den Partnern, sich gegenseitig zu behandeln. Jeder sollte mindestens zwei- bis dreimal pro Woche massiert werden. Sie sollten die Hilfe eines professionellen Reflexzonentherapeuten suchen.

Zusammenfassung der Behandlung

1 Fußentspannungsmassage (S. 24-25)
2 Massieren Sie das Hormonsystem, besonders die Hypophysen- und die Schilddrüsenzone (**F**: S. 108-109; **H**: siehe S. 108)
3 Massieren Sie die Eierstöcke oder Hoden, die Prostata und die Samenleiter (**F**: S. 30; **H**: S. 36-37)

Laura und Simon: ein Fruchtbarkeitsproblem?

Dieses Paar hatte erst Mitte Dreißig geheiratet, und deshalb war es sehr enttäuscht, als sich das ersehnte Baby nach fast 5 Jahren immer noch nicht angemeldet hatte.

Sie hatten sich beide allen üblichen Tests unterzogen, die jedoch ganz normale Ergebnisse zeigten. Die einzige Schwierigkeit, die Laura je gehabt hatte, war ihr stets unregelmäßiger Menstruationszyklus. Doch abgesehen davon war ihre Periode schmerzfrei, und sie erfreute sich guter Gesundheit. Simon hatte nie Probleme mit seiner Gesundheit gehabt. Beiden lag sehr viel an einer unterstützenden Therapie, denn der Gedanke an eine hormonelle Behandlung machte Laura unglücklich. So versuchten sie es zuerst mit der Reflexzonenmassage.

Ich entschloß mich, die beiden abwechselnd im Wochenturnus zu behandeln, um zu versuchen, die offensichtliche Schwachstelle bei den Fortpflanzungssystemen wieder ins Gleichgewicht zu bringen. Das erste Zeichen einer Veränderung zeigte sich darin, daß Lauras monatliche Periode zum erstenmal in ihrem Leben regelmäßig alle 28 Tage kam.

Ich hatte das Paar darauf vorbereitet, daß der Versuch, die Fruchtbarkeit zu erhöhen, nur dann Erfolg zeigen könnte, wenn die Behandlungen mehrere Monate lang fortgesetzt würden. Und ich hatte ihnen geraten, keinen Alkohol zu trinken und Zinktabletten und Ginseng zu nehmen.

Nach vier Monaten rief Laura aufgeregt an und berichtete, ihre Periode sei ausgeblieben. Zwei Wochen später bestätigten die Tests, daß sie schwanger war. Laura entschied, die Reflexzonenbehandlung während der Schwangerschaft weiter durchzuführen, um ihren Körper so gesund wie möglich zu erhalten, sie kam alle vierzehn Tage.

Ihre Schwangerschaft war gesund und die Geburt leicht. Ihr Baby, Eleanor, wurde bereits in sehr jungem Alter in die Reflexzonenmassage eingeführt.

Eine dynamische Partnerschaft

Es ist wichtig, daß sich die Kräfte und Bedürfnisse beider Partner im Gleichgewicht befinden, damit beide aus der Verbindung gleich viel Befriedigung und Freude ziehen. Dies ist nicht unbedingt eine leichte Aufgabe: Sie verlangt Phantasie, Geduld, Verständnis und Großzügigkeit.

Eine harmonische Partnerschaft

Wenn Sie mit einem anderen Erwachsenen eng zusammenleben und Ihren Raum, Ihre Zeit und Ihre Gefühle täglich mit ihm teilen, bedeutet dies gewöhnlich, daß Sie sich anpassen und Kompromisse eingehen müssen, die nicht ganz einfach sind. Ein unsicherer Arbeitsplatz, der oft Überarbeitung, Müdigkeit und Sorgen über die Finanzen und die Zukunft nach sich zieht, kann eine Beziehung zusätzlich strapazieren. Solche Sorgen sind auch in gut organisierten Haushalten üblich, und sie belasten die Partnerschaft schließlich sehr. Dieser Streß kann sich in Zornausbrüchen äußern, oder, wenn der Ärger unterdrückt wird, schließlich zu Depressionen und Erschöpfung führen.

Die Rolle der Reflexzonenbehandlung

Wenn Sie eine oder zwei Fußmassagen pro Woche zur wöchentlichen Routine machen, steigern Sie damit Ihrer beider Fähigkeit, wenigstens einige Probleme in die richtige Perspektive zu rükken. Gleichzeitig haben Sie beide die Möglichkeit, sich zu entspannen und gegenseitige Aufmerksamkeit, Liebe und Achtung zu genießen.

Um Ruhe zu erzeugen, verwenden Sie die Zwerchfellentspannung. Massieren Sie die Solar-Plexus-Zone, um aufgestaute Gefühle zu lösen. Da Zorn und emotionale Ausbrüche oft zu Magenverstimmungen führen, behandeln Sie das gesamte Verdauungssystem. Es ist wichtig, daß jeder Partner eine Behandlung gibt und eine empfängt.

Zusammenfassung der Behandlung

1 Entspannen Sie das Zwerchfell (**F**: S. 24)
2 Massage des Solar Plexus (**F**: S. 93; **H**: S. 37)
3 Massage des Verdauungssystems (**F**: S. 100-101; **H**: S. 35-37)

Ein gesundes, glückliches Sexualleben

Das Geschlechtsleben der Menschen und ihre Lust können durch eine Vielzahl von Problemen ungünstig beeinflußt werden. Die meisten Probleme sind teilweise oder vollkommen psychischen Ursprungs. Wenn Schwierigkeiten bestehen, werden sie meist von beiden Partnern empfunden, doch manchmal gibt es Fälle, wo sich nur einer der beiden insgeheim um die eigene sexuelle Reaktion oder die des Partners sorgt. Es ist für beide wichtig, solche Probleme offen zu besprechen und professionelle Hilfe anzunehmen.

Die Rolle der Reflexzonenbehandlung

Die Reflexzonenmassage kann einen wichtigen

Unterstützende Maßnahmen

Tanzen Sie! *Viele Menschen berichten, daß Tanzen ihre Sinnlichkeit steigert.*

Machen Sie einen Zufluchtsort der Sinnlichkeit *aus Ihrem Schlafzimmer. Dekorieren Sie es, und richten Sie es so ein, daß es einladend wirkt.*

Verführen *Sie in Ihrem privaten Rückzugsraum Ihre sinnlichen Seiten. Regen Sie Ihre Augen und Ohren, Ihren Geschmacks-, Tast- und Geruchssinn an.*

Schaffen Sie sich Raum: *Planen Sie mindestens 24 Stunden oder ein Wochenende für Sex oder einfach für ein Zusammensein zu Zweit ein.*

Die gemeinsame Massage *mit aromatischen Ölen kann entspannen und anregen.*

Wenn jemand allerdings aus psychischen Gründen noch nie Freude an der Sexualität hatte, möglicherweise aufgrund eines Traumas, ist professionelle Hilfe mit Sicherheit angebracht.

Die Rolle der Reflexzonenbehandlung
Die Behandlung zielt darauf ab, Ihren Partner zu entspannen und die Ängste aufzulösen, die das sexuelle Interesse unterdrücken oder zu Impotenz führen. Massieren Sie zuerst den Solar-Plexus, da diese Zone die schmerzhaften Gefühle beherbergt. Denken Sie daran, daß Sie mit Gefühlsausbrüchen rechnen müssen. Um die Entspannung zu vertiefen und die Atemfrequenz herabzusetzen, verwenden Sie die allgemeine Fußentspannungsmassage. Massieren Sie zuletzt die Zonen der Fortpflanzungsorgane.

Zusammenfassung der Behandlung
1 Massage des Solar Plexus (**F**: S. 93; **H**: S. 37)
2 Die Fußentspannungsmassage (S. 24-25)
3 Die Fortpflanzungsorgane (**F**: S. 30; **H**: S. 36-37).

Beitrag zur Überwindung der beiden häufigsten Schwierigkeiten leisten: mangelnde Lust (die Mann und Frau betreffen kann) und Impotenz des Mannes. Da die Massage das Wohlbefinden beider Partner steigert, gibt sie ihnen die Möglichkeit, Augenblicke ruhiger, zarter Entspannung miteinander zu teilen, indem sie sich gegenseitig Liebe und Aufmerksamkeit entgegenbringen..

Das Interesse an Sexualität beleben
Der vorübergehende Verlust sexuellen Interesses steht wahrscheinlich in Zusammenhang mit Streß: kleine Kinder, Arbeit, finanzieller Druck, Unsicherheit in der Partnerschaft, ungelöste Konflikte oder Ärger, Krankheit und Depression sind einige der vielen Faktoren, die dazu beitragen können.

Unterstützende Maßnahmen

Liebervoller Umgang mit Impotenz

Entdecken Sie *andere Wege der sexuellen Befriedigung. Penetration ist nicht die einzige Möglichkeit. Probieren Sie es mit Massage und gemeinsamer Masturbation.*

Ein offenes Gespräch *über das Problem mit Ihrem Partner und einem Berater oder Freund hilft, es in die richtige Perspektive zu rücken.*

Gewisse Medikamente*, darunter solche, die gegen hohen Blutdruck helfen, verursachen Impotenz. Eine Gewichtsabnahme wirkt sich gleichzeitig gut auf den Blutdruck und die Moral aus.*

Lebensabschnitte annehmen

Veränderungen sind unvermeidlich, doch sind sie nicht immer leicht anzunehmen, besonders dann nicht, wenn sie das Ende eines Lebensabschnitts ankündigen. Reagieren Sie feinfühlig auf die Bedürfnisse Ihrer Nächsten, wenn tiefe Veränderungen die gewohnte Form des Familienlebens gefährden.

Scheidung und Trennung

Diese Form des Verlustes ist fast so schmerzhaft wie ein Todesfall, doch erhalten die Betroffenen selten gleich viel Sympathie und Trost. Wenn Kinder daran beteiligt sind, versuchen Sie darauf zu achten, daß diese sich keine Schuld oder Verantwortung für das Scheitern der Beziehung geben.

Sie können Kinder wie Erwachsene mit Reflexzonenmassagen behandeln. Folgen Sie der Behandlungsempfehlung für Trauerfälle (Seite 136).

Ernsthafte Erkrankungen in der Familie

Der Ausbruch einer ernsten Krankheit oder die Auswirkung eines schlimmen Unfalls machen aus einem gesunden, aktiven Familienmitglied einen pflegebedürftigen Menschen. Wenn die Krankheit eine wesentliche Änderung im Lebensstil aller Familienmitglieder erzwingt, bedeutet dies, daß sich jeder in gewisser Weise an das Ende des Lebensabschnitts anpassen muß. Je ernsthafter die Patienten von ihrer Krankheit betroffen und beim Waschen, Anziehen und anderen alltäglichen Verrichtungen von der Hilfe anderer abhängig sind, um so schwieriger ist es für sie, sich mit ihrer Situation anzufreunden. Das bedeutet, daß sie nicht nur körperlich Hilfe benötigen, sondern einfühlsame emotionale Unterstützung. Die Frustration durch die Krankheit führt beim Patienten zu Stimmungsschwankungen und Reizbarkeit, wodurch die Pflegenden oft enormen Belastungen ausgesetzt sind. Deshalb ist es wichtig, alle Familienmitglieder bei der Pflege des Kranken zu beteiligen.

Die Rolle der Reflexzonenbehandlung

Wenn der Ausbruch der Krankheit die Beweglichkeit einschränkt, kann der Patient an Verdauungsbeschwerden (Verstopfung) oder sogar einer Infektion des Harntrakts leiden. Durch das lange Liegen oder Sitzen können Rückenschmerzen und eine allgemeine Steifheit entstehen. Hier kann die Reflexzonenmassage die Rettung sein, nicht nur durch die Verbesserung der Darmfunktion, sondern auch dadurch, daß besonders der untere Rücken beweglicher wird.

Die Familienmitglieder sollten dem Patienten abwechselnd solange täglich Behandlungen geben, bis eine Besserung eintritt. Massieren Sie danach nur alle zwei Tage.

Abgesehen von der Heilkraft der Berührung wirkt hier die Heilkraft der Hingabe positiv auf Empfänger und Geber. Besonders Kinder können erfahren, daß sie in einer schwierigen Situation einen Beitrag leisten können.

Zusammenfassung der Behandlung

Um die Darmfunktion zu verbessern:
1 Massage der Eingeweide (**F**: S. 29, 31; **H**: S. 35)
2 Massage der Blase (**F**: S. 29; **H**: S. 35)
3 Massage des Harnleiters (**F**: S. 29; **H**: S. 35)
4 Massage der Nieren (**F**: S. 30; **H**: S. 36)
Um den steifen Rücken zu entspannen:
Massage der Wirbelsäule (**F**: S. 27; **H**: S. 34)

Die Menopause und danach

Wenn Frauen den Zyklus von Eisprung und Menstruation hinter sich lassen, wird die daraus entstehende Veränderung des Hormonspiegels im Blut von einigen Frauen unmittelbar empfunden. Hitzewallungen, Gedächtnisschwierigkeiten, eine trockene Vagina, allgemeine Schmerzen und Stimmungsschwankungen werden in unterschiedlichen Schweregraden erlebt.

Frauen nach der Menopause haben durch den allgemeinen Östrogen- und Progesteronmangel

Unterstützende Maßnahmen

***Salbei** als Tabletten oder Tee und Gelee Royal reduzieren Hitzewallungen.*

***Sport** stärkt die Knochen und das Herz und sorgt allgemein für Wohlbefinden.*

***Hören sie auf** zu rauchen, und schränken Sie Ihren Alkoholkonsum ein. Ihr Risiko für Osteoporose steigt, wenn Sie täglich mehr als zwei alkoholische Getränke zu sich nehmen. Außerdem erweitert Alkohol die Blutgefäße und verschlimmert die Hitzewallungen.*

***Vitamin C** ist wichtig für den Erhalt gesunder Knochen. Nehmen Sie täglich 1g in einer Depotkapsel. Essen Sie frische Früchte.*

***Wenn Sie Streß** ausgesetzt sind, nehmen Sie täglich eine hohe Dosis Vitamin-B-Komplex.*

***Essen Sie** Bohnen, Linsen und Vollkorn, um sich gegen Osteoporose zu schützen. Steigern Sie die Aufnahme von Milchprodukten wegen ihres Kalziumgehaltes nicht ins uferlose, da Ihr Cholesterinspiegel ebenfalls steigen wird. Verwenden Sie jedoch keine fettarme Milch, da diese kaum Kalzium enthält. Halbfette Milch ist annehmbar.*

weniger Schutz vor Herzkrankheiten und können an einer ernsthaften Verdünnung der Knochen (Osteoporose) leiden. Die Hormonersatztherapie hilft bei der Reduzierung ernster Symptome. Sie bietet einen stärkeren Schutz gegen Osteoporose und Herzanfälle. Doch nicht alle Frauen vertragen sie, und manche ziehen eine alternative, natürliche Methode vor.

Einige beim Prämenstruellen Syndrom vorgeschlagenen Behandlungsstrategien (siehe S. 106) wirken auch bei den sehr ähnlichen Symptomen der Menopause.

Die Rolle der Reflexzonenbehandlung

Die tief entspannende Wirkung der Reflexzonenmassage ist äußerst hilfreich, um belastende Gefühle und Spannungen zu reduzieren. Zusätzlich kann die Massage des Endokrinsystems (Hormonsystem) dabei helfen, die Hitzewallungen zu kontrollieren, die durch Östrogenschwankungen ausgelöst werden. Einige der unangenehmen Symptome der Menopause können durch chronischen Streß verursacht werden, der zu einer ernsten Schwächung der Nebennieren führen kann (siehe unten). Deshalb empfehlen wir, diese Zone zu massieren. Vervollständigen Sie die Behandlung, indem Sie sich auf die gesamte Wirbelsäulenzone konzentrieren, um die Nerven und die Durchblutung im gesamten Körper anzuregen.

Die Funktion der Nebennieren

Je stärker die Nebennieren einer Frau arbeiten, um so leichter wird ihr der Übergang in die Menopause gelingen. Übermäßiger Konsum von Kaffee und Alkohol über einen langen Zeitraum, chronischer Streß und eine schlechte Ernährung können allerdings zur Erschöpfung der Nebennieren führen. Wenn Ihr Nebennierenreflex empfindlich ist, können Sie sicher sein, daß diese Drüsen zu lange überanstrengt worden sind.

Zusammenfassung der Behandlung

1 Fußentspannungsmassage (S. 24-25)
2 Massage des Endokrinsystems
(**F**: S. 108-109; **H**: S. 108)
3 Massage der Fortpflanzungsorgane
(**F**: S. 30; **H**: S. 36-37)
4 Massage der Nebennieren an der Spitze der Nieren (**F**: S. 30; **H**: S. 36)
5 Massage der Wirbelsäule (**F**: S. 27; **H**: S. 34)

Unterstützende Maßnahmen

Die männliche Mid-life-Krise

***Reduzieren** Sie, wenn nötig, Ihren Alkoholkonsum. Übermäßiges Trinken wirkt sich in jeder Hinsicht nachteilig auf Ihre Leistung aus.*

***Ernährung:** Eine gesunde Ernährung (siehe S. 41) ist absolut notwendig, um Gesundheit und Wohlbefinden zu erhalten.*

***Regelmäßige flotte Körperübungen** tragen wesentlich dazu bei, die Muskeln zu beleben und das Gewicht niedrig zu halten.*

Mit der männlichen Mid-life-Krise umgehen

Heutzutage weiß man, daß viele Männer zeitweise an schweren Depressionen leiden, die ungefähr Mitte bis Ende Vierzig beginnen. In extremen Fällen dauern sie einige Jahre lang, erfordern professionelle Hilfe, und möglicherweise ist für eine bestimmte Zeit die Einnahme von Antidepressiva nicht zu vermeiden.

Dies ist die Zeit, wo einige Männer im Beruf übermäßig viel Druck ausgesetzt sind, da sie sich der »Spitze der Pyramide« nähern, andere müssen hingegen erkennen, daß sie bestimmte Ziele nicht erreichen werden. Diese Streßfaktoren in Zusammenhang mit dem Infragestellen ihrer Männlichkeit, der nachlassenden physischen Attraktivität und dem Auftreten gewisser gesundheitlicher Schwierigkeiten signalisieren dringend Handlungsbedarf zur Vermeidung einer emotionalen Krise.

Die Rolle der Reflexzonenbehandlung

Sie können die Uhr nicht zurückstellen, doch es gibt eine Anzahl einfacher Schritte, die Sie unternehmen können, um Ihre Manneskraft zu steigern, eventuell Gewicht zu verlieren und Ihren Blutdruck und Ihr Streßniveau zu senken. Ein erster praktischer Schritt in diese Richtung würde darin bestehen, daß Sie Ihre Partnerin bitten, Ihnen entspannende Fußmassagen zu geben, damit sich Ihre Spannungen abbauen. Lassen Sie die Wirbelsäule, das Herz und die Lungen massieren, um alle Organe und Funktionen im Körper gut zu durchbluten.

Zusammenfassung der Behandlung

1 Fußentspannungsmassage (S. 24-25)
2 Massage der Wirbelsäule (**F**: S. 27; **H**: S. 34)
3 Massage des Herzens (**F**: S. 31; **H**: S. 37)
4 Massage der Lunge (**F**: S. 26; **H**: S. 32)

Das »Leeres-Nest-Syndrom«

Dieses Syndrom kann beide Partner befallen. Es tritt auf, wenn das letzte Kind das Zuhause verläßt, um zu arbeiten oder zur Universität zu gehen, doch gewöhnlich ist es die Mutter, die stärker leidet. Vielleicht hat sie sich ausschließlich der Erziehung der Kinder gewidmet oder die Mutterrolle mit dem Geldverdienen verbunden. Wahrscheinlich war sie dadurch, daß sie ihre Sprößlinge stillte, aufzog, bekochte und beriet, mehr mit ihnen beschäftigt als der Vater, und das Weggehen der Kinder hinterläßt ein großes Loch. Wenn der Mann im Gegensatz zu ihr berufstätig ist, können ihre mütterlichen Verlustgefühle in eine tiefe Depression münden.

Die Rolle der Reflexzonenbehandlung

Die Reflexzonenmassage kann mit vielen anderen Selbsthilfemaßnahmen dazu beitragen, Eltern, die am »Leeres-Nest-Syndrom« leiden, zu helfen, mit ihrer Situation fertigzuwerden.

Das gegenseitige Massieren der Füße gibt beiden Partnern die Chance, Zuneigung in einer entspannten, sanften Form zu empfangen und auszudrücken. Dies kann eine Beziehung stärken oder beleben.

Wenn Depressionen eine Rolle spielen, lesen Sie auf Seite 123 nach, welche Reflexzonenbehandlungen bei diesem Zustand helfen können.

Dort finden Sie außerdem hilfreiche unterstützende Maßnahmen.

Erlauben Sie sich – vielleicht zum erstenmal in Ihrem Leben – Ihre eigenen Bedürfnisse an die erste Stelle zu setzen. Es ist sehr schwer, Kinder gehenzulassen, doch versuchen Sie, ihnen zu vertrauen, und erlauben Sie ihnen, ihr eigenes Leben zu führen, während Sie das Ihre wirklich genießen.

Bevor Sie mit der Entspannungsmassage an den Füßen beginnen, massieren Sie Schultern und Nacken Ihres Partners, und vielleicht geben Sie dem Ganzen eine besondere Note, indem Sie Ihr Lieblingsaromaöl (siehe S. 46) benutzen, um ihm bei der Entspannung zu helfen. Wenn die Zeit reicht, geben Sie eine Ganzkörpermassage.

Zusammenfassung der Behandlung
1 Schulter- und Nackenmassage
2 Fußentspannungsmassage (S. 24-25)

Bestellen Sie Ihren Garten!

Tun Sie das buchstäblich und im übertragenen Sinne. Jetzt sind Sie beide von der unmittelbaren Verantwortung für Ihre Kinder befreit und haben die Chance, sich selbst Zeit zu widmen.

Beginnen Sie damit, Ihrer Ernährung und Ihrem körperlichen Training mehr Aufmerksamkeit zu schenken, damit Sie gesund alt werden. Überlegen Sie sich, ob Sie in einen Verein eintreten, noch einmal studieren oder ein kleines Geschäft gründen wollen – was immer Ihnen gefällt –, um Ihre intellektuellen und sozialen Bedürfnisse zu befriedigen.

Legen Sie sich nicht selbst Grenzen auf, indem Sie diskriminierende Gedanken hegen wie »Ich bin zu alt, um etwas neu zu beginnen.

Jede Generation, jeder Mensch *trägt auf seine besondere Weise zum Familienleben bei. Diese Erkenntnis führt zu gegenseitiger Achtung und kraftvollen, freudigen Gemeinsamkeiten.*

Eine tödliche Krankheit in der Familie

Die Verlegenheit, die viele Menschen in Gegenwart eines Sterbenden empfinden, beruht hauptsächlich auf der Tatsache, daß der Tod in der westlichen Welt lange Zeit ein Tabuthema gewesen ist. Jetzt gibt es Anzeichen dafür, daß sich das ändert. Die Menschen beginnen, ihre Einstellung sowohl zu ihrem eigenen Tod wie zum Tod anderer neu zu überdenken. Die Erkenntnis, daß wir, wenn wir den Tod verleugnen, unfähig sind, uns dann um andere zu kümmern – und sie um uns –, wenn wir es am meisten brauchen, spielt dabei eine wichtige Rolle.

Die Rolle der Reflexzonenbehandlung

Die Reflexzonenmassage ist nur eine von vielen unterstützenden Therapien, die Familien heute nutzen können, um einem sterbenden Angehörigen oder Freund beizustehen oder um einander gegenseitig zu helfen. Vielleicht fehlen Ihnen die Worte – obwohl es vor allem wichtig ist, den Sterbenden über sein Befinden sprechen zu lassen, wenn ihm danach ist –, doch Sie können viel sagen, indem Sie einen anderen Menschen einfach nur halten. Körperkontakt ist eine der machtvollsten Formen der Unterstützung, die Sie angesichts von Schmerz und Angst geben können. Geben Sie die vollständige Fußentspannungsmassage (Seite 24-25). Sie tröstet, beruhigt und erleichtert möglicherweise den so dringend benötigten Schlaf. Alle Familienmitglieder können sich dabei abwechseln. Führen Sie die Behandlungen nur so lange durch, wie der Patient dies wünscht, und denken Sie daran, daß ein Mensch, der dem Tod so nahesteht, wahrscheinlich allein sein möchte. Respektieren Sie diesen Wunsch.

Unterstützende Maßnahmen

Tödliche Krankheiten

Der Gram, sterben zu müssen, *durchläuft dieselben Stadien wie die Trauer – Ablehnung, Trauer, Zorn und Bewältigung. Seien Sie sich dieser Stadien bewußt, und respektieren Sie diese beim Patienten und bei sich selbst.*

Die ganzheitliche Betreuung *des Sterbenden können Sie durch Bücher oder bei darauf spezialisierten Organisationen lernen.*

Seien Sie sich *gegenüber immer wahrhaftig, und versuchen Sie, die wahren Bedürfnisse des Patienten zu erspüren.*

Die Helfer *sollten sich gegenseitig stützen. Stellen Sie sicher, daß derjenige, der die Pflege hauptsächlich übernimmt, regelmäßig wenigstens eine Reflexzonenmasssage in der Woche erhält.*

Der Tod eines Partners

Wenn der Tod vollkommen unerwartet eintritt, trägt der Schock dazu bei, daß man das Ereignis besonders schwer akzeptieren kann. Doch selbst wenn sie damit gerechnet haben, reagieren die meisten mit Verleugnung und äußerster Erregung. Vielleicht empfinden Sie Zorn, den Sie gegen den Arzt wenden, der Ihren Partner betreut hat. Noch schlimmer ist es, wenn Sie diesen Zorn gegen sich selbst richten, da es Ihnen offensichtlich nicht gelungen ist, im ausreichenden Maße zu helfen. Das wirklich tiefe Verlustgefühl entwickelt sich gewöhnlich erst nach der Beerdigung. Die Vorbereitungen für das Begräbnis sorgen für eine gewisse Ablenkung. Darüber hinaus stehen die Trauernden bis zu diesem Zeitpunkt im Mittelpunkt der Aufmerksamkeit. Wenn die Beerdigung vorüber ist, kehren diejenigen, die nicht so eng mit der Familie verbunden sind, zum normalen Leben zurück. Für den Menschen, der allein zurückbleibt, beginnt der wahre Schmerz erst jetzt.

Die Rolle der Reflexzonenbehandlung

Menschen, die einen Partner verloren haben, brauchen Unterstützung, und die Reflexzonen-

Stadien der Trauer

1 Ablehnung

2 Trauer

3 Zorn

4 Bewältigung

Dies sind ungefähr die Stadien, die die meisten Menschen nach dem Verlust eines ihrer Lieben durchmachen. Normalerweise gehen sie ganz natürlich von einer Stufe zur nächsten. Bieten Sie angemessene Hilfe an, indem Sie respektieren, wo sich diese Menschen gerade befinden.

massage kann ein besonderes Geschenk sein, wenn sie in dieser schwierigen Zeit angeboten wird. Wenn es erwünscht ist, bitten Sie alle Mitglieder der Familie, wenigstens einmal in der Woche eine Behandlung zu geben.

Konzentrieren Sie sich dabei auf die Entspannungsmassage, und verbringen Sie einige Zeit damit, die Wirbelsäulenreflexe an beiden Füßen zu behandeln. Die letzteren regen die Nerven und die Durchblutung aller Körperorgane an. Beenden Sie die Behandlung nach der Massage der Fußsohlen, der seitlichen Füße und der Knöchel mit einer kühlenden Fußcreme.

Zusammenfassung der Behandlung
1 Fußentspannungsmassage (S. 24-25)
2 Massage der Wirbelsäule (**F**: S. 27; **H**: S. 34)
3 Massage mit Fußcreme

Die Schwierigkeiten des höheren Lebensalters

Es ist gar nicht lange her, da wurde in der westlichen Welt ein Mensch, der das reife Alter von siebzig Jahren erreicht hatte, bewundernd betrachtet. Heute sind viele Menschen weit über dieses Alter hinaus gesund und munter.

Trotzdem ist es eher wahrscheinlich, daß die meisten Menschen, wenn sie älter werden, gesundheitliche Problem haben, wobei besonders die Gelenke betroffen sind, die ja viele Jahre lang belastet worden sind.

Die Rolle der Reflexzonenbehandlung
Die Reflexzonenmassage erleichtert nicht nur die Symptome der entzündlichen oder degenerativen Erkrankungen der Gelenke (siehe S. 118), sie lindert darüber hinaus durch ihre entspannende Wirkung die Schmerzen.

Zusammenfassung der Behandlung
1 Fußentspannungsmassage (S. 24-25)
2 Massage der Wirbelsäule (**F**: S. 27; **H**: S. 34)
3 Massage der Zone des schmerzenden Körperteils (siehe Index)
4 Massage der Milz, um das Immunsystem zu stärken (**F**: S. 31; **H**: S. 37)

Unterstützende Maßnahmen

***Halten Sie die Gelenke geschmeidig**, indem Sie regelmäßigen Sport treiben. Sport stärkt außerdem Knochen und Muskeln und verhindert Herzkrankheiten. Unternehmen Sie täglich einen flotten Spaziergang, besuchen Sie eine Yogaschule oder schwimmen Sie.*

***Üben Sie Ihren Verstand**, indem Sie Karten oder Schach spielen oder Kreuzworträtsel lösen. Die geistigen Übungen unterstützen Sie bei Ihren Körperübungen.*

***Nehmen Sie** am Familienleben und am Gemeindeleben teil. Ehrenamtliche Tätigkeiten lohnen sich und geben Ihnen die Möglichkeit, neue Kontakte zu schließen.*

***Ernährung:** Achten Sie darauf, viel frische Früchte und Gemüse zu essen.*

Weiterführende Literatur aus dem Urania Verlag

Beate Blaszok / Wulfing von Rohr
Die Reiki Praxis
Hardcover, 192 Seiten, 68 Fotos
ISBN 3-908644-31-3

Jude Brown
Aromatherapie für Reisende
Paperback, 176 Seiten, 8 Farbtafeln
ISBN 3-908645-10-7

Aladar Kogler
Yoga für Sportler
Hardcover, 382 Seiten
ISBN 3-908645-12-3

Nitya Lacroix / Sharon Seager
Massage mit ätherischen Ölen
Hardcover, 160 Seiten
Über 500 Farb-Abb.
ISBN 3-908645-32-8

Robert Parry
Tai Chi
Hardcover, 144 Seiten
ISBN 3-908645-60-3

Hans-Heinrich Rhyner
Das Praxis Handbuch Ayurveda
Hardcover, 552 Seiten, zahlreiche Farbabb., Tabellen und Grafiken
ISBN 3-908645-59-X

Keith M. Souter
Vital mit Homöopathie
Hardcover, 272 Seiten
ISBN 3-908645-36-0

Rajinder Singh
Heilende Meditation
180 Seiten, 54 farbige Abb.
ISBN 3-908644-30-5

Beate Sprissler / Wulfing von Rohr
Tao der Bachblüten
Hardcover, 160 Seiten
Mit 38 Farb-Abb.
ISBN 3-908645-37-9

Eva Stucky Gürsoy
Wechseljahre natürlich erleben
Hardcover, 210 Seiten, zahlreiche Grafiken und Farbfotos
ISBN 3-908645-77-8

Vinod Verma
Ayurveda
Gesund und erfolgreich im Alltag und Beruf
Hardcover, 260 Seiten, zahlreiche Abbildungen
ISBN 3-908645-24-7

Suzan H. Wiegel
Aura Soma Set
Buch mit 98 Aura Soma Karten
ISBN 3-908646-66-9

Janet Wright
Stressfrei Leben
Das Entspannungsbuch für Frauen
Hardcover , 96 Seiten
ISBN 3-908645-79-4

Index

Fettgedruckte Seitenzahlen beziehen sich auf die Haupteinträge zu dem jeweiligen Thema, kursivgedruckte Seitenzahlen beziehen sich auf unterstützende Maßnahmen. **F** bedeutet Fuß, und **H** bedeutet Hand.

Danksagung

Die Autorin möchte sich besonders bei David King für seine große Hilfe, seine Geduld und seine Unterstützung beim Schreiben dieses Buches bedanken. Dank auch an Anne Kilborn für ihren Sachverstand als Herausgeberin, ihre Freundschaft und ihre Unterstützung und an Phil Gamble für seine einfühlsame, phantasievolle Gestaltung und seine unerschöpfliche, gutgelaunte Begeisterung während des gesamten Projekts.

Gaia möchte folgenden Menschen für ihre Hilfe bei der Vorbereitung dieses Buches danken: Lynn Bresler (für das Korrekturlesen und die Erstellung des Stichwortverzeichnisses), Jan Dunkley, Cristina Masip and Michele Staffiero und den Fotomodellen: Gemma Staffiero Masip, April Bingham, Steve Bullock, Suzi Perry, William Flowers, and Steven Mills.

Nachweise der Photos:
Anne Kilborn, S. 61
Telegraph Colour Library, S. 38, 39, 44, 50, 51, 53, 65, 120, 121, 135
Spezialfotos von Annie Johnston, S. 2, 6, 7, 11, 21, 56, 72, 73, 126, 131
Iain Bagwell, S. 41, 47, 48
Andrew Rumball, S. 43, 123